創造的
アートセラピィ

瀬崎真也 著

フラフープ絵画「アートの森」（小学3年生）P.99

黎明書房

「喜怒哀楽坊主」（精神科入院患者）P.66

喜

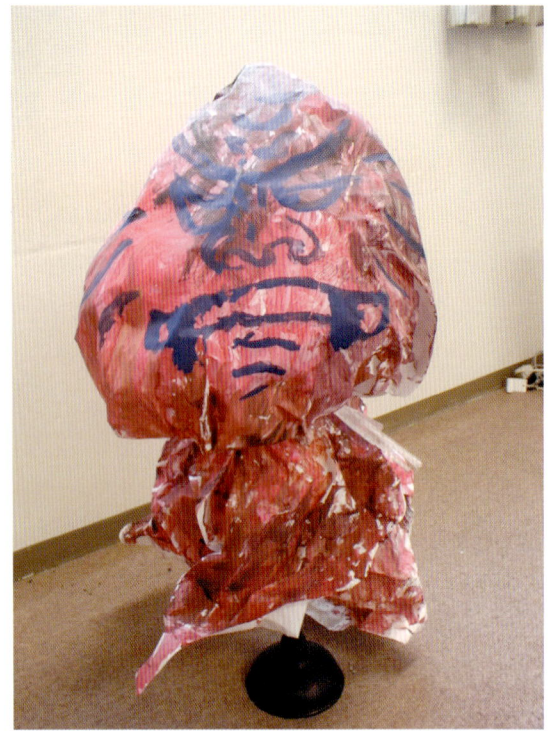

怒

哀

楽

「お互いの想い」(アルコール・デイケア通所者) P.75

表

裏

「たね袋」(社会人メンバー) P.107

表

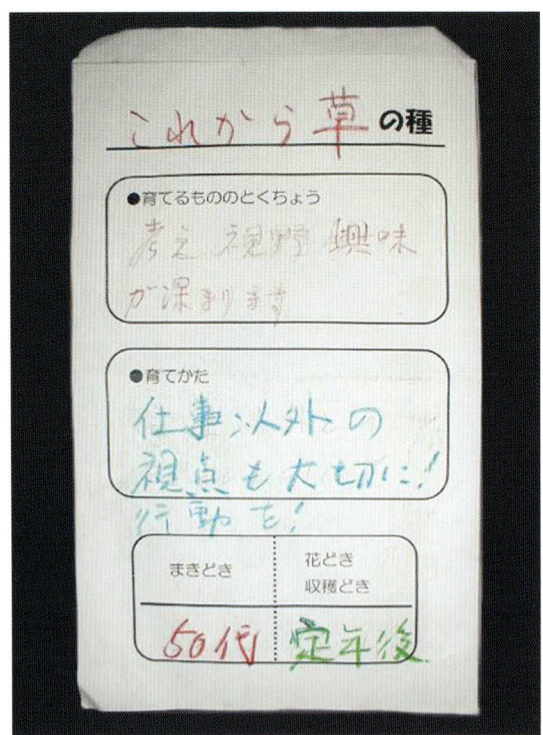
裏

表

表

アートの本来的な地平が見えてくる「創造的な治療過程」に誘う

京都教育大学名誉教授　竹内　博

　本書の完成原稿を読み進むうち，私は「創造的なアートセラピィ」についての理解が不十分なことに気がついた。私はいままで「アートセラピィ」を次のように理解していた。
　①クライアントとセラピストの1対1の関係の中にアートが介在する。②癒しの効果を高めるために，アートが用いられる。③セラピィの手段としてアートを用いる。
　読み終わって，次のように認識を新たにした。

Ⅰ　アート活動を提案するセラピストがクライアント相互間に介在することによって，集団力学的な治療関係が生じるということ。したがって，「アートセラピィ」は，1対1のカウンセリング関係とは異なる関係性，つまりグループダイナミックスの中でわかちあいの効果を発揮する。もっともクライアントをダイアログの過程中に受容するという点では，1対1のカウンセリングと集団療法の治療理念は通底している。
　本書の中では，医療分野（3-1），福祉分野（3-2），教育分野（3-3）や企業研修分野（3-4），及び第2部のアートファイルの中に著者のオリジナルで創造的な実践が豊富に見られ，アートを創造的にセラピィまたは教育活動に生かそうとする人のよき手引きとなろう。実践にあたっては，4つの基軸，すなわちアセスメント，イメージ表現，制作過程，レクリエーションの治療目標を押さえておく必要がある。

Ⅱ　確かにセラピィの過程中に癒しが現れることはある。しかし，セラピィは現実吟味などの対人関係学習やカタルシスを通してなされ（1-2），最終的には，クライアントを自己についての洞察に導く継続的なものであって，癒しのように一時的かつ受動的なものと異なる。
　　この点に関しては，1-1の「セラピィの方法」，1-2の「療法的因子」で，このセラピィの方法と効果についての理解が得られる。すなわち，アートセラピィは，作品が介在する非言語コミュニケーションであること，ふりかえり（一種の評価）がなされ，隠喩や象徴などがおのずと現れること（1-1），などである。

Ⅲ　アート活動には，本来的に可能性として治療過程が内在している。したがって，何か特別な手段を治療過程に応用として持ち込む必要はない。ただ，われわれはいままでアートに内在する治療過程に気づいていなかっただけである。本書は，実践事例による例証とともにこのことを啓示してくれる。

　最近，アーティストが学校と連携して授業をコラボレートすることが多くなったのは喜ばしい。本書は，美術の授業をデザインする指導者はもとよりのこと，アーティストにも読んでほしいと思う。アートに内在する創造的な治療過程に気づいていただければ幸いである。

はじめに

本の内容について

　本書は，欧米で知られているアートセラピィの理論や実践を土台に，筆者が日本の精神科病院で行なっている創造的アートセラピィの考え方・進め方を紹介しています。アートセラピィに関する書籍は，近年，書店の本棚に増えつつあります。これらのうちの何冊かは，欧米の理論書，実践書の翻訳です。この本には，国内外のそうした書籍のなかにあって，ユニークで斬新ないくつかの特徴があります。

● 従来のコラージュ療法や箱庭療法などと異なり，表現手段を限定せずにバラエティに富んだ材料・技法によるアート活動を扱っています。またアートセラピスト自身がアートワーク[i]をデザインすることについて述べています。
● 医療，福祉，教育，企業研修などの分野で，療法目的のアート活動を新しくはじめるための起案書づくりやプログラムの組み立て方について紹介しています。
● アートセラピィのなかで議論されてきた創造性のテーマに一歩踏み込み，セラピスト自身の創造性を活用させるクライアント[ii]援助について説明しています。
● 心理療法や表現病跡学に偏ることなく，他分野・他領域の考え方を取り入れた学際的アプローチにより，幅広い視野で考えられたアートセラピィです。
● さまざまな臨床現場での実践事例と，題材や目的によって整理・分類された100のアートワークをファイルに収録しています。

　「1-3　アートセラピィの創造的手法」では，創造的アートセラピィのスタンス（立場）を紹介しています。

この本はどんな方に適しているか？

　この本を手にとる読者の目的はさまざまだと思いますが，筆者は3つのグループを想定しています。第1のグループは，アートセラピィの考え方・進め方を現在の臨床活動に取り入れたいと感じている方々です。このグループには，すでにアートセラピィに似た形式で実践されているセラピスト，カウンセラー，教師，ソーシャルワーカー，施設指導者，人材開発・企業研修担当者などが含まれていると思います。これらの方々は実際にクライアントとの臨床経験が豊富であるため，すでに続けられているクライアントとの関わりのなかでアートを取り入れるための手引書として本書を活用することができるでしょう。

　第2のグループは，アートセラピィを今すぐ実践することは考えていないけれども，アートセラピィの世界に興味をもっている方々です。このような読者は新しい何かをスタートさ

はじめに

せるためにインスピレーションを求めているかもしれないし，単なる好奇心かもしれません。またセラピィを指揮することではなく，セラピィを受ける，いわばクライアント側の興味・関心をもつ方々かもしれません。いずれにせよ，この本はアートセラピィの概略を十分に伝えるものですから，その点において彼らのニーズと合致するでしょう。

第3のグループは，専門的なアートセラピストになりたいと思い，目指している方々です。この方々に必要とされる知識と経験（技術訓練）はたくさんあります。アメリカで職業人としてのアートセラピストになるためには，複数のアート制作に精通していることが重要とされ，心理学の諸分野や精神医学についての基礎知識，心理療法の理論や面接技法，スーパーヴィジョン[iii]の習得が求められます。当然ながら，それらはこの本が扱える領域をはるかに超えてしまいます。また，日本の大学・もしくは大学院では専攻科目がないこと，職業的に広く認知されていないために，わが国におけるアートセラピストの就職は，非常に困難な現状にあります。しかしながら，こころの病の蔓延により，心理療法全般に対する社会的認知や需要は，今後，急激に高まると予想されること，そして，何よりも，恒久不変の精神活動である「アート」が機械と情報の氾濫によって損なわれた現代人の人間性を恢復させる役割を担っていることを考えると，アートセラピィのあり方は，わが国においても様変わりするでしょう。将来，その学問的研究が進むだけでなく，多様性をもちながら普及することが必要とされています。この本は，残念ながらあなた方にとってセラピストになるためのハウツー本にはなりませんが，アートセラピィに希望を抱き，困難を克服して夢を実現させたいと願い，努力する人を勇気づける本であることを願っています。

集団と個人

この本が紹介するアートワークのデザインや実践の方法は，グループでの活動を念頭に書かれています。しかしながら，共同制作など一部のアート活動を除いては個人セッションでも利用することが可能です。その際は，セラピストがクライアントのこころにより深く寄り添うことや，表現されたものについて自らの気持ちを伝えることが大切です。

この本の利用のしかた

この本は第1部で創造的アートセラピィの考え方や実践方法を説明し，第2部ではセラピィで用いるアートワークが紹介されています。アートセラピィの考え方を現在の臨床活動のなかに取り入れることを考えているグループ担当者は，第1部に示されている内容があなた方の仕事をより創造的にさせる土台となります。手法や技法よりもアートワークの工夫に関心をもつ方々は，第2部のファイルをめくりながら，自分が受けもつグループに合ったアートワークを選ぶ，あるいは自分でデザインする際の参考として上手に利用することができるでしょう。資料として使いやすいように，アートワーク・ファイルには目的別のインデック

スが付けてあります。また，コピーして利用可能な芸術材料チェック・シートやアートセラピィ・グループ評価表（その日のセッションをクライアントに評価してもらうアンケート用紙），組織のなかでアートセラピィをはじめる際に，運営管理者に活動内容を伝える趣意書の一例を付録にしてあります。適宜ご使用ください。

この本ではカバーできない内容

巻末の文献に示されるように，本書は国内外のアートセラピィに関するさまざまな書籍を参考にしています。しかしながら，決してその内容を網羅するものではなく，むしろ，アートセラピィに対する独自の考え方・視点に基づいて書かれています。読者はあらかじめ，以下の点に留意していただけるよう，よろしくお願いします。

- 英語のartとは広義において芸術全般を意味しますが，とりわけ美術の意味で使われることが多く，英米のアートセラピィと同様に本書のアートセラピィでも「美術」を治療・援助活動の手段にしています。
- グループ活動を主導するにあたって，未経験の方はまずクライアント，副リーダーとしてさまざまなワークに参加し，経験を重ねることが大切です。
- この本は「研究書」ではなく「手引書」であるために，特定の疾患や問題に対する症例，事例を扱うものではありません。しかしながら，セラピィを行なう場合はセラピィそのものの知識や経験のみならず，クライアントの抱える疾患や問題に対してある程度精通している必要があることは言うまでもありません。セラピィのやり方だけを勉強したところで成果は得られないことでしょう。
- この本はスーパーヴィジョンの方法やセラピィの評価方法，研究方法については書いていません。
- この本は決して，あなたに対して特定の心理療法アプローチ（フロイト派精神分析あるいはロジャース派カウンセリングなど）や美術における特定の技法（コラージュ，絵画など）を押しつけません。アートセラピィの定義を広くとらえ，アート活動を用いる多種多様な治療・援助方法を論じるなかで，あなた自身がすでにもっている知識や技術，想像性がこのようなユニークかつ新しいクライアントの支援に活用されると理解されることでしょう。

〈注〉
ⅰ) **アートワーク** アート制作・活動のこと。本書では，自分の気持ちに気づく，感情を解放させる，コミュニケーションを深めるなど，セラピィを目的として行なわれる作品づくり・表現活動を療法的アートワーク，または単にアートワークと呼んでいる。
ⅱ) **クライアント** セラピィを受ける人のこと。
ⅲ) **スーパーヴィジョン** 臨床技術向上のために，指導者から受ける監督訓練のこと。その指導者をスーパーヴァイザー，被指導者をスーパーヴァイジーという。

目　次

はじめに　*2*

第1部　創造的アートセラピィの考え方・進め方　*7*

1　創造的アートセラピィの考え方　*8*

1-1　アートセラピィについて知る　*8*
1-2　グループで行なうアートセラピィ　*16*
1-3　アートセラピィの創造的手法　*21*

2　創造的アートセラピィの進め方　*33*

2-1　セラピィをはじめる前の準備　*33*
2-2　セッションの進め方　*46*
2-3　セッションの評価・記録　*54*
2-4　アートワークのデザインとファイリング　*57*

3　創造的アートセラピィの実践　*64*

3-1　医療分野での実践　*64*
3-2　福祉分野での実践　*88*
3-3　教育分野での実践　*96*
3-4　企業研修分野での実践　*106*

第2部　創造的アートセラピィのアートワーク　*111*

アートワーク・ファイルの使い方に関する説明　*112*

アートワーク　目的別インデックス　*115*

- A　簡単・やさしいアートワーク　感情表現のためのアートワーク　*117*
- B　想いを表現する　*124*
- C　創作過程におけるセラピィ　*139*
- D　自分を見つめる　*146*
- E　こころとこころのふれあいづくり　*156*
- F　グループ活動　*159*
- G　ゲーム・ロールプレイ・パフォーマンス　*164*

付　　録　*172*

- A　アートセラピィ・グループ　評価表　*172*
- B　芸術材料チェックリスト　*173*
- C　院内プログラム趣意書　*174*

文献・注釈　*175*
おわりに　*181*

第 1 部

創造的アートセラピィの考え方・進め方

1 創造的アートセラピィの考え方

1-1 アートセラピィについて知る

> アートセラピィを初めて知る人がその援助活動や方法を理解できるようにセラピィにアートを用いる理由やそれを受ける人々，作品に見られる彼らの変化を紹介します。

◆ セラピィとは「協働作業」

　アートセラピィは，病気，その他の悩みや問題などを抱えた人々が行なっている，芸術制作・表現活動を取り入れた療法（セラピィ）の総称を言います。欧米を中心に開発・発展し，現在では世界のあちらこちらで行なわれています。アートセラピィを初めて受ける人々からは，しばしば「アートセラピィは，描いた絵を分析して性格を判断したり，病気を診断したりするものですか」という声が聞かれます。確かに，セラピストがクライアントの作品を見て，言葉にされない想いを読み取ることや，彼らの抱える問題，障害，機能レベルを査定することはあります。しかしながら，これらの行為をセラピィとイコールで結び付けてしまうとセラピィの内容があまりに限定され，正確な理解とは言えません。アートセラピィではアート活動の結果だけでなく過程も療法に含まれるからです。つまり，芸術材料を使って，表現したり，ものをつくったりする行為も重要な援助活動と考えます。

　また，アートセラピィの基本的な考え方では，セラピィとはクライアントとセラピストの協働作業であり，セラピストにとっての大切な仕事はセラピィが促進されるようにクライアントが安心して自分を表現することができる場をつくること，アート制作を通じて，彼らが自己成長や変容を達成するための援助です。したがって，セラピストだけの一方的な仕事ではなく，クライアントとセラピストの双方が主体的であることが望まれます。「描いた絵を分析して性格を判断したり，病気を診断したりすること」は，描画を用いた「心理検査」と理解するほうが正しいでしょう。

◆ セラピィにアートを用いるワケ

　アートセラピィを受けに来る人々は，人生の苦しみや悩み，問題を抱えながらその入り口

のとびらをノックします。アートセラピィの目的についてはさまざまなことが指摘されています。例えば，芸術材料を用いて自分の想いを表現し，その作品に向かいあうことは，自分やまわりの人々のことをもっと深く知ること，病気の症状やストレス，トラウマに対処することを助けてくれます。また，作品の上手・下手を問わない，このような創作表現活動は，長年の病気や施設での生活によって機能レベルの低下したクライアントの認知レベル・身体運動能力を高めること，自信をなくしている人々が積極的に生きることの喜びを取り戻すことに役立ちます。

そもそもアートセラピィは，1940〜50年代にイギリスとアメリカではじめられました。イギリスでは芸術家エイドリアン・ヒル（Adrian Hill）が回復期の結核患者に対して取り入れた芸術制作に使われたことが最初であると言われています[1]。ヒルは絵画や描画はしばしば抑制的な患者の創造的な力を解放し，不幸に対しても強い防衛をつくり上げることを可能にすると主張し，アートセラピィを一般病院・精神病院を含めたさまざまな施設で取り入れられるように努力しました。

同じ年代において，アメリカではマーガレット・ナウムブルグ（Margaret Naumburg）の果たした功績が大きいとされています。美術教育家であり心理学に精通したナウムブルグは，それ以前にも自らをアートセラピストと呼ぶ人々はいましたが，初めてアートセラピィを他と分けた職業とし，心理療法においてひとつの特有な形式にした人物です。精神分析の理論を取り入れたナウムブルグの考案した『力動指向的芸術療法』では，セラピストがクライアントの描いた絵の表現を通じて無意識を解釈し，またその絵の内容に触れながらクライアントと交流することを治療の手法としています[2]。

アートセラピィの歴史に目を向けると，セラピィにアートを用いる理由は，アート制作が人の心を癒し，言葉で表現しづらい気持ちや感情を表現することを可能にすること，また作品は表現者の抱える心の闇をうつすことだと言われています。他にも，感覚器官に対する刺激や制作にともなう運動が心身の機能回復・維持に役立つことや，ものづくりの楽しさや達成感が生活の質を高めることが言われています。もちろん，アートそのものがもつ素晴らしさや喜び，感動を無視してはなりません。セラピィの場であっても，人間性や魂の表現として人々を感動させるアートの本質的な部分に触れることを，アートセラピストは大切にしています。

◆ アートセラピィを受ける人々

米国アートセラピィ協会（The American Art Therapy Association, Inc.）のホームページには，「アートセラピィはあらゆる年齢の個人やグループを対象にしている」と紹介されています[3]。その学会誌では，特定の病気やトラウマを抱えたクライアント層（例えば，うつ病患者，被虐待者，被災者，不登校児など）に対する，あるいは年齢，性別，人種など，

より広範囲の分類に属する個々や集団に対する事例研究が報告されています。また，家族が一緒に受けるアートセラピィはファミリー・アートセラピィと呼ばれ，その技法の開発や臨床研究も増えています。

アートセラピィが盛んなアメリカでは，セラピィを受ける場所も多種多様です。病院の精神科や老人ホームにとどまらず，一般科の病院や診療所，学校，リハビリ・センター，刑務所，少年院，福祉・保護施設，地域施設（コミュニティ・センター）でも療法的アート活動が実践されています。カウンセリングと同様，個人開業をしているアートセラピストもいます。また最近では，アートセラピストが寝たきりや引きこもりのクライアントを訪問し，セラピィを行なうサービスもあります。さまざまな臨床現場におけるアートセラピィのあり方や発展の可能性を紹介しましょう。

医療の分野で

現在のところ，病院やクリニックなどの医療機関がアートセラピィを実践する場として最も多いと思われます。これに関して，精神科や心療内科ばかりを思い浮かべがちですが，アメリカでは内科や外科が含まれる一般病棟に勤務するアートセラピストも少なくありません（「アートセラピィ・コラム ②」P.45参照）。このような場でのセラピストは，がん患者や終末期患者の心のケアを行なっていたり，また難病を抱える子どもに対してサポートを行なったりしています。

精神科・心療内科では精神疾患や神経症，薬物依存症の患者に向けた精神療法やカウンセリングのなかでアートセラピィが用いられています。医療機関における実践では，入院・通院の患者に向けて，彼らの抱える問題や意識機能レベルに合わせたアートセラピィを提供することができます。その場合，個人か集団かを選択しますが，集団の場合は入院患者と通院患者を分けてグループをつくる場合とそうでない場合があります。通院患者のグループの場合，精神科デイケア・プログラムの枠組みのなかで，あるいは作業療法としてアートセラピィを実践している場合が多いようです。

福祉の分野で

この分野における活動場所には，作業所や授産施設，老人保健施設，老人ホームなどが含まれます。それぞれの施設における理念，カリキュラム方針，クライアントのレベルや要求にあわせながら，柔軟かつ創造的に療法的アートワークを取り入れることが可能です。医療との違いは，治療ではなく，障害や困難を抱えながらの日々の生活の改善に重点がおかれることです。アートセラピィは症状やストレス，トラウマの対処のほかにも生活の質の向上や自己評価を高めることに利用できます。

教育の分野で

学校における教科学習のなかで，創造的な療法的アートワークを取り入れることが可能です。これらのアートワークは，児童や青少年の感性と創造性を育むことに役立つのみならず，人格形成に大切な自己表現，自己と他者についての理解，グループ協力や役割分担を習得する機会を提供します。また教員や保育士がアート活動を取り入れたワークショップに参加することは，自分自身を見つめ，職業あるいは人生上の問題

第1部　創造的アートセラピィの考え方・進め方

に対処することに役立ちます[4]。

企業の分野で　アートセラピィの実践では、自己の開発と成長を目的にしたクライアントが、アートを取り入れた、セラピストによる援助を受けることができます。未開拓の分野ながら、アートセラピィで使われるアート活動のいくつかは自己開発やパフォーマンス向上、メンタルヘルスをテーマにした職員研修におけるグループワークとしての効果が期待されています。このような場でのアート活動では通常のアートセラピィ同様に芸術的感性や技量は一切問われないことを参加者に納得させ、またアートセラピィとはどのようなもので、かつその有効性をわかりやすく説明する必要があります。

◆ セラピィの方法

冒頭で、アートセラピィは悩みや問題などを抱えた人々が行なっている、芸術制作・表現活動を取り入れた療法（セラピィ）の総称であると説明しましたが、可能性と発展性に富んだ、幅広い療法行為であるため、ひと言でその方法を述べることはできません。アートセラピィの全体像を理解するために、その実践や研究の対象を分けたものが図1-1です。クライアント層と臨床場面については、先に述べました。理論的オリエンテーションとは、アートを治療として用いる際にその根拠となる理論のことを言います。欧米では、心理療法のさまざまな理論や手法に対する、アートを用いた臨床研究がなされてきました[5]。そのため、アートセラピィは心理療法の理論の数だけ、その方法が存在するとも言われています。また、かつて、美術教育家ローウェンフェルドが美術教育的見地から、美術を使った治療を述べた[6]ように、アートを用いた治療には他分野と関連した学際的な研究も存在します。

図1-1　アートセラピィ　実践・研究対象の概要

クライアント層 (疾患・問題など)	臨床場面 (セラピィ実践の場)
理論的オリエンテーション	アート制作 (媒体・手法)

心理療法の理論や技法と同様に、アートセラピィで使われる表現手段もさまざまです。欧米のアートセラピィで使われるアートは主に美術分野[7]ですが、決して絵画や粘土、コラージュだけに限りません。日本における臨床場面のなかで箱庭療法が広く用いられていますが、これもアートセラピィの表現手段と呼ぶことができます。そのほかにも、お面や人形であったり、スライドに直接デザインするものなど、材料や制作方法をよく調べ、クライアントの必要としている援助を考慮したうえで、これらのアート活動を援助のなかに持ち込むことが可能です。

このようにアートセラピィには数多くの方法が存在するため、まとめて説明することが困難です。しかし、これらの異なった方法には重要な共通点があります。それはカウンセリン

11

グなど言語中心の心理療法にはない，治療的にも大変有効なアートセラピィの「特色」です。アートを用いた表現行為と作品を通じてのコミュニケーションには，①非言語性，②作品介在，③概念化，④振り返り手段，⑤隠喩，⑥象徴の利点が含まれています。

①非言語によるコミュニケーション

音楽療法，ダンス療法を含めた芸術療法全般における特徴として，その他の心理療法が言葉によるコミュニケーションによって成り立っているのに対して，言葉以外の表現手段が含まれる治療的意義は大きいと言えます。なぜなら，クライアントは言葉でうまく自分の想いを伝えることができなかったり，また言葉にすることを恐れたりする場合があるからです。また絵画，音楽，ダンスなど，これら非言語による表現手段はクライアントの感情表現を助けてくれます。

②作品が介在するコミュニケーション

アートセラピィでは，通常，セラピストとクライアントの間のコミュニケーションにクライアントのつくった作品が介在します。それはまた，セラピスト，クライアント，作品が三角関係にあるということもできます[8]。作品はセラピスト，クライアントの双方にとって，お互い向かいあいながらの，言葉によるやり取りでは難しかった，コミュニケーションの距離を調節しやすくします。自分の想いを直接的に話すことを恐れるクライアントは，作品の表現やその説明を通してセラピストに何かを伝えようとするかもしれません。これに対してセラピストも作品についての質問や感想を述べることで，クライアントを恐がらせずに交流することができます。クライアントはセラピストと目線を合わせなくても，作品を見ながら話すことで心の奥深い部分を表現できるのです。

③作品制作による概念化

アート制作では身体を使って芸術媒体（材料）にはたらきかけ，それを形づくる過程はそのままつくり手の思考をまとめる過程を伴っています。このように，セラピィのなかの芸術制作はクライアント側に自己の考えや想いをまとめる機会と時間を与えることになります。

④作品によって，振り返りが提供される

クライアントが想いや考えを表現した作品は話し言葉と異なり，そのまま残されるために，それをながめながら自己の想いを振り返ることが可能です。また，そのセッションごとに作品が記録として保存されることにより，セラピィの過程そのものを振り返ることができます。

⑤隠喩

「ような・ごとく」などを使わない比喩のことを指し，例えば「雪の肌」などの言葉にある修辞法を言います。隠喩はとりわけその他の方法では表現できないかもしれないことを私たちが表現することを可能にしてくれる点で便利です。アートセラピィにおいて，クライアントはしばしば感情や気分を表現する，または呼び起こすために隠喩的に描画します。例えば，孤立した木について絵は淋しさや絶望感をほのめかします。またクライアントがこのようにイメージを使うことができないならば，セラピストはクライアントに自分自身を動物や生き物ではないものを想像させ，描画や絵画によって表現させる場合が

あるでしょう。アートセラピィのなかでは，クライアントの会話やイメージ制作のなかで，隠喩が現れるとき，セラピストの注意はそれらの隠喩が明らかになる方法（場合によってはクライアントの思考を制限させることがある）を見つけることに向けられます[9]。

⑥象徴　一般に，抽象的な概念を別の具体物で表したものを象徴（シンボル）と言います。象徴も隠喩と似たように機能します。象徴もある事柄，モノや考え，気持ちを，それと他のものを結びつける方法によって表現します。隠喩と違って，しかしながら象徴はたいてい，1つ以上の意味をもっています。クライアントによってつくられたイメージの象徴的意味はいつも明らかなのではなく，明らかになるまでに時間がかかります。それゆえにセラピストはそのイメージが意味するかもしれないことに関して未熟な結論に飛び込むことを避け，はっきりしないことに耐えうることが非常に重要です[10]。

　アートセラピィがもつ，これらの利点は，作品を通じてクライアントとセラピストの関わりをもつような，あらゆるセッションのなかに見ることができます。次に述べる事例においても，援助活動の重要な要素になっています。

◆ 作品に見られるクライアントの変化

　実際のアートセラピィのセッションで見られるクライアントの変化を，そのときどきの作品は語ります。アートセラピストはクライアントが自己の内面に抱えているものを表現することを援助し，クライアントの気持ちに寄り添い，クライアントが自分を見つめることを支えます。次の3作品は，20代の女性クライアントが個人セッションのなかで制作したもので，アクリル絵具が使われています。図1-2は，真っ黒の背景に網の目のような線，右下隅には女の子が小さく立っている絵。クライアントは，セラピストとの会話のなかで，この作品について，トンネルが迷路のようになっており，出口がわからず，地図も見つからないと説明しています。会話の当初は泣きながら話していましたが，落ち着きを取り戻し，両親や祖母との関係で起きた出来事を語りました。図1-3の絵は，その1ヵ月後に制作されたものです。泣きながら歩き続ける少女が描かれています。クライアントは「山を乗り越えていかなければならないが，その山がいくつもあってつらい」と説明し，先日好きだったカウンセラーとのセッションを終了させたことを話しました。図1-4の絵は，3回目のセッションで描かれました。クライアントは，作品について「問題がボールとなって泣いている自分のあちらこちらから飛んでくる。でも，逃げずにボールの1つを受け止めることができた」と説明し，デイケアで起きた仲間とのトラブルで泣きながら相手を責めてしまったが，その後，家にすぐ帰ってしまわずに習い事へ行けたのは自分にとっての進歩だったことを語りました。

　セッションのなかで，セラピストがクライアントに対して行なった援助は，先に述べたアートセラピィ特有のコミュニケーション技法を用いて，受容と共感の態度でもって彼女の想

図1-2 迷路の中

図1-3 つらい山道

図1-4 やっと取れたボール

個人セッションのなかで，20代女性クライアントによって描かれた作品。

いに寄り添うことでした。

　はじめに，セラピストは言葉以外の表現手段を提案し（①非言語性），クライアントに対して作品について自由に語ることを勇気づけました。このとき，セラピストは絵に描かれている少女がクライアント自身を意味していながらも，少女＝クライアントとは決めつけず，少女に関心をもちながら絵のストーリーに耳を傾けました。このようにして，セラピストとクライアントに，作品を加えた三角関係がつくられました（②作品介在）。

　毎セッションのはじめに行なう作品づくりは，カウンセリングのように思うままに話をするのとは異なり，クライアントが自分の考えや想いをまとめることを助ける（③概念化）のと同時に，セッションのなかでいつでも自己の想いを再び見つめ，気づかせてくれる道具を提供しました（④振り返り手段）。

　クライアントの作品を見てみると，少女は迷路のようなトンネルを前にして途方にくれていたり，つらい山道を登っていたり，泣きながらボールを取っていたりしますが，どれも実際に起きた出来事ではありません。セラピストは，それらの表現方

第1部　創造的アートセラピィの考え方・進め方

法が伝えるクライアントの感情や気分（⑤隠喩）を読み取り，確認やその際に喚起されるセラピスト自身の心の動きを伝えながら，感情に対するクライアントの理解を援助しました。また，セラピストは，トンネル，山道，ボールなどがもつ複数の意味（⑥象徴）や共通した意味の理解に努め，これらの意味に対してクライアントが関心をもつように促しました。

　アートセラピィに含まれるこれらの有益性は，そのほとんどのセッションで見られます。そして，作品はクライアントの内面で起きている変容を確実に伝えています。事例に見られるように，セッションを重ねるなかで，絵に登場する少女はしだいに大きく描かれ，また作品全体の色調も明るくなったことは，そのままクライアントの自信回復，自己効力感の増大を反映していると考えられます。この後，個人セッションは終了し，クライアントはセラピィをグループの場に変えました。

アートセラピィ・コラム①

マイルス・デイビスのアートセラピィ

　ジャズ・ファンであれば，マイルス・デイビスの名前を知らない人はいないはず！「ジャズの帝王」と呼ばれたアメリカの黒人トランペット奏者で，店には彼のCDが多数並んでいます。私がニューヨークでアートセラピィの授業を受けていたとき，そのマイルス・デイビスの名前を教官から聞いたことがありました。インターネット[11]などで調べてみると，彼は晩年に脳卒中を患って，右手が麻痺し，医者から絵を描くように勧められたそうです。もともと絵を描くことに興味があったようですが，本格的な美術の勉強を受けていなかったマイルスは，これをきっかけに晩年まで絵を描きつづけました。彼の音楽同様，カラフルでリズム感があふれる彼の抽象画は，生前に高値で売れましたが，マイルスは絵を描くことは自分にとってセラピィだと明言していたそうです。私は，マイルスをクライアントにしたアートセラピィの面接記録を期待していたのですが，残念ながら，そうした情報は得られませんでした。マイルスの伝記[12]によると，脳卒中の後遺症を治そうと，マイルスの当時の妻は鍼治療をはじめとするさまざまな治療を彼に受けさせ，心理療法医のところへも連れて行ったそうです。しかし，心理療法については，彼にとって治療というよりも「お笑い」だったようだと書かれてあります。もっとも，そのほうが破天荒なジャズ・プレイヤーにふさわしいのかな？

1-2 グループで行なうアートセラピィ

> アートセラピィは個人だけでなく，グループでも行なわれています。その場合のセラピィは，グループであることを利用した効果が重要視されており，個人セラピィとは異なった特色や考え方をもっています。

◆ グループ療法とアートセラピィ

　治療のために組織された集団のなかで，セラピストとメンバー，またはメンバーとメンバーの間の対人交流や集団のもつ力によって，クライアントの人格や行動の改善，精神的健康の増進を目指す精神療法をグループ療法，あるいは集団精神療法と言います。個人療法と比較して，対人関係の障害がおもな標的となること，グループのその場で起こっていることを重視していることが特徴であり，臨床的に確立された数々の理論や手法があります。グループ療法は話し合いの形式が一般的ですが，心理劇やロールプレイを重視するSST（社会技術訓練）なども含まれています。実はアートセラピィにおいてもさまざまな集団アプローチがあり，そのいくつかはグループ療法の理論を取り入れています。例えば，「グループ交流アートセラピィ」を提唱するウォラー（Waller, D.）は，ヤーロム（Yalom, I. D.）のグループ療法に基づくアートセラピィを実践しています[1]。このように集団で行なうアートセラピィは，グループ・アートセラピィ（集団絵画療法)[2]と呼ばれています。

　アートセラピィをグループで行なうことの意義は，わが国の研究者の間でも議論されています。岩井寛は，アートセラピィがグループ療法において必要といわれる情緒・知的・行為の3要因のなかで知的要因の促進に治療効果をもち，描画の非言語性からそれを深めることが可能であると述べています[3]。また描画は「内面に秘めた人間感情を自由にひき出すと共に，言語としてぶつけ合う感情の危険度の緩衝剤となり，カタルシス効果をもつと共に感情交流の調整の役割を果たす」[4]と指摘し，家族など特殊な関係にある集団のなかの情緒交流や転移感情を促進する働きがあると主張しています。関則雄は，アートが作品を媒介にした自己表現や非言語によるコミュニケーション手段であることに注目し，集団絵画療法が言葉による自己表現が不得手な精神科患者にはとりわけ向いていることを指摘しています[5]。そして，共同画制作などでは，一緒に協同して一つのものをつくりあげたという満足感や一体感が体験でき，セラピストも一緒に作業することによって治療的介入が容易になると述べています[6]。

◆ 療法的因子

療法的因子（therapeutic factors）は，先に述べた，ヤーロムの言葉でグループ療法が患者にとって援助となる要因のことを指します。ヤーロムは，臨床研究や臨床家たちの一致した意見によって確認できる基本的な療法的因子があることを主張し，これらはセラピィの核となるもので，たとえグループ療法の外形が大きく異なっていても，クライアントを変化させる基本メカニズムであると説明しています[7]。そして，安原青児はこのような療法的因子が集団絵画療法においても機能することを著書のなかで指摘しています[8]。筆者自身もグループ・アートセラピィの実践を通じて，治療的と見られるクライアントの変化やセッションに対する評価・感想によって，似たような療法的因子を見つけています。ここでは，グループ・アートセラピィで確認される，おもな療法的因子を紹介しましょう。

表1-1　グループ・アートセラピィで確認される，おもな療法的因子[9]

> ①受容　②ガイダンス　③カタルシス　④自己理解　⑤愛他性　⑥観察効果　⑦普遍化
> ⑧現実吟味　⑨希望　⑩対人関係学習

①**受容**とは，自分の気持ちが他者に温かく受け入れられることを言い，これによってクライアントの自信や安定感がつくられます。グループ・アートセラピィの場合，自分の気持ちを表現した作品がメンバーから評価を受けるとき，作品を通じて本音が言えたと感じられるときにも同じことがおこるように思われます。セラピィ評価表（P.172）のなかで，ある参加メンバーは「（自分の作品を）評価して下さった皆さんに感謝の気持ちで一杯です」と書いていました。

②**ガイダンス**とは，情報伝達のことで，リーダーとの，あるいはメンバーどうしの交流のなかでクライアントにとって有益な情報や助言が伝えられます。グループ・アートセラピィの場合，自分が表現した作品について，他のメンバーが与えるコメントのなかにそうした情報が含まれることが多いようです。

③**カタルシス**とは，自分のなかの抑えていた感情や体験を言葉や行動として外部に表出して，心の緊張を解消することを言います。アートセラピィにカタルシス効果があることは，先の岩井による指摘に見られるとおり，多くの臨床家によってすでに認められています。セラピィ評価表のコメント欄にも「絵を描くことによっても胸の不安がとれることがわかった。理由はわからないが……」「言葉にならなくても，絵だと自由に表現できるし，こころのなかにたまっているストレスも発散できると思います」などの意見が見られます。

④**自己理解**とは，自分自身について，自分の行動や動機について前よりも理解が深まることを言います。グループとして活動し，他者と関わるなかでこそ自分自身について気づくこ

とができる場合も少なくありません。グループ・アートセラピィ参加者の感想のなかにも，「チームワークは難しい。だから自分は人間関係をつくるのが苦手なのか？」や「自分を吐き出せた感じがして，本当の自分もこうなればなぁと思いました」など，グループ体験を通じての自己洞察が多く見られます。

⑤愛他性とは，自己中心的傾向を抑えて，他者に温かい言葉をあげたり親切な助言をしたりすることを指します。愛情をもって他者と関わることができる喜びによって，クライアントの安定感・生活意欲が高まると言われています。自分と同じく悩み，苦しむメンバーと知りあい，彼らをいたわる気持ちがうまれることはグループ体験のなかでよく見られます。グループ・アートセラピィ参加者からも，「皆さんそれぞれがちゃんとした意見をもち，希望をめざして療養に励んでいることを知り，心から幸せになれるように念じました」といった感想が寄せられます。

⑥観察効果とは，他者の発言や助言を見聞きするなかで，自分のことを振り返ったり，見習ったりすることを言います。グループ・アートセラピィの場合，個々が自分の気持ちを表現した作品に対して，メンバーから感想や励ましが寄せられ，自分自身も作品を通じて自分の気持ちを振り返ります。参加メンバーによる「皆で作品を見て，自分のつくったものもあらためて見て気づくって大切ですね」というコメントがそれを示しています。

⑦普遍化とは，この場合，他者も自分と同じような問題・悩みを持っているということを知ることを意味し，グループ療法のクライアントは自分だけが特別ではないことの自覚によって，気が楽になります。グループ・アートセラピィの場でも同じ効果が確認でき，メンバーからは「皆さんの心がわかって，自分は一人ではない。みな闘っているんだと思いました。少し自分も心が開けた気がしました」などの感想が得られます。

⑧現実吟味の療法的因子は，家族関係・人間関係の問題をグループのなかで再現し，その解決法を試行錯誤しつつ学ぶことで自信をもち，適応能力が高まる効果を指します。グループ・アートセラピィの場合，いくつかの班にわかれて行なう共同制作のワークがこのような学習機会を提供します。共同制作を行なったセッション後の感想にも「グループワークは初めてなので緊張。お互いの領域を土足で踏んでしまうところがあったのではと反省。仕切り屋の私が出てしまった」などの言葉がありました。

⑨希望は，セラピィを目的とするグループのなかで他者と関わったり観察したりすることによって，もてるようになります。通常，それはクライアントのこころを動かす，何らかの体験をともなっています。グループ・アートセラピィの場でも，「〇〇さんの絵は素晴らしかった。苦しんで，病んで，それでも生き抜いて行く姿は本当に美しい。感動した。涙が出て来た」という，メンバーからの言葉を受け取りました。

⑩対人関係学習は，グループのなかで話したり，聞いたりする体験を通じて，自己表現能力や感受性が高まる効果です。安原青児の著書には「集団絵画療法は自分が他者にどう見ら

第1部　創造的アートセラピィの考え方・進め方

れているか，他者は自分に対してどのように接してくるか，自分はどのように振舞えばよいか，などについて認識する機会にもなり得ます」[10]と書かれてあります。グループ・アートセラピィのメンバーのひとりは，その日のセッションについて，「作品の良し悪し，他人からの批評など気になってしまいますが……私にとってコミュニケーションの練習の場です。相手が優しい方だったせいか，作品を2人で話したり，雑談等がいつもよりも上手にできたと思います」という感想を寄せています。

◆ 形式のちがい：開放型と閉鎖型

グループで行なわれているアートセラピィを実際見てみると，そのやり方には大きく分けて2つの形式があります。

開放（オープン）型　アートセラピィの草創期において一般的だった形式と言われています。精神科病院などの施設内に，出入り自由の制作室（スタジオ，アトリエ）を設け，クライアントは午前中，あるいは午後いっぱいそこで制作できる形式です。このようなアートセラピィにおいては，作品の制作活動にセラピィの主眼が置かれており，集団の過程や力動が軽視される傾向にあります[11]。

閉鎖（クローズド）型　1970年以降，アートセラピィは開かれた（オープン）形式から閉じられた（クローズド）形式に取って代わるようになりました。こちらの形式は，メンバーが固定していたり，実施時間が決まっていたり，クライアントの種類が限定されていたりします。このような形式の発展には，グループ過程や力動に対する認識やアートセラピストとしての職業意識の高まりが背景にあると言われています[12]。

日本においても，いくつかの精神科の病院ではアトリエを所有し，患者が創作活動を続けているという報告を聞きます。しかしながら，そうした病院は設備費用などの問題からごく少数であると思われます。いっぽう，閉鎖型のアートセラピィについても，国内でアートセラピストの養成が難しいことなど，課題が残されています。

◆ 方法のちがい：主題中心と非指示

グループの進め方に関しては，主題中心と非指示に分かれます。海外のアートセラピィを紹介する書籍ではその方法のちがいについて取り上げています。

主題中心グループ　創造的活動を促進させる目的で，アートセラピストによって提案される主題やグループ絵画の課題に従うグループを言います。主題や課題による「枠」の設定は，自己開発のためにアートを使用することが困難な人々を助けたり，メンバー間の協力を促進させる触媒やおそれを感じずに自己表現することを可能にする手段を提供したりする一方，自由な作品制作・表現活動が制限されます。リーブマン（Lieb-

19

mann, M.) は主題中心のアプローチを支持する立場から，複数のアートセラピストの活動を調査し，グループ・セッションで用いることのできるアートワークを著書にまとめています[13]。

非指示グループ　非指示とはテーマや活動内容をなるべく自由にし，グループに任せるようにする方法です。この種のグループのなかには，集団分析的アートセラピィ，集団交流アートセラピィ，芸術心理療法（アート・サイコセラピィ）グループが含まれます。これらのグループは言葉と絵の関係や言語交流によってちがいがあると言われています[14]。この手法の理論的根拠は，集団療法の理論（集団力動と過程を治療の根幹と見なす考え方）にあります。マクネリー（McNeilly, G.）の提唱する「集団分析的アートセラピィ」では描画と討論の時間は大まかに二つに分けられ，何の主題も与えられず，描画の時間中は何の言葉による干渉も行なわないことによって，集団が自ら方向を見つけ出し，治癒させることにセラピストは治療の主眼を置いています[15]。非指示グループでは，グループ・メンバーのセラピストに対する依存を避ける，あるいはグループ自身がもつ癒しの能力を発展させるためにはセラピストによるグループへの介入を最小限にすることが強調されています。

　英国のアートセラピィ研究者のあいだでは，この二つの方法をめぐって論争が起きています。非指示のやり方を主張するセラピストたちは，グループ・アートセラピィで使われる主題やセラピストの指示が，グループの力動性・自立性を失わせる問題を抱えていることや，メンバーどうしで処理することの困難な強い感情を素早く明るみに出そうとする傾向があることを指摘し，そのような主題はグループをそもそもコントロールしたいセラピストの必要性からつくられていると批判しています[16]。主題中心を支持するセラピストたちは，主題によっては強すぎる感情を引き起こすものや逆に表面的すぎて，不満を残すような体験に導くものがあることを認める意見をもつ一方で，臨床に基づく目的のために注意深く考えたうえで，示唆を与えるものとして，主題を用いることは可能であると反論しています[17]。また非指示のアプローチでは効果が出るのに時間がかかったり，失敗率が高かったりすることを指摘し，特定の素材への指示によって，創造過程を導くような主題を選ぶことを主張しています[18]。エドワーズ（Edwards, D.）は「実践において，多くのアートセラピストは主題を土台としたアプローチとグループ力動に対する気づきを合わせたやり方を発展させている」と述べ，双方のアプローチを臨床場面やクライアントの必要に応じて適宜に利用できると考えています[19]。

第1部　創造的アートセラピィの考え方・進め方

1-3　アートセラピィの創造的手法

> わが国でこれまでに紹介されているアートセラピィは，特定の絵画やコラージュを中心にした数少ない方法にとどまっています。本書が紹介する「創造的アートセラピィ」は，このような特定の手法にこだわらず，バラエティに富んだ材料・アート技法をセラピィの場にもち込む創造的手法です。

◆　「創造的アートセラピィ」とは何か？

　実はアートを用いた療法に関して，アメリカではいくつかの名称が使われています。そのなかでよく耳にする言葉がアートセラピィ［Art Therapy］，創造的アーツセラピィ［Creative Arts Therapy］，表現セラピィ［Expressive Therapies］です。これらの名称のちがいについて，アートセラピィにおいて筆者の指導教官であったブルームガーデン博士（Bloomgarden, J.)[1]に尋ねたところ，次のような説明を受け取りました。冒頭（「はじめに」P.2-4）で述べているように，アメリカなどでは，アートセラピィの名で呼ばれる場合，通常そのセラピーが用いる表現手段は，絵画，粘土，コラージュなど，日本語でいうところの『美術』と理解されます。いっぽう，創造的アーツセラピィの名称を使用する場合，その言葉の意味のなかには音楽やダンス，その他の表現手段が含まれているそうです（artsと複数形になっていることに注目）。また，表現セラピィは芸術手段によって表現することだけに主眼が置かれ，表現内容に対する洞察やカウンセリング心理学を含まないとのことでした。

　本書の「創造的アートセラピィ」は，先駆者の技法をそのまま模倣するのではなく，セラピスト自身がアートワークをデザインし，クライアントに提案するアートセラピィの実践法です。セッションで行なう創造的アート活動は，絵画，粘土，コラージュ，版画，塑像，立体工作，写真，ペーパークラフト，人形やお面つくり，スライド描画などの創作活動，またこれらの活動と音楽や寸劇などを融合させたパフォーマンスやゲームが含まれています。アートセラピィにつけられた「創造的」の言葉は，クライアントとセラピスト双方の創意工夫を高める活動に主眼を置き，そのセラピィの指向する内容がお互いの協力によるセラピィそのものの創造にあることを示しています。ユニークなアートワークによるセラピィ活動は，以下に述べる4つのスタンス（立場）に支えられ，多角的なセラピィ目標の設定と数々の文献の活用によって可能になります。

◆　創造的アートセラピィ　4つのスタンス

　創造的アートセラピィは，4つのスタンス，①クライアントとセラピストの創造性を活用

する，②セラピィそのものが創造過程である，③アートを用いた学際的セラピィである，④クライアントの強みに焦点をあてる，に根ざした援助活動です。

① クライアントとセラピストの創造性の活用

創造的アートセラピィは，クライアントの症状の対処，問題解決，人間的な成長を目的にし，芸術制作を含んだクライアントとの関わりのなかで，自由で型にはめない手法や介入法を取り入れることによって，クライアントとセラピスト双方がもつ創造性を活用させるセラピィである。

創造的アートセラピィでは，他の心理療法よりもクライアントとセラピストの創造性がダイナミックに駆使されます。表1-2はクライアント，セラピストそれぞれがアート制作とヘルピング（援助）において使用すると思われる創造性についてまとめたものです。

表1-2 創造的アートセラピィで使われるクライアントとセラピストの創造性

	クライアント	セラピスト
アート制作	作品制作	療法的アートワーク立案と制作の手助け
ヘルピング	問題解決　ストレス対処　異なった考え方	クライアントとの治療的な関わりと介入

創造性はこころの健康やはたらきに重要な役割をもちます（P.30-32参照）。クライアントの創造性は作品制作のなかで使われるとき，こころの落ち着きを取り戻し，自分の感情や無意識と触れることを可能にします。またセラピストとともに行なう振り返りで使われるときは，表現内容にあるクライアントの世界に対する洞察を深めながら，問題解決やストレス対処法，異なった考え方を見つけます。いっぽう，セラピスト側の創造性はクライアントの援助のために使われ，アート制作における療法的アートワークの立案，治療・援助を目的としたクライアントとの関わり・介入のために使われます。このように創造的アートセラピィではクライアントの創造性と同様に，セラピストの創造性が重視されます。

セラピストの創造性　今までのアートセラピィのなかで創造性が取り上げられる場合，その多くが作品制作におけるクライアント側の創造性です。セラピスト側の創造性についてはほとんど議論されず，セラピスト自身の創造性がセラピィで果たす役割は研究対象として見逃されています。カーソンとベッカー（Carson, D. K. & Becker, K. W.）は「一部のセラピストは，他のセラピストよりもクライアントに対してかなり高いレベルの創造性をはたらかせており，同じくクライアントを（治療の前後関係の間やそれを超えて）より頻繁にまた目的をもって創造的な考えや行為に引き込んでいることは，ほぼ疑

第1部　創造的アートセラピィの考え方・進め方

いない」[2]と述べ，セラピストの創造性がセラピィの有効性を高めることを主張しています。これは，アートセラピィについても同じことが言えます。

療法的アートワークの立案　療法的アートワークとはセラピィで用いるアート制作を指します。表現アートセラピストであるロジャース（Rogers, N.）はセラピストがクライアントの要求を見きわめながら，療法的アートワークを立案することにおいて，セラピスト自身の創造性を使うことができると指摘しています[3]。その際，セラピストはクライアントの自己理解や自己決断を尊重し，彼らの思考や感情を想像しながら，適切なアート体験を提案することが大事であり，もしクライアントが提案するアート体験に納得しなければ，セラピストはそのアートワークを考え直すことが必要であると述べています。

治療的関わりと介入法における創造性　アートセラピストは療法的アートワークを立案するだけでなく，クライアントとの関係を発展させ，援助することにおいても自らの創造性を使わなければなりません。セラピストは，変化を引き起こす触媒として自分自身を用いながら，クライアントの創造的思考や行動を促進させます。このようなセラピストは柔軟かつ自発的で，ときには議論を起こすことも大切であり，時間とエネルギーを必要とすることが指摘されています[4]。名島潤慈は能動的心理療法の視点からセラピィに持ち込まれる工夫やアイディアを強調していますが，これらはセラピストの一方的なものであってはならず，クライアントの言動を手がかりにクライアントが無理なく実行できるようなものをセラピストが示唆する必要があると述べています[5]。

② セラピィそのものが創造過程

　創造的アートセラピィではセラピィそのものが創造の過程であると考える。セラピストとクライアントがともに責任をもち，つくるセラピィのなかでお互いの創造性ははぐくまれる。

　セラピィが問題修復や援助の過程と理解されることはあっても，創造の過程と理解されることはあまりありません。セラピィの創造はクライアント，もしくはセラピストの一方的な仕事であってはならず，共同作業であることが重要です。

創造過程としてのセラピィ　創造性とこころの健康は，心理療法のさまざまな学派が認識しています。人間性指向の心理療法における治療の目標とは，マスロー（Maslow, A. H.）が指摘する「自己実現の創造性」[6]を開発することにほかなりません。同じく人間性指向の心理学者であるロジャース（Rogers, C. R.）は，創造性の主要動機は心理療法における治癒力と同じ傾向であると指摘しています[7]。飯田真は創造過程としての心理療法におけるクライアントとセラピストの関わり合い方について，次のように述べています。

精神療法は治療者と患者との関係を基軸として行なわれるものであるから，患者の創造性の表出は当然治療者の創造性を喚起することになろう。フロイトやユングの場合をみても明らかなように，精神療法は治療者にとっても患者の治療を媒介にした自己実現の過程なのである。「医者は患者の心を映す鏡である」と同時に，患者は医者の心を映す鏡でもあるとすれば，やや理想論・楽観論的に言えば医者も患者も共に成長し，自己実現への道をたどることになり，そこに精神療法家の楽しみもある[8]。

　このことはクライアント，セラピスト双方にとって，心理療法が自己実現へ導かれる創造の過程であることを説明しています。心理療法が創造過程である点に関しては，恩田彰も同様な意見をもっており，心理療法はクライアントにとって「自己実現の創造性を開発するための創造活動」であり，セラピストにとっては「クライアントの自己の可能性，成長力，学習力を開発するのを援助する創造活動」であると述べています[9]。

セラピィのなかの「遊び」

　遊びは創造性を高める活動です。遊びでは生き生きとした精神状態のなかで現実にとらわれない自由なアイディア，思いがけない着想が豊富に出現し，またそれらを思考の対象として吟味・検討することが可能だからです[10]。ウィニコット（Winnicott, D. W.）は，遊びを心理療法におけるコミュニケーションの基礎とし，それ自体が治療であることを認識したうえで，次のように述べています。

　精神療法とは 2 つの遊びの領域を，患者の領域と治療者の領域とを，重ね合わせることである。もし，治療者が遊べないとしたら，その人は精神療法に適していないのである。そして，もし患者が遊べないならば，患者を遊べるようにする何かがまず必要であり，その後に精神療法が始められるのである。遊ぶことがなぜ必須なのかという理由は，遊ぶことにおいてこそ患者が創造的になっていくからである[11]。

　精神療法では，クライアントを創造の過程に導くにあたって，セラピスト自らもクライアントとの「遊び」を通じて創造的であることが大切です[12]。セラピィのなかの遊びは，クライアントの興味をひきつけるだけでなく，そこに含まれる治療の指示は非脅威的であり，楽しみと受け取られる効果があります。そのため，創造性を高めることが可能な環境をつくる方法として，セラピィのセッションを仕事よりも遊びと同類のものにすることが言われています[13]。遊びとアートは，創造的活動であること，その本質が体験であることなど，共通点を多くもっています。アート活動を取り入れた集団療法である「ファンタジー・グループ」では遊びを療法の基礎としており，また創造性をテーマに参加者を募っています[14]。グループに関する記述のなかには「『遊び』はそれ自体に意味があり，描くこと自体を喜び，賞味し，それに語りかけ，それから聞き，そして何よりも，あらゆるものとコミュニケートすることが大切である」[15]という言葉が見られます。感じること，表現すること，他者との交流をもつことなどの体験はセラピィに結びつくと考えられています。

第1部　創造的アートセラピィの考え方・進め方

③　アートを用いた学際的セラピィ

　　創造的アートセラピィとは心理学の領域を超えた学際的な立場を推し進めるものであり，心理療法の理論や手法に関しても選択的に用いることができる。アート体験をクライアントのもつ症状の対処，問題解決，人間的な成長に役立てるために，セラピストはさまざまな援助の可能性を模索し，利用する。

　アートセラピィは今日まで心理学や心理療法のさまざまな理論を取り入れながら実践されてきました。創造的アートセラピィは，クライアントとの関わりにおける創造的な手法を開発するために，積極的に他の学問分野における概念，とりわけ臨床研究などから積極的にアイディアを取り入れ，その活動を豊かにしていくことができます。そのためには，セラピィそのものをできるだけ大きな視野でながめることが必要です。アートセラピストであるアルト（Ault, R.）は，アートセラピィを特定の心理療法理論に偏ることなく，アートを用いたセラピィがもつ治療的側面を図1-5にあるように三角形の力動関係のなかで示しています。

図1-5　Ault, R. によって理論化されたアートセラピィがもつ治療的側面[16]

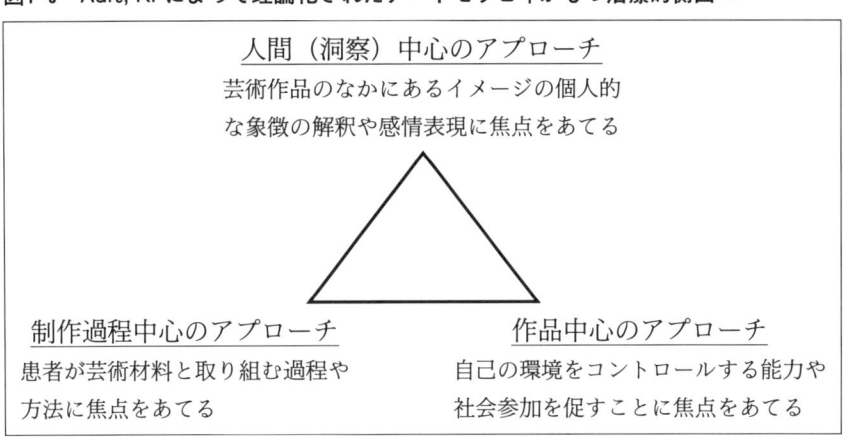

　人間（洞察）中心のアプローチは精神力動学や精神分析学を基礎としています。その主要な焦点は作品にあるイメージの個人的な意味の解釈に向けた洞察です。クライアントのつくる芸術作品は，しばしば彼らが無意識のなかで抱えている心理的不一致を投影しています。このアプローチにおけるアートセラピストの仕事は，抑圧された攻撃性や敵意をクライアントに気づかせることにあります。

　制作過程中心のアプローチはアート作品を解釈することよりもそれをつくることに重点を置きます。そのアプローチのなかには，心理教育的アートセラピィ，発達的アートセラピィ，アクティビティ（活動）セラピィなどの理論や手法が含まれています。このアプローチでは，クライアントが表現材料をどのように扱うかに焦点をあてます。作品制作において，クライアントは計画することや想いを概念化すること，特定の材料と格闘することが要求されます。これらのことは彼らの意思決定能力を高める治療的活動となります。また，原始的な，リビドー的な衝動は昇華の過程を通じて，創造的な，芸術的な力に方向を変え，精錬されます。

創造過程で起こるすべては治療的に作用します。

作品中心のアプローチはクライアントがもつ，環境をコントロールする能力の向上・促進を目的にしています。完成したアート作品は技を育て，物理面で芸術媒体を統制させたことによる結果です。このアプローチは，美術教育，レクリエーション，作業療法的活動などに焦点をあてています。これらの活動を通じて，クライアントはライフ・サイクルのなかで生産性を維持し，社会交流に参加し続けることが可能となり，彼らの自己評価の回復が期待できます。

これら三つの側面は，アートセラピィによる有効な介入法を提供するために，力動的に作用します。なぜなら，クライアントが要求する援助に応じてセラピィの置かれる重心がある側面から別の側面へ移動するからです。創造的アートセラピィでは，クライアントとの創造的関わりと援助を築くために，クライアントの必要，セッションの流れに応じて，これら三つのアプローチを念頭にアートの治療的要素・可能性を模索し，ユニークな表現・制作活動をセラピィの場に持ち込むことができます。

④ クライアントの強みを見つける
　　創造的アートセラピィはクライアントが抱える問題や悩みの原因を見つけることよりも，クライアントの強みに焦点をあてたセラピィである。

セラピィのなかではクライアントの問題点・限界点にばかり目を向け，彼らの強み，機会，可能性を見つけ，発展させる方向の発想・工夫が乏しくなります。痛みや困難を過小評価することなく，クライアントのなかにある強みを積極的に認めていく方法は，病理を見つけることに執着しがちな従来のやり方に風穴をあけるものとして期待されています。クライアントの強みを土台にした臨床活動は，彼らすべてに生来能力が備わっているという想定から生じており，セラピストはどんなに困難を抱えた人々のなかにも強みや可能性が存在するという確信をもつことが大切にされます[17]。また，クライアントの強みを認めながら，変化のプロセスのなかでクライアントを勇気づけ，後押しすることがセラピストの仕事です。もしクライアントが変化を望む理由を見つけることができなければ，セラピストは彼らとの関わりのなかでその理由を引き出すことが必要となるでしょう。

◆　創造的手法を可能にするセラピィ目標の設定

アートセラピィを特定の心理療法理論の枠組みからはずし，学際的な視野でクライアントに対する援助を考えるとき，アートを療法として利用した活動内容は多岐にわたります。当然，私たちが今もって開発していない活用方法もあることでしょう。そこには，アートそのものに尽きることのない可能性があることと同様，その療法的価値や利用方法にも大きな潜在性を有するという想定があります。創造的アートセラピィでは，多面的な視点から治療目

第1部 創造的アートセラピィの考え方・進め方

標を組み立てることによって，アートをセラピィとして活用するための新しい方法を模索することができます。

創造的アートセラピィの治療目標　先に述べた，アルトによるアートセラピィの治療的側面は，アート活動にセラピィとしての異なる利用方法があることを示しており，イメージ表現だけ，あるいは創作・表現行為の過程だけに着目するアートセラピィとは異なる，幅広い視野に立った治療目標の設定を可能にしてくれます。創造的アートセラピィでは，アートを利用した療法的活動が目的とする内容を以下の4つに分類し，臨床現場・クライアント層に合わせて，それぞれを基軸としたセラピィ目標を考案します。

表1-3　アートを利用した療法的活動が目的とする内容　4つの基軸

基軸A：アセスメント・情報提供
作品から，心理アセスメント（査定）やクライアントに関する情報を得る
・患者の必要とするものを査定（アセスメント）する　・治療計画のための診断情報を与える　・問題解決能力を評価する　・患者がもつ強みを見つける　・前進や退行を見せる　・希死念慮の報告　など。

基軸B：イメージ表現・コミュニケーション
イメージを表現・コミュニケーション行為の手段にすることから得られる効果
（Ault, R. の指摘する「人間（洞察）中心のアプローチ」がこれにあたる）
・隠喩を通じて表現を促進させながら無意識の内容に取り組む　・癒しの過程としてイメージを使う　・非言語と関連して言語的連想を用いる　・間違った解釈をせずに具体的な投影が言及される　・自分自身の作品を解釈する能力のなかに独立心，自律性を促進させる　・同時に多くの事柄を描写できる　・建設的な感情表現を勇気づける　・自己イメージの改善を促進させる　・自己認識を高める　・共感の力量を高める　・自己探索と表現の方法を発達させる　・現実検討識を与える　・対人スキルを改善させる　・絶望感を軽減させる　・自己価値感を高める　・退行を阻止する　・コミュニケーション・スキルを改善する　・社会性スキルを増大させる　・抑うつ的行動を減らす　・再教化を促進させる　・うつ病への対処・情緒面の改善　・患者が慢性の身体的病気や障害とうまく付き合っていくことを助ける　・家族内のコミュニケーションを改善させる　・敵意や攻撃性のはけ口を提供する　・怒りや恐れの内在化を減らす　・回想する，人生を振り返る機会を提供する　・ストレスや不安を軽減させる　・感情面でのサポートを得ることを通じて，他者と気持ちや問題をわかちあうことを助ける　・クライアントが現実を理解し，対処スキルが身に付くことを助ける　・芸術材料を通じて患者の強みや限界を自覚する　・自己価値を高め，自信を取り戻す　・表現されていない恐れの気持ちを見つける　など。

基軸C：制作過程

「つくる」「表現する」行為，その過程にある材料との取り組みから得られる効果

(Ault, R. の指摘する「制作過程中心のアプローチ」がこれにあたる)

・集中力を改善させる　・自我を強化する　・自我を支援し，心的組織化に貢献する　・元気を得る　・楽しみを得る　・視覚，認知，記憶，精神運動調整の機能を改善させる　・順応，対処法を発達させる　・組織スキルを勇気づける　・機能レベルを発達，維持させる　・問題解決の仕方を良くする（芸術制作の問題に対しての創造的な解決を実験し，それらを生活場面へ移すことによって）　・芸術材料の触覚的利用を通じて環境からの分離を克服するのを助ける　・障害によって欠けている空間概念の感覚を発達させる　・言語スキルに障害があるクライアントに，非言語・視覚的コミュニケーションの道具を提供する　・感覚の開発・刺激を与える　・自発性を刺激し，自律的な行動を促進させる　・感覚器官を用いて，感情や思考とコミュニケーションをもつことを助ける　など。

基軸D：社会活動・レクリエーション

余暇活動・生涯学習としてのアート活動，制作品の運用による環境へのはたらきかけと社会活動から得られる効果

(Ault, R. の指摘する「作品中心のアプローチ」がこれにあたる)

・生活の質を高める　・創造的過程を楽しむ　・退院後も創造的活動を続けることに興味をもたせるようにする　・自己表現を促し，創造的成長へと導く　・余暇活動としての芸術制作を支援する　・生産的な成人としての自信や威厳を提供する　・社交性やグループ支援を促進させる　・地域社会のなかにクライアントが入っていくことを助ける　など。

アートを用いた援助目標はこれにとどまりません。クライアントに対してアートを用いるとき，さまざまな可能性があることを意識しながら目標を組み立てることが大切です。

創造的アートセラピィの多軸目標設定

先に述べた，アートを利用した療法的活動の目的に関する4つの基軸を利用し，クライアント層や臨床現場に合わせた多面的な治療目標を設定します。表1-4（次頁）は，アートセラピィやその他の関連領域における文献を参考に，老人保健施設の利用者グループを対象に行なわれる創造的アートセラピィの目標をあらわしたものです。

表にある目標設定において，基軸Aでは，認知症やうつ病の早期発見とともに，利用者の豊富な人生経験や強みとなる部分を知るための情報収集として，アート活動のもつ役割を理解します。基軸Bでは，葛藤や感情に焦点をあてるのではなく，むしろ回想[18]や人生における個人的な意味の再発見[19]，言語能力が衰退しつつあるクライアントに対して言語以外のコミュニケーション手段を提供すること[20]に目を向けています。基軸Cでは感覚器官の開発[21]や自発性の刺激[22]，自己を振り返ることのできる活動の提供[23]を援助目標としています。基

軸Dでは自信をつける活動[24]や社会交流の促進[25]，芸術を趣味とする人としての自己イメージの向上[26]が目標のなかに組み入れられています。

このような多面的な目標設定はとりわけ，グループでアートセラピィを行なう場合の重要な指針となります。そのためにはクライアントの抱える問題や疾患，臨床場面に関する熱心な文献調査は欠かすことができません。また目標設定では，グループ全体の，あるいはクライアント個々の意識レベル・機能レベルを考慮することも大切です。創造的アートセラピィでは，アートワークの開発のみならず，目的や目標においても，しっかりとした根拠を土台としたうえで柔軟かつ創造的な援助デザインの組み立てが期待されています。

表1-4　セラピィ目標の多軸設定　老人保健施設・利用者グループ

基軸A　アセスメント・情報提供
- 自己評価の向上，自尊心の回復につながる，通所者のもつ強みや潜在可能性を査定する。
- 作品表現やセッション内での言動から，衝動行為，警告サインを見つけ，早期に対応する。

基軸B　イメージ表現・コミュニケーション
- 回想や人生の見直しのプロセスを助ける。
- 人生における個人的な意味を再発見する。
- 言語スキルが衰えているクライアントに対して非言語・視覚的なコミュニケーションの道具を提供する。

基軸C　制作過程
- 感覚器官の開発や刺激を助ける。
- 自発性を刺激し，自律的行動を促す。
- 自己を振り返ることのできる活動を提供する。

基軸D　社会活動・レクリエーション
- 自信や生産性のある成人であることの威厳を提供する。
- 社交やグループ支援を促進させる。
- 芸術を嗜む人としての自己イメージを高める。

◆ 創造的手法の効果と注意点

セラピィの創造的手法に関する研究は，欧米の論文のなかに数多く見つけることができます。日本でも最近になって，学会誌のなかで「臨床の知恵（工夫）が生まれるとき」と題して特集が組まれたり[27]，コラージュの使い方に関して，実践者がさまざまな新しい手法や応

用法を考案したりする傾向[28]が見られるようになりました。創造的な手法の有効性に関して，先に述べた，カーソンとベッカーの両氏は次の主な点を挙げています（表1-5)[29]。

　カーソンとベッカーが例示する創造的手法には，アート活動や劇，ゲームなどのさまざまなワークやエクササイズを含んでいます。このようなワークの導入に際しては，心理療法研究のなかで土台をもったアイディアやアプローチを使い，独自のやり方でそれらを自分のものにしていくことが大事であることを彼らは述べています[30]。この点については，田嶌誠一も臨床における工夫が思いつきやいたずらに奇をてらったものであってはならないと警鐘をならし，じっくりと取り組む姿勢から真に有用な知恵・工夫が生まれると指摘しています[31]。研究者のなかには，創造的技法の重要性を認めながらも，前もってつくられた技法や介入法は有効なセラピィに必須ではないこと，最善の治療介入はそのときのセラピスト自身から発生している傾向にあることを主張する人々がいます[32]。また，クライアントが重大な出来事に直面していたり，即時の対応をセラピストに要求していたりするときの創造的手法はかえって逆効果となり，そのようなときの技法や介入法はセラピストが彼らとの距離をおくための自己防衛として使っている場合があることに注意を向ける必要があることも指摘されています[33]。

表1-5　Carson, D. K. & Becker, K. W. による，セラピィにおける創造的手法の主な有効性[29]

①クライアントが内面を語ることの恐れを少なくして，自発的に自分の考えや想いとコミュニケーションをとることができる。
②自分の強みと同様，弱点やこころのなかの葛藤を理解することを促進させる。
③共感的に理解し，感情面での癒しを促進させる。
④クライアント自身のコントロールによって，自己の感情や無意識を表現し，気づかせる。
⑤問題解決に向けた潜在的な答えをひらめかせたり，より多面的に考える能力を高めたりすることができる。
⑥創作活動の場合，作品はセラピィの進行を通して，永久保存が可能で明白なプロセス・レコードとなる。

◆ 創造性とこころの健康

　創造性とは，人間がもっている，何か新しいものを存在させる能力のことを言います。「創造性」という言葉を聞くと，私たちは芸術家や発明家がもつ才能や偉業を生み出す力を思い浮かべがちですが，これは「特別な才能の創造性」と呼ばれ，もつ人は限られています。それとは別に人間誰もがもっている創造性があります。こちらは日常に見られる創造性であり，例えば，新しい環境に適応するために，新しい人間関係を築くために，自分らしい生き方をするために，直面する日々の問題を解決するためにはたらきます。それゆえに，創造性

第1部　創造的アートセラピィの考え方・進め方

はすべての人間に関わりをもっています。創造性は人間のこころの健康にどのような影響をもっているのでしょうか？　私たちは，天才芸術家の狂気に関する逸話などから，創造性はこころの健康ではなく，むしろ病気と関連があると思うことがあります。しかしながら，精神病の症状は創造的制作の助けにはならずに，むしろ阻害となることがわかっています[34]。恩田彰・野村健二は伊藤博の言葉を引用し，創造性が抑圧されるとノイローゼ，精神病，非行が引き起こるため，創造的であることの阻害要因を取り除くことは神経症，精神障害，非行などの治癒・解決を意味すると述べています[35]。広い意味での創造性を考えた場合，より高いレベルの創造性をもつ人々のほうが精神的に健康であると理解することができます。創造性は，心の安定をはかるための，あるいは社会生活に適応しながら，まわりにいる他者とは異なる「自分」として成長するための重要なはたらきを担っています。アートセラピィとの結びつけを考えながら，心理学あるいは心理療法のなかで論じられる創造性のはたらきをまとめると，以下の通りになります。

ありのままの欲求や感情を社会的・生産的活動へと変化させるはたらき

フロイト派の精神分析学では，防衛機制の理論にある「昇華」の概念を用いて，創造的活動を情動（短期間の強い感情）の転移によるものと考えています。防衛機制とはこころの葛藤状態を安定させるために行なわれる無意識の調整機能であり，そうした調整機能のひとつである昇華とは，人間誰もがもつ原始的，反社会的な欲求や感情（性衝動や攻撃衝動など）を社会的・生産的な方向の活動で発散させるはたらきを指して言います。この理論を用いて，かつてフロイト（Freud, S.）は偉大な業績や芸術作品が昇華の過程によってつくられたと説明しました。アートセラピィでは，米国アートセラピィの母と呼ばれるクレイマー（Kramer, E.）が芸術制作のなかでクライアントの昇華の過程を高める点を強調しています。彼女は，セラピストの役割をクライアントに起こる昇華の過程を支持することであると考え，それを「情緒面における健康になくてはならない過程のひとつ」[36]と述べています。

創造過程と子どもがえり

ちなみに，昇華が起こるとき，創造する人の心理に「子どもがえり」（精神分析学の用語で「退行」と呼ぶ）が引き起こると言われています。フロイト派の自我心理学者であるクリス（Kris, E.）はそのような創造過程のなかで創造者はみずからの無意識・前意識にあるような欲動や葛藤などを目の当たりにし，これらを推敲することによって芸術作品ができあがると考えました。フロイトの考え方によれば，退行はすべて病的なものと考えられていましたが，クリスによれば，創造的活動で起こる退行は自発的な創造性が高まり，自我自律性を促進するものであることを説明しています[37]。この概念はのちに別の心理学者が発展させ，「創造的退行」と呼ばれています[38]。

創造過程と無意識

創造の過程において，人間はしばしば無意識の内容と直面します。アート制作が無意識を探る有効な手段である理由は，それが夢と同様に

31

イメージを扱う点，またそれが創造過程である点です。精神分析家ユング（Jung, C. G.）の理論では，創造過程で発見される無意識の内容は集合的無意識と呼ばれ，創造的着想の源泉である元型やシンボルを呼び起こすと考えられています。実際，ユング自身も絵画や彫刻，建築遊びなどの創作を行なって，自分の無意識に対する理解に努めました[39]。ユング派アートセラピィの手法である「能動的想像（アクティブ・イマジネーション）」は，無意識から自然に発現する活動であるアートを利用し，セラピストの援助を受けながら，クライアントが自分の無意識の内容[40]を可能な限り統合していく作業であり，それによってクライアントが「自分自身になること」[41]へ導かれると考えられています。

人間の弱さや脆さを克服しようとするはたらき

精神分析学者は，ほかにも自らの理論に基づいて創造性を説明しています。アドラー（Adler, A.）は創造性について，劣等感を克服するために，優越性や完全性を達成しようとする人間の要求であると理論づけました[42]。この例として，アドラーはベートーヴェンの聾を挙げ，不幸や障害に対する不屈の闘いが偉大な芸術を生み出したことを説明したと言われています[43]。またランク（Rank, O.）は，創造性を生命恐怖と死の恐怖のあいだで人間が格闘する結果であると説明し[44]，「作り手よりも長生きする何かを作る行為を通して不死を獲得することで，死の恐れを克服しようとする試み」[45]とする解釈を与えました。

固有の人格，新しい人間関係をつくるはたらき

人間性心理学者のマスロー（Maslow, A. H.）は創造性を天才などに見られる，特別な才能の創造性とは別に，一般人がもつ，日常生活で見つけることが可能な創造性を研究の対象にしました。そして彼はこの創造性が自己のもつ能力や人間性を最高に実現するために使われていると説明し，「自己実現の創造性」と名づけています[46]。同じく人間性アプローチの学者として有名なロジャース（Rogers, C. R.）は創造過程が人間関係の新しい手続きの発見，固有のパーソナリティの新しい形成過程であるととらえ[47]，創造過程が個人の独自性と，環境や人々との出逢い，生活上の出来事の相互作用から生ずるものであると説明しています[48]。これらの考え方は人間性アプローチに基づいて実践するアートセラピストに大きな影響を与えています。彼らのセラピィでは，病気，ストレス，不安，症状に対する癒しのプロセスを強調するのではなく，意義のあるライフスタイルや身体的，精神的，霊的な完全性を探し求めて，充分に発揮できていない潜在的創造力や創造過程における考えや着想，気持ちの増大した表現性に的をしぼる方法がとられます[49]。そして，そのセラピィの目標は，不幸感や不安，恐れを取り除くことではなく，これらの感情をいくつかの創造的方法のなかで正直な表現へと変容させ，このようなオーセンティックな（真正の）表現を達成したことから流れ出す喜びやうきうきした気持ちを体験することにあります[50]。

第1部　創造的アートセラピィの考え方・進め方

2　創造的アートセラピィの進め方

2-1　セラピィをはじめる前の準備

> 組織のなかで新しくセラピィ活動を実践するためには，適切な人，道具，場所などの「ハード」と，プログラムのマニュアルやルールなどの「ソフト」の両面における準備が必要です。本節では，セラピィ活動を構成する個々の要素に関する説明に加え，組織の運営方針や環境条件にあわせたグループの形式やルールの決め方，グループとの関わり方についての予備知識，クライアントの機能レベル，セラピィの目的にあわせたアートワークの選び方など，セラピィ始動に向けた総括的な準備のあり方を紹介します。

(1)　セラピィ活動に必要なもの

　アートセラピィをグループで実践するには，まず定期に行うことのできる活動の場と道具を用意することからはじめます。活動準備に必要な事柄のなかには，グループ（リーダーとメンバー）をつくること，セラピィの場所（部屋）の確保，実施時間の設定，画材・芸術媒体の準備が含まれています。

リーダー　組織内で連携を深めながら，アートセラピィ活動をはじめる場合，クライアントに対しての臨床経験が豊富であるだけでなく，周囲からの理解が得られる人物であることが大切です。またグループで実践する性格上，集団の力動を読み取り，メンバー間の交流を促進させる訓練を受けている必要があります。アート制作にある程度精通しているのみならず，グループワークにおけるリーダー経験があることが望ましいでしょう。

メンバー　病院であれ，学校であれ，福祉施設であれ，企業であれ，活動をはじめるにあたって大切なことは，所属長や管理者，活動に関わりをもつ他の職員，クライアントそれぞれにセラピィの活動内容やクライアントの目的に応じてアートを用いることの有効性を理解させることです。所属長や管理者に対しては趣意書（付録C P.174参照）を作成し，活動内容を伝えるのが一般的です。関係職員には研修会や勉強会を開くことが望ましいでしょう。その際，実際に参加者に体験してもらうワークショップ形式を導入すると参加者からの質問が出やすく，理解をより深めることができます。クライアントに対してはパ

ンフレットやポスターをつくります。不特定多数の参加を目的としないグループでも，初めて参加するクライアントに説明する際にパンフレットは便利です。

場所　アートセラピィを組織のなかで初めて行なう場合，特殊な活動であるためにぴったりの部屋を施設内で見つけるのはとても難しいことです。最も大切なことは静かであり，できれば，とびらのついた，安全かつ安心感を与える部屋であること。そしてグループの人数に対して十分な空間が確保できることです。アートセラピィの場合，通常のセラピィ・ルームに要求されるこれらの事がらのほかに，造形活動のための利便性があるとさらに快適です。例えば，流し・手洗い場があることや，創作活動のしやすいテーブルやいす，絵の具をふき取りやすい床であることなど。また画材や作品を収納できる棚やスペースがあると便利ですが，これらをすべて備える部屋は少なく，通常は工夫しながらクライアントに活動の場を提供することになります。

時間　1セッションにつき，90分が目安になります。時間設定はクライアントの集中力や施設内のタイムテーブルに対する配慮が必要です。例えば，閉鎖病棟における意識機能レベルの低い患者が中心のグループでは，セッションを45〜60分程度に短縮するほうがよいでしょう。ちなみに，多くの精神科デイケア・プログラムは90分のタイムテーブルで活動が行なわれています。ワークショップやセミナー形式で行なわれる場合は，途中に10分の休憩を入れることによって，2時間以上にすることも可能です。

画材・芸術媒体　原則として，あまり高価なものは使いません。作品の上手・下手を問わずに自分の想いを自由に表現することにとって，高価な絵の具，画用紙などはマイナスになります。画用紙，模造紙，クレヨン，絵の具，（色）鉛筆，粘土，のり，コラージュ用切抜きを含めた基本的な材料は常備しておくとよいでしょう。グループ進行のなかで起こるセラピストのとっさの判断やアイディア，メンバーの必要な要求に対応できるようにするためです。また，アートセラピィでは，芸術媒体や材料それぞれにある特性を理解し，クライアントの必要に応じて提供することが大切とされます。図2-1，表2-1（次頁）は，レスニック（Resnick, L. C.）による芸術媒体の特性・側面の分析，クライアントに対する適性を示したものです。芸術材料の柔軟性，コントロールのしやすさ，修正可能・不可能，制作時に要する運動の大きさに関しては，セラピスト自身がこれらの材料を使用し，作品を制作することで体験的に知っておくことが重要です。

図2-1　Resnick, L. C. による芸術媒体の特性・側面[1]

```
柔軟性
  柔軟でない ◄·································································► 柔軟・可動性
  硬い素材（木材・石）                                              柔らかい素材
                                                            （絵の具チョーク・布地）
```

第1部 創造的アートセラピィの考え方・進め方

コントロール
　コントロールしやすい ◀----------------------------------▶ コントロールしにくい
　鉛筆　ペン　　　　　　　　　　　　　　　　　　　　　　　　水彩絵の具
　コントロールされている媒介 ◀----------------------▶ コントロールされていない媒介
　鉛筆　　　細いフェル　　硬めの粘土　　オイル・パステル　　柔らかめの粘土　　水彩　　　濡れた
　色鉛筆　　ト・マーカー　コラージュ　　フェルト・マーカー　パステルや木炭　　絵の具　　粘土

意思決定
　不変 ◀--▶ 修正可能
　ペンやインク　マーカー　　　　　　　　　　　　　　　　　　　　　　　　粘土

運動活動の可能性
　小さな運動 ◀--▶ 大きな運動
　鉛筆　筆　ペンやインク　　　　　　　　　　　　　　　　　　粘土・木材・石・
　　　　　　　　　　　　　　　　　　　　　　　　　　　　　　大きなダンボール

さらに、アートセラピィのなかでは、その代表的な画材の特質とクライアントに対する適性について、以下のような指摘があります。

表2-1　Resnick, L. C. によるアートセラピィでよく使われる画材の特質とクライアントに対する適性[2]

描画用品
　知的にコントロールされた表現や物語的表現（事実や空想の出来事を伝える）を引き出すのに適する。鉛筆以外の媒体は修正困難なため、意思決定を要する。
- 鉛筆　　　コントロールしやすく修正可能　インパクトにかける。
- フェルトペン・マーカー　コントロールが簡単で、はっきりとした線や色。
- クレヨン　比較的コントロールしやすい　長持ちする。
- パステル　比較的コントロールしやすい　手に粉がつき、汚れやすい。
　　　　　　完成した作品に定着剤（フィキサチーフ）を塗布する。

絵具
　感情・気分の表現に適する。防衛をゆるめる要素がある。
- 水彩絵の具　最も流動的でコントロールしにくい。修正困難。衣服につけても落ちやすい。
- アクリル　　紙以外の素材の上でも使用可能。比較的乾きが早く、使いやすい。乾くと水に溶けないため、衣服につけた際はすぐに濡らしてふき取る。

粘土
　欲求不満、攻撃性、怒りの感情のはけ口を提供する。退行を誘いやすい。感情障害の児童に適する。自閉的児童など、児童のなかには粘土が散らかるのを嫌う。彼らにとって、それが自

分自身を汚くすることを意味するからである。老人病患者など身体の衰えのあるクライアントの場合，粘土が硬すぎることがあるので，柔らかくしておく必要がある。

コラージュ
　切抜きを選び，貼り付ける作業は絵を描くことよりも威圧的にならない。美術を苦手にする人，または初心者にとって，芸術的技量に対する不安が少なくて済む。コラージュには「距離をおく」効果があり，選ばれたイメージは必ずしもそうではないが，それらを選んだ人に関連があるかもしれない。例えば，自分自身の怒りを絵で表現するよりも，雑誌から怒りを伝える写真を選ぶことのほうが簡単かもしれない。扱い困難なトピックは時によってこのように間接的に向き合うことが可能である。

(2) グループの形式・ルールづくり

　参加するメンバーが混乱せずに安心してセラピーに取り組めるようにするためにも，あらかじめグループの形式やルール，大事とされることを決めておく必要があります。

グループの形式　オープン（Open：開放型）／クローズド（Closed：閉鎖型）の言葉が使われます。一般的に，オープンとは誰でも参加することができ，入退室が自由である形式を言い，クローズドとは参加するメンバーが決まっていたり，参加条件があったりする形式を言います。クローズドのほうがオープンよりもグループがまとまりやすく，信頼関係をつくりやすいと言われています[3]。活動を運営するにあたっては，組織全体の方針や現場の事情などを考慮することが大切であり，そのために変型形式を用いることがあります。

ルール・大事とされること　グループ活動が秩序を保ちながら行なわれるため，またメンバーそれぞれが安心して自分の想いを話すことができるようにするためには，約束事やメンバーそれぞれが同意すべき内容をあらかじめ設定する必要があります。ここでは秩序やエチケットに関する事がらと安心できるわかちあいの場を提供するために必要な事がらに分けて例示しておきます（表2-2は，あくまで参考例です。グループによって異なります）。

表2-2　ルールの一例

秩序・エチケットの例
・食べ物，飲み物に関して
　食べ物は持ち込み禁止。飲み物はOK。医療現場のセラピストは，薬の副作用のなかには口渇（のどの渇き）があることを知っておいたほうがよい。
・携帯電話，携帯型ヘッドホンステレオについて

第1部　創造的アートセラピィの考え方・進め方

> メンバーが携帯電話を持っていると思われる場合，セッションがはじまる前に，電源OFFもしくはマナー・モードにすることを呼びかける必要がある。携帯型ヘッドホンステレオで音楽を聴きながらの参加は禁止。
> ・画材の持ち込みに関して
> 　メンバー間にトラブルを引き起こすおそれがあるので，禁止が望ましい。
> ・途中入室・退室に関して
> 　入室は不許可。退室はOK。
> ・他者を不快にさせる発言や作品表現（暴力的・性的内容）
> 　表現の自由は，グループの場では制限される。
>
> **安心できるわかちあいの場を提供するために必要なこと**
> ・自分の作品に対して自由に発言できる。またこのような発言に対してメンバーはそれを否定しない。
> ・議論はしない（目的は真偽を明らかにすることではなく，想いをわかちあうこと）。
> ・話したいことを話すことができる。
> ・質問に対してパスすることができる。
> ・他者の発言内容に対して秘密を守る（参加メンバー以外に口外しない）。

　オリエンテーション（P.40参照）のなかで，上記内容のうちのいくつかを確認事項として述べることは有効です。この場合，記載されたカードをあらかじめ作成し，セラピストもしくはメンバーが読み上げる形式にするとよいでしょう。例えば，オリエンテーションのなかに，次のような確認事項を含めることができます（表2-3）。

表2-3　アートセラピィ・グループ　3つの大事なこと

> ・このグループは上手な作品をつくり，評価を得ることが目的ではありません。自分の想いや考えを言葉以外で表現するために作品をつくります。
> ・メンバーと気持ちをわかちあうときは，お互いの自由な見方・考え方を大切にしましょう。メンバーの作品や発言を否定したり，批判したりしません。
> ・メンバーの発言内容は今日参加しなかった人には話をしないこと。
> 　グループのメンバーとして，以上3つのことを大切にしましょう。みなさん，よろしくお願いします。

(3) グループとの関わり方

　グループ治療のファシリテイター（促進者）の役割をもつセラピストの仕事は，グループ

のメンバーどうしによる，気持ちのわかちあいを深めることです。そのためには，メンバーひとりひとりが安心して自分の気持ちを話し，いきいきと他のメンバーと交流できる環境が必要となります。この点について，メンバーの自律性やグループの性質（まとまり・融通性）に応じた，グループに対するセラピストの関わり方を紹介します。

メンバーの自律性とファシリテイターによるコントロール

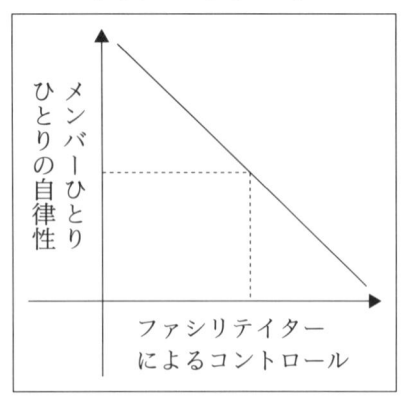

グループのファシリテイターとして重要なことは，メンバーどうしの治療的な交流を助けることにあります。治療的な交流とは自発的に自分の想いを話すことができ，それをグループのメンバーが受けとめ，共感や正直な気持ちを相手に伝えることのできる交流です。メンバーのそれぞれが他のメンバーに気遣いを見せながら，積極的にこのような交流をもとうとする場合とそうではない場合では，彼らに対するセラピストの関わり方は異なります。右の図2-2はメンバーそれぞれの自律性とファシリテイターのコントロールの関係を示したものです[4]。一般的にいって，メンバーの自律性レベルが高い場合では，ファシリテイターはできるだけグループに対するコントロールを緩めることが大切です。このようなメンバーに対する強いコントロールは，メンバーひとりひとりが自発的に意見を述べ，共感しあう機会を奪います。グループの活気（エナジー）を低め，またメンバーからの不満を集めることになるかもしれません。いっぽう，メンバーの自律性レベルがもともと低い場合はファシリテイターによるコントロールを強めることによって，グループをまとめ，導くことが大切です。そのコントロールの強め方にはいくつかの方法があります。

図2-2　メンバーの自律性とファシリテイターによるコントロール

リーダーシップの強化と枠の設定

グループがまとまりを失い，カオス状態に陥る原因は，メンバーの自律性や機能レベルが低いことによることもあれば，グループに対して反抗的あるいは勝手気ままなメンバーによって引き起こされることもあります。グループが混沌状態になるとき，セラピストは上下関係を利用しながら自分がリーダーであることを明確にメンバーへ伝えるとともに，グループに対して適切な枠を設定することが大切です。その方法として，以下の事柄が参考になります。

表2-4　リーダーシップ強化の一例

- 普段はメンバーに交じるように座るが，グループのまとまり度に応じて，メンバーとは少し距離をおく。あるいは部屋のなかで最も「指示を与えやすい」場所に座る。あるいは立ったままでいるかもしれない。このとき，学校の教室，授業風景を思い浮かべてみるとよい。先

生は通常，黒板の前に位置し，生徒と対面しながら，ひとりだけ立ち，生徒を見下ろす感じで教えることが多いが，これは生徒を指導し，クラスの秩序を保つための形式である。教室以外の部屋においても，そのような「先生の立つ位置」を考えてみるとよい。
- 自分がリーダーであること，またリーダーに与えられている権限についてグループに伝えることも大切である。メンバーはグループに参加する以上は自分の指示に従わなければならないことは，はっきりとさせなければならない。
- 落ち着きのないメンバーに対して，指示は短く，わかりやすく伝える。ホワイトボードや黒板があれば書いて伝えることもよい。またグループで何が行なわれるのか，活動の流れをはじめに伝えておく。

枠の設定とは，活動が自由になり過ぎないように制限を加えたり，ルールを定めたりするものを指します。メンバーどうしの気持ちのわかちあいをテーマにしたグループ活動では，以下のような枠の設定が考えられます。

表2-5　枠の設定の一例

- わかちあいの方法として，発言したい人から発言する形式から，時計回り（あるいは反時計回り）に順番に発言する。
- 発言に対しての感想はメンバーすべてが発言を終えた後に，順番に訊くようにする（あるいはセラピストがメンバーの発言の感想を述べるにとどめる）。
- 発言時間をひとり2分と制限する。
- 文章完成法の形式を用いて発言する（例えば 「私の趣味は_____です」などの文章を黒板に書き，1人ずつ文章を完成させていく）。

　リーダーシップの強化と枠の設定は，混沌状態，あるいはバラバラになっているグループに対してセラピストがコントロールを強めるときに行ないます。先にも述べたように，自律性の高いグループに対してこのように強力なコントロールを用いることは，かえってそのグループが得るべき治療的なグループ交流を阻害することになります。それゆえにセラピストにとって大切なことは，グループの性質を見きわめ，グループ全体の雰囲気（集団のエナジー）を感じ取りながら，そのとき，そのときのグループの状態に応じて，適度なコントロールを与えていくことです。そのひとつの方法として，コントロールの標準をつくることが大切です。のちに説明される，グループ進行の作業モデル（P.47-50）はあるクライアント層のとあるグループにとっての標準的な枠決めといえるでしょう。この標準を意識し，そのときどきの状態・変化に対応しながら，コントロールの度合いを変えていくことが上手なグループのまとめ方となります。

グループのなかにおける，メンバーひとりひとりの役割

メンバーひとりひとりを見ることにより，その人がグループのなかでどのような役割をもっているのか，またはもつことができるかを考えることはグループ・セラピストの大切な仕事のひとつと言えます。その役割とは，サブリーダー，盛り上げ屋，世話焼き，調停者，遊び人，批評家，反抗者，無関心，追随者，皮肉屋，よい子，スポットライト（独占者または目立ちたがり屋）などです[5]。グループのなかで，いつも同じ役割を受けもつメンバーもいれば，あるセッションのなかで今までとは違った役割をみせるメンバーもいます。役割の交代はクライアントにとって大きな意味をもつことが多く，治療となることがあります。また，セラピストにとっては，グループを進めていく際にそれぞれのクライアントが担う役割を理解し，ときには意図的にあるメンバーどうしの交流をつくりながら，グループをまとめることが求められます。

セラピィの目的を共有する「オリエンテーション」

グループ活動の開始時に，セラピスト（もしくは担当者）は活動の趣旨や約束事についてグループに伝えます。活動に枠が与えられることによりグループ全体は落ち着くことができ，クライアントの不安は軽減されます。そのため，ヤーロム（Yalom, I. D.）は，新しい参加者がいないときにも短いオリエンテーションの言葉を伝えることを強調しています[6]。ここでは精神科病院デイケア・プログラムにおけるオリエンテーションの一例を紹介します。

表2-6　オリエンテーションの一例

> はじめる前に，このグループの活動内容や目的などについて話したいと思います。一度参加されたことのある方は確認のために聞いてください。アートセラピィは日本語で芸術療法・絵画療法と呼ばれています。セラピィにはさまざまなやり方がありますが，これからこの場で私たちが体験するアートセラピィにはとりわけ大切にしている2つの事がらがあります。第一に，自分の思っていること，感じていることを自由に表現する楽しさ，そして，それをひとりで行なうのではなくグループで行なうことから得られる喜び　わかちあいの喜びです。アートセラピィの目的のなかにはそのほかにも「創作そのものが癒しとなる」という考え方や「表現したものをあらためて見つめるなかで，自分自身や周りのことについての気づき・発見がある」という考え方もあります。決して，問題や悩みを抱えている人だけがセラピィを必要とするわけではなく，アメリカではより良く生きる，または人生を豊かにする手段としても利用されています。このようなセラピィを私たちが一緒につくっていくためには，大事にしなければならない，いくつかの事がらがありますので，お互いに確認しましょう（「ルール・大事とされること」P.36-37参照）。

(4) アートワークを選ぶ

　グループ・アートセラピストにとって，グループの性質やメンバーの自律性を見きわめながらクライアントと関わることのほかに，彼らに適切なアートワークを選ぶことも大切な仕事です。グループで用いるアートワークの選択について，①セラピィの目的，②意識機能・認知レベル，③グループの大きさ，④セラピィの発達段階（経験したセッションの回数やセラピィに対する慣れ具合），⑤テーマ制作と自由制作の観点から説明します（グループに合わせたアートワークの選択例は，P.114を参照）。

① セラピィの目的とアートワーク

図2-3　アートワークによる4つの治療目的

洞察	交流
感情表出	レクリエーション

　左の図は，療法的アートワークがもつ目的を4つのカテゴリーに分けて示したものです。実際のところは，2つ以上のカテゴリーにまたがって目的をもつアートワークも多いと思われます。これら4つの目的の特徴を，グループの種類やレベルに応じたアートワーク選びの視点から分析すると，以下のようになります。

洞察　抑圧された攻撃性や敵意，心理的不一致に対する気づきを治療の目標とし，芸術作品に投影されているクライアントの無意識の内容を取り扱うアートワークがこの範疇に含まれます。このようなワークをセラピィの場に持ち込む際は，メンバーひとりひとりの意識機能レベルが高く，セッションの時間にゆとりをもち，また静かで安全なセラピィの空間が提供されなければなりません。

感情表出　感情表現の乏しい，あるいは感情を抑圧しているクライアントが安心してそれを表現できたり，解放できたりするアートワークがこの範疇に含まれ，意識機能レベルに関わらず，幅広いクライアントが利用できます。感情をテーマとするワークのなかには，ペインティングや顔の表情の写真を用いたコラージュ，情感ある音楽を色やカタチで表現するワークなどがあります。癒しの効果など，制作・表現行為そのものがもつ治療的要素が重要となります。

交流　グループ内で自己のもつ役割を再認識することや対人スキルの改善を目的に，複数のメンバーで取り組むアートワークがこの範疇に含まれます。このようなワークは，しばしば共同制作による達成感やグループ交流の楽しさを提供します。ワークの難易度に応じて幅広いクライアントに提供できる反面，メンバーの数によって制限を受けたり，広い活動スペースを必要とする場合があります。

レクリエーション　つくることの楽しさや達成感，生きがい，趣味の獲得などを目的としたアートワークがこの範疇に含まれます。心理療法的な意味合いは薄い反面，心身リハビリテーションの考え方をあわせることが可能です。作品の完成度やデザインに注目し，展示や販売を考えるなかで，クライアントの自己評価や社会性の向上をはかることができます。ワークの難易度に応じて幅広いクライアントに提供できます。

② 意識機能・認知レベルにあわせたアートワーク

　アートワークは，テーマ理解，スキル，セラピィの治療目標などにより，難易度があります。そのために，セラピストの判断により，グループの意識機能・認知レベルにあわせたワークを提供することが必要となります。

レベルが高い　このグループでは，洞察指向のワークと治療的介入が可能です。セラピストは，わかちあいに長い時間を割き，メンバー間でお互いの作品を見たときの感想や質問が話せるように勇気づけます。また，クライアントが自己の作品表現のなかにある個人的意味を見つける手助けをします。

レベルが低い　このグループでは，洞察指向のワークは荷が重すぎてしまいます。ワークそのものが容易であることが大切であり，感情表出指向，レクリエーション指向がふさわしいでしょう。グループ制作やゲームなど，交流をつくるワークは，制作方法やルールが理解可能であれば有効となります。

③ グループの大きさ（メンバーの数）にあわせたアートワーク

　メンバーの人数が多い・少ないによって，セラピストはアート制作の際にメンバー個人の必要性に応じた援助，わかちあいや振り返りの方法，セッションの時間配分などを考慮しなければなりません。

多数の場合　90分のセッションで10名を超えるグループの場合，制作時間が長いと，メンバーが自分のつくった作品について語ったり，感想を受け取ったりする時間が不足します。そのため，大きなグループのときに洞察指向のワークは不向きです。そのようなとき，メンバーをいくつかの小グループに分け，グループごとに1つの作品を共同で制作するワークを代わりに提案できるかもしれません。セラピストは作品表現だけでなく，クライアントの制作過程を注意深く観察し，他メンバーとどのように関わっているかを知ることが大切です。グループ交流に焦点をあてるひとつの方法として，分けられた小グループに対してグループ制作時間と課題，材料を提供し，それぞれのチームがどのように取り組むかを比較することは有効です。アート作品はグループが課題に取り組んだことの記録として，振り返る際の便利な道具となります。また作品の表現内容についての説明よりもむしろ制作の感想に重点が置かれるワークは，わかちあいの時間を比較的短くすることができます。

少数の場合 　メンバーの数が少ないときは，作品のわかちあいや制作時間を長めに設定することにより，洞察指向のワークや細かい作業を含むワークが可能になります。比較的小さいグループの場合，アートセラピストのなかには，メンバーと一緒にグループのなかで作品をつくる人もいます。セラピスト自身が作品をつくることに関して，賛否両論があります。ふだん作品をつくらないセラピストが制作に参加することによって，グループに刺激が与えられます。

④ メンバーのセラピィ経験にあわせたアートワーク

　先に述べたように，アートワークはグループや個々のメンバーに対するアセスメントの道具となるもの，不安や緊張を解きほぐすもの，メンバー間の交流をつくるもの，自己洞察や他者理解，相互援助を深めるものなど，種類によってさまざまな目的をもっています。グループの継続・発展過程で，これらのワークを上手に使い分けることが大切です。

セラピィ初参加者，またはアート制作に慣れていない人が多いとき 　アートセラピィの初回セッションとして有効な活動にコラージュがあります。コラージュは雑誌の切抜きを選び，貼るだけなので絵を描くことに苦手意識を強くもっていたり，また初めてのアートセラピィに戸惑いや不安を感じていたりする人にも取りかかりやすいワークだからです。またセラピィの創作活動は作品の出来栄えを競うものではなく，作品を通じて自分自身を含めた，メンバー個々の気持ちに触れるための活動であることが理解されることでしょう。硬くなりがちなメンバーの気持ちをほぐすためには，遊びの要素を含んだもの，メンバー間交流をつくるものがウォーミング・アップとして使われます。

メンバーがアート活動やセラピィの手法に慣れてきたとき 　セッションを重ねるに従って，セラピストはグループの性質やクライアント個々のレベルを把握でき，またメンバーは療法的アート活動やセラピィのやり方に慣れていきます。そのため，セラピストはレベルにあわせた治療を念頭にグループ交流をより力動的にさせたり，創造性を高めたりするワークを提供することができます。また場面に応じて，メンバーの自律を促す自由創作や制限の少ないアートワークが必要とされます。メンバーのまとまりが薄れたり，マンネリ化などが原因で創造的な取り組みに対する意欲が停滞しているときは，ゲームやパフォーマンスを取り入れたワークがグループのなかに活気をもたらし，セラピィの楽しさや可能性を再認識することに役立ちます。

⑤ テーマ制作と自由制作

　創造的アートセラピィでは，セラピスト自身がクライアントのレベルや問題にあわせてアートワークを選択したり，開発したりすることにより，型にはめない豊富な種類のアートを

臨床場面に持ち込むことができます。しかしながら，それがセラピストからの一方的なものであってはならず，常にクライアントの気持ちとあわせることが大切です。セラピストがアートワークをグループに提案する際に起こる問題点は，自分のやり方で表現したい，あるいは創作スタイルをもったクライアントがそのアートワークに不自由を感じることがある点です。また，不安が強く，適応能力の乏しいクライアントは，決まった制作活動を繰り返し行なうことを好みます。セラピストはグループのなかにいる，これらのクライアントに対して柔軟でなければなりません。そのひとつの方法は，活動を2種類に分け，セラピストがその時々に提案する創造的なアートワーク（テーマ制作）と，制作方法が簡単で，作業量を自分で調節することのできる自由制作をセッションの交互に取り入れる方法です。このコンビネーション・アプローチによる活動内容は，以下の通りです。

● **テーマ制作**

グループの状態や種類に応じて，セラピストがアートワークを提案します。アートワークのなかには，グループ全体で一緒になって作品をつくったり，アートを使ったゲーム，風変わりな材料を使った実験などにチャレンジしたりするアートワークも含まれています。セラピストは自らアートワークを考案したり，またクライアントからアイディアを求めたりするなど，セラピィそのものを創造的なものにしていくことが大切にされます。

● **自由制作活動（別名「はじめの1歩」）**

自由な題材・方法で制作する活動です。クライアントはそれぞれ，以下のA，B，Cの制作方法から選びます。A＋C，あるいはA＋B＋Cのように制作方法を重複させることが可能です（ただし，中途半端にすべての方法を試す児童や軽躁状態の患者がいる場合は要注意。その場合は「重複可能だが完成品は1つとする」などのルールをグループのメンバーと取り決めるとよい）。たくさんある切抜きのなかから気になるものを1枚選んで画用紙に貼り付けるだけでもOKであるために，絵を描くことが苦手な人，アートセラピィが初めての人も簡単に取り組めます。見栄えの良い作品をつくる必要はないこと，言葉以外の表現を用いて気持ちをわかちあうことの意義を理解してもらいます。

A　自由創作　　クレヨン，色鉛筆，粘土，パステルなどの画材が用意されており，大中小の画用紙から好きなサイズを選び，自由に創作します（設備面で可能であれば，絵の具も用意するとよい）。

B　切抜き貼り付け（またはコラージュ）作業[7]　　たくさんの集められた切抜きのなかから，気になるものを一枚（もしくは複数枚）選んで画用紙に貼り付け，テーマ（または選んだ理由）を余白に書き込みます。クレヨンと切抜きを使って，絵を作成することや何枚かの切抜きを選び，画用紙上に自由に配置

第1部　創造的アートセラピィの考え方・進め方

して作品を仕上げる（コラージュをつくる）こともできます（セラピストによっては，このワークを「少し体調がよくない，あるいは疲れている人が選ぶかもしれないワーク」と紹介することでクライアントの緊張や負担を軽減させることができる）。

C　ぬりえ・なぐり描き作業[8]

あらかじめ黒マジックで1cmマージンの枠がつけられた画用紙に対して，同じく黒マジックで勝手気ままに，無計画の線を書き加えます。それに対してクレヨンを使って作品を完成させます。線によって囲まれた領域に色をつける「ぬりえ」にしてもよいし，線のパターンを眺めて思いつくもの・連想するもの（画用紙の方向を動かし，他の方向から眺めてもよい）があれば，クレヨンで新しく線を描き加えて，絵を仕上げることもできます。

筆者の経験では，このような2つのアプローチを組み合わせた活動をはじめてから，グループ・メンバーの不満を減らすとともに，欠席・脱落（ドロップ・アウト）者の数を減らすことができました。デイケアで行なわれるような長期間継続したグループ・アートセラピィにおいては，マンネリ化させないアートワークの工夫と，メンバーが安心して参加できる活動内容と空間を提供することが重要です。

アートセラピィ・コラム②

アメリカで受けたトレーニング

アートセラピィの授業カリキュラムのなかには，1年間の臨床実習のほかに，2ヶ所のフィールド・ワーク（実地研修）があります。そのうちの1ヶ所を，私はニューヨークのとある小児科病院のがん病棟で受けました。そこでは，児童生活専門家（Child life specialist）と呼ばれるスタッフが病院で治療を受ける児童と家族の心のケアを行なっています。彼らの監督のもと，私の実習は，白血病を患う子どもたちが血液検査を行なうために集まる部屋で，絵を描いたり，遊んだりすることにより，彼らのストレスや不安を軽減させる活動でした。この実習は困難が多かった分，学ぶこともたくさんありました。大きなテーブルに子どもたちを集めて一緒に活動するにも，落ち着かない子どもたちがほとんどです。奥の検査室から泣き声が聞こえてきます。私のほうがイライラしてくる程でした。しかし，私の指導者は私の不手際や勉強のなさよりも，むしろ，自分自身のこころと意思疎通をはかることに目を向けて指導してくださいました。私のイライラとは，その子どもたちが私の思いどおりにならないことによる不安の混じった苛立ちであり，自由な雰囲気よりも型や秩序を重んじる日本人の価値観も影響していました。

実地研修を終えると，病院の玄関には自動車教習所の車が待っていました。その教習所に運転練習用のコースなどなく，訓練生である私は，初日から運転席に座らされて，一般の公道で，教官の指示に従いながら運転トレーニングを受けていました。「型破り」なのか「習うより慣れよ」なのか……いろいろな意味で，私にとって，アメリカ式トレーニングは刺激的でした。

2-2　セッションの進め方

> この節ではセラピストがグループ全体を導き，セラピィを進行させる上で大切となる実践的知識と技法（グループのまとめ方，アートワーク選び，メンバーひとりひとりに対する配慮）について説明します。

(1) セラピィのプログラム構造

　私たちはいかなる社会的活動を行なうにも，それを周囲の人々にわかりやすく伝える必要があります。セラピィ活動を明示する重要事項は，趣旨説明，セラピィの目標，対象となるクライアント，活動内容であり，そのプログラムの構造を説明しています。ここでは，セラピィのプログラム構造について，筆者がかつて非営利特別活動組織（NPO）で行なった高齢者対象の在宅アートセラピィ（3-2福祉分野での実践「コミュニティ支援サービス」P.91-95参照）を例に解説します[1]。

趣旨説明　新しいプログラムの目的が何であるかを明確にした言葉のこと。組織全体の理念と合致していることが大切です。ピーターソンとグン（Peterson, C. A. & Gunn, S. L.）は，「趣旨陳述は包括的で要約されたものであるべきである。詳細になりすぎずにプログラムの存在理由を説明するべきである。言葉を吟味し，簡潔ではっきりとしたメッセージを与えるべきである」[2]と述べています。

表2-7　趣旨陳述の一例　高齢者在宅アートセラピィ

> このプログラムは，さまざまな理由によって家に閉じこもっている高齢患者の身体・認知・情緒・社会面における機能と患者家族の適応スキルの改善・維持を目的にしています。

セラピィの目標　組織全体の目標やクライアントの必要とする内容を考えながら，趣旨説明の詳細な点について，セラピィの目標のなかで述べることができます。

表2-8　プログラム目標の一例　高齢者在宅アートセラピィ

> 1　人生を回想しながら，利用者個人の視点によって再発見することを援助し，自我の統合へとみちびく。
> 2　患者の知覚，認知，記憶，精神運動調整を改善させる。
> 3　自発性，自律的行動を促進させる。
> 4　想像力の使用，創造性の開発のための機会を与える。
> 5　自己表現のための視覚的道具を提供する。

> 6 情緒的サポートを得ながら，気持ちや問題を他者とわかちあうことを勇気づける。
> 7 なおも生産的であり，また自立した成人でいるように勇気づける。
> 8 地域のなかに患者が入りこみ，あわせられるように助ける。
> 9 患者が家族やその他の問題，衝突を解決できるように助ける。

対象となるクライアント　活動参加・サービスの対象となるクライアントの条件を明確にします。

表2-9　対象となるクライアントの一例　高齢者在宅アートセラピィ

> さまざまな問題によって家に閉じこもっている50歳以上の地域住民で，身体・認知・情緒・社会面で障害や困難を有する方。

活動内容　サービスがどのような人材，形式によって提供されるのかを，回数や時間を含めて記述します。

表2-10　活動内容の一例　高齢者在宅アートセラピィ

> サービスは精神保健，医療，および関連する分野における職業に関心をもち，在宅高齢者の支援活動に熱意をもつボランティアによって提供される。彼らは美術，美術教育，心理学，社会福祉または関連分野の科目を大学・専門学校で修得していなければならない。ボランティアは実地活動の前に6時間の基礎演習を終えており，引き続き，18時間のアドバンス演習を3ヶ月の実地活動中に受け続ける。ボランティアによって，クライアントとその家族に提供されるサービスは週1回90分である。実地活動はプログラム管理者によって監督・指導をうける。

臨床活動における制約　ヴィノグラードフとヤーロム（Vinogradov, S. & Yalom, I. D.）は，セラピィのプログラムが直面する臨床条件や状況を本質的制約と非本質的要因の二つに分類しています[3]。本質的制約とは変更不可能あるいは困難な生活上の事実を指しており，それらに対してはプログラムの内容を適応せざるを得ません。いっぽう，非本質的要因は今までの慣例や方針など，セラピストの意志と努力で変更可能な内容を指します。こちらは，プログラム設計の段階から見直しを試みることが大切です。良いセラピィを組織内のプログラムとして運営するためには，現在置かれた臨床状況に対する，このような見極めが肝要となります。

(2) 作業モデル

創造的アートセラピィのグループ作業モデル（1セッションの基本パターン）は，以下の通りです。

表2-11 創造的アートセラピィのグループ作業モデル

①　オリエンテーション（グループの目的・約束事の確認）　5分
②　簡単なストレッチ　1分
③　自己紹介　2分
④　前回のワークの振り返り（テーマや活動内容を思い出す）　2分
⑤　ワークの紹介・説明（ウォーミング・アップとして，ワークの準備となる簡単な作業を取り入れることもある）　5-10分
⑥　こころの落ち着き　1分
⑦　作品制作（BGM 音楽を流しながらの作業）　20-25分
⑧　制作作業の感想　3分
⑨　メンバーそれぞれの作品の紹介とグループによるわかちあい　30分
⑩　振り返り（メンバー全員の絵をグループの中央に集めて，作品に共通している点など全体を観ながらの感想やその日のセッションが満足する内容であったかについて述べ合う）　15分
⑪　まとめ（メンバーには評価表が配られる）　1分

　上記のモデルは，1セッションの実施時間をおよそ90分と考えて，進行手順と目安となる時間を示しています。もちろん，時間通りに進むことは難しく，リーダーは柔軟性をもって取り組む必要があります。「わかちあい」「振り返り」の合計時間が全体の半分を占めていますが，機能レベルがそれほど高くない患者のグループでは彼らの限られた集中力を考えてこれらの時間を短縮し，セッション時間そのものも見直すべきでしょう。デイケアで行なわれる場合，プログラム1コマの時間が決まっているところが多く，それにあわせたアートセラピィの時間的枠組みを考案することが大切です。
　グループ進行のプロセスのなかで，セラピストがもつ役割や活動上の注意点について説明しましょう。

①オリエンテーション　セッションのはじめに，セラピィの目的を伝えることはグループがその目的を果たすための秩序をもつことに役立ちます。また同じ言葉をセッションごとに繰り返すこと，すなわち「儀式」はそれがあまりに長すぎない限り，退屈させるよりはむしろ心理的安全を与えると考えられます。グループの約束事はセラピストの呼びかけに応じ，メンバーのひとりが読むようになると，メンバーの自発性が高まることが期待できます。

②簡単なストレッチ　背伸びを含めた，からだのストレッチや深呼吸はグループの緊張をほぐします。また食後，寝不足，薬の影響などから，眠気を感じているメンバーにとって，体を動かし酸素を多く吸い込むことは目覚ましになります。

第1部　創造的アートセラピィの考え方・進め方

③自己紹介　　　初めての参加者がいる場合に行ないます。早くメンバーがお互いの名前を覚えられるように名札を用意するとよいでしょう。通常はセラピスト自身からはじめますが、自己紹介が長すぎるとこれがモデルとなって他のメンバーも時間をかけて話すため、このプロセスに時間がかかり過ぎてしまうことがあります。

④前回のワークの振り返り　　セラピストはメンバーに対して前回がどのようなワークであったか、内容であったかを尋ねます。セラピィの連続性を確認することは、治療的にも、メンバーの参加意識を高めるためにも大変有効です。

⑤ワークの紹介・説明　　メンバーの認知・機能レベルに応じた説明が必要となります。低機能レベルの患者の場合、とりわけ注意すべき点は一度にすべての制作プロセスを説明しないことです。混乱を避けるために、ステップ1・2・3と分け、作業を進めながら説明します。その際、ステップ1をウォーミング・アップと名付けるとよいかもしれません。「ウォーミング・アップは肩慣らしですので、リラックスしてはじめてみましょう」と伝えることにより、メンバーの不安や抵抗感を和らげながら作業を導入することができます。またメンバーのレベルを判断しながら、必要に応じてセラピストが実演したり、作例を紹介してもよいでしょう。ただ、実演や作例は不安を軽減させるいっぽう、メンバーの作品表現に影響を与えることに注意する必要があります。

⑥こころの落ち着き　　子どもや機能レベルの低い患者のグループでは、一人ならず、セラピストの説明の途中でも描きはじめようとします。落ち着きのないクライアントは集中力に欠けており、すぐに作業を終えてしまいます。そのために、こころを落ち着かせるプロセスを導入します。腹式呼吸や背筋のストレッチが有効です。またワークによっては、制作に取りかかる前に、イメージ想起のプロセスを入れる場合があります。その際セラピストは、クライアントやグループの状態を考えながら、「目を閉じて不安にならない人は目を閉じて、不安になる人は目を開けたままで、これから描こうとするもの・つくろうとするものを思い浮かべてみましょう」などの言葉かけをしてもよいでしょう。

⑦作品制作　　先に述べたように、メンバーとともに作品をつくるセラピストとそうではないセラピストがいます。筆者の場合、通常は制作を行なわないで、メンバーそれぞれが芸術材料とどのように向かいあうかを観察します。このような観察は大変重要であるいっぽう、セラピストが自らメンバーとして参加することによってグループの雰囲気やエナジーに変化を与えたり、わかちあいの内容を深めたりすることがあります。その場合は、セラピィの流れに注意をはらい、グループの状況を見極めることが大切です。筆者の経験では、グループのなかで普段作品をつくることのないセラピストが参加を申し込むとメンバーは驚きと喜びで迎えることが多いようです。制作中に使用するBGMは、こころをリラックスさせるだけでなく、環境的な、あるいは時間的な枠をつくるため、グループ進行の構造上、重要です。「制作時間＝音楽の流れる時間」が明確になり、音楽の終了とともにメンバーは

制作の終了を意識することに役立ちます。

⑧制作作業の感想　制作が終了したのち，軽いストレッチを入れてリラックスを促します。作品内容のわかちあいの前に作業の感想を述べあうことは，制作による興奮や不満を表現する機会になります。メンバーから，作業についての率直な感想を求めるセラピストの姿勢が大事です。制作を難しく感じたかどうかを質問し，手をあげてもらうと，メンバーからの自発的な感想が出やすくなります。しかしながら，時間配分を考え，あまり長くならないように注意します。

⑨作品のわかちあい　メンバーが自分の作品を紹介する，他者の作品に対して質問や感想を述べ合う方法はいくつかあります。そのうち，最も自由な方法は，話したい人から話しはじめる形式です。自発性が大切にされる反面，グループの場での作品紹介を恥ずかしがる，あるいは他者に対して遠慮がちなメンバーがいるために，時間がかかりがちです。次に，時計回り（あるいは反時計回り）に順番でわかちあいを進める形式があります。枠の設定により，スムーズに進みますがグループの活気を損ない，力動のエナジーを低めるかもしれません。三つ目は，メンバーの作品をグループの輪の中央に集め，セラピストの「では，わかちあいを進めましょう。先に自分の作品を紹介したい，あるいは，この集められたもののなかに興味を強く感じて，その作者から是非話を聞きたい作品はありますか？」の呼びかけで進める形式です。ここでは，作品すべてを一度に見られてしまうために，作品がひとつひとつ紹介されていくときの「次はどんな作品か」という期待感や驚きが薄れてしまうものの，メンバー間の交流が促進されます。これに似た形式として，作品を紹介した人が次に紹介される作品を選ぶことによって，作品紹介を進める方法もあります。他者の作品に対しての質問や感想は，作品を紹介するごとにメンバーが述べることのできる形式と，作品紹介をすべて終えたのちに作品をグループの輪の中央に集めてから述べ合う形式があります。前者の方が作品に対する他のメンバーからの質問や感想が出やすい反面，後者に比べて時間を要します。

⑩振り返り　はじめる前に，ストレッチをして，緊張や疲れをほぐします。疲れているメンバーに対して「あとは振り返りとまとめで終わり。もう少しの辛抱です」と言ってあげることができます。メンバー全員の絵をグループの中央に集めて，作品に共通している点など，グループ全体の作品を観ながらの感想やその日のセッションが満足する内容であったかについて述べ合います。

⑪まとめ　まとめは，振り返りのときにメンバーから出された感想をセラピストがまとめたり，またセラピスト自身がもつ，その日のセッションに対する感想を述べるようになるかもしれません。最後に，参加したメンバーに対して，その日のセッションの内容に関するセラピィ評価表（付録A P.172）が配られます。

(3) 進行のプロセスにおけるセラピストの役割
●アートセラピィの質問技法
　アートセラピィがもつ，療法としての利点のひとつは，作品を介在させながら，セラピストとクライアントがコミュニケーションをつくることです。このようなコミュニケーションが，対面での言葉のやり取りでは伝えづらかった内容を含むことは多くあります。このため，セラピストにとって大切なことは，常にクライアントのつくった作品の内容に目を向け，クライアントができるだけ作品について話すように手助けすることです。クライアントの意識機能レベルを考慮しながら，セラピストは次のような質問技法を用いることによって，彼らの洞察を援助し，作品の内容に対する理解を深めることができます。

アートセラピィで使われる質問
- 「作業の感想はいかがでしたか？」
- 「よろしければ，作品についてのお話を聞かせてください」
  - →一般的な，セラピストによる最初の言葉かけ。話す・話さないはクライアントの自由であり，決して強要しないことが大切。クライアントが話したくなければ，その気持ちを尊重します。
- 「絵をあらためて観て，描く前には気づかなかった部分や自分の思いについての発見はありますか？」
  - →作品表現に対するクライアントの洞察を促す質問。
- 「この作品の表現に見られる，自分らしさとは，どんなところですか」
  - →クライアントの自分自身に対する見方を尋ねる言葉。
- 「作品のなかの色やカタチを見て，どんな気持ちがしますか？」
  - →クライアントの感情面を引き出す質問。
- 「作品のどんなところが好き（満足）でどんなところが嫌い（不満）ですか？」
  - →好き・嫌いを引き出す質問。
- 「（作品を遠ざけたり近づけたり，方向や角度を変えながら）この絵は，他にどんなふうに見えますか？」
  - →思わぬ発見やひらめきを引き出す。クライアントに作品の位置を変える了解を得てセラピストも一緒になって発見やひらめきを見つけようとする姿勢を見せると，クライアントを誘いやすい。
- 「この絵にどんなタイトルをつけましょうか？」
  - →クライアントの思考・気持ちの概念化を促す質問。
- 「この絵のなかの表現で変わったらよいと思う点はありますか？ どうすれば，その表

現が変わっていくのでしょう」
　　→クライアントの将来的な見方（問題解決，対処法を含む）に対する質問。

●グループの個人に対する配慮
　アートセラピィのセッション中に時々起こりうるメンバー個々の問題に対して，セラピストがどのような配慮を行なうことができるのかを説明します。

作品をつくらないクライアント　クライアントが作品をつくろうとしないとき，制作を拒否しているのか，障害を抱えているために作品がつくれずにいるのかを見極める必要があります。拒否しているのであればその理由に耳を傾け，気持ちに寄り添うことが大切とされます。環境適応障害，精神遅滞，認知症の患者などは，不安や混乱によって作品がつくれない場合があります。このような場合におけるセラピストの援助には，いくつかの方法があります。例えば，絵を描く場合，白紙の画用紙を渡されて何を描いたらよいか，混乱や不安を起こす患者がいます。先に述べた，なぐり描き作業（P.45）は，そうした混乱や不安を少なくして創作に取り組むことできる方法のひとつです。用意する画用紙の縁に付けられた枠は「心理的なまもり」[4]と呼ばれ，一種の安心を与える作用をもち，心象の表出が容易になると言われています。これに関連した方法として，ローウェンフェルドが指摘する「地面の線」があります[5]。彼の著作には環境適応に障害をもつ子どもが白紙の画用紙に何も描けずにいることに対して，そこに地面の線を描いてあげると安心した子どもが絵を描きはじめた症例を紹介していますが，筆者の経験によれば，精神障害の患者に対してもこの方法は有効です。

取り残されるクライアント　レベル分けがされていないグループでは，認知レベル・機能レベルの低いメンバーがグループの課題・進行についていけない場合があります。精神遅滞や認知症の患者が制作テーマを理解できずにいたり，思考が混乱するために制作できずにいたりする場合，セラピストがどのように関与したらよいでしょうか？　通常，クライアントに対して，セラピストは「○○を描いたほうがよい」「ほかのクレヨンも使ってみたら」などの制作内容に関する指導やアドバイスをしません。絵の上手・下手は関係なく，自由に表現することが治療的制作の前提になっているからです。しかしながら，他のメンバーと同様の作業を行ない，遂行する（あるいは制作を楽しむ）こと，そしてグループ交流をもつことに治療の重点が置かれるのであれば，セラピストがクライアントの混乱や不安を軽減させるために題材を提案したり，材料や道具を限定したりすることがあります。このような援助の重要課題は，できるだけクライアントの自発性・主体性を引き出すこと，他のメンバーと同様に作品がつくれたという達成感をもたせることです。また，未完成のまま，すぐに作業を終了させる精神遅滞の患者に対して，セラピストは美術教育療法的な指導（例えば，クライアントの表現する人物像に目や耳が抜けているとき，クライア

ントに自分で顔を触らせることで気づかせる，など）を行なうことがあります。このような関わりは，クライアントとの深い信頼関係が前提でなければなりません。セッションのなかでは，個別に応じる柔軟性と，それがグループ全体に与えるかもしれない影響に対する注意が必要です。

グループのなかで作品を見せることを拒否するクライアント

作品に関する発言を拒否できることはオリエンテーションのなかで言及されていますが，作品を見せることに関しては明言されていません。しかし作品が上手でないことを気にしていたり，単に恥ずかしがっている場合でも，強要することはクライアントのこころを傷つける恐れがあります。セラピストは拒否するクライアントに理由を尋ね，その理由をグループ全体で受け止めることが大切です。他のメンバーからの励ましによって，見せることを決意することは多くありますが，頑なに拒否する場合は，セラピストがセッションの後で個人的に話を聞くことが大切です。

問題となる表現

アートセラピィは，芸術媒体を使って自由に表現する場ですが，グループで行なう際は，公共の場としての社会的マナーやエチケットが大切にされます。アートセラピィにおけるクライアントの作品表現で問題となるもののなかに，猥褻な描写や暴力的な内容が含まれます。制作中にセラピストが気づけばその場で指導することが望ましいでしょう。わかちあいの場でそうした内容の作品が紹介されるとき，それが人々の集まるセラピィの場ではふさわしくないことをきちんと伝える必要があります。子どもや退行した精神病患者の場合，排泄物や性器の画が出てくることがあります。やはり，グループの場では不適切であるため，指導が必要です。その一方で，退行した精神病患者の場合，このような表現を治療過程にあるものとしてとらえる眼も大切にしなければなりません。

2-3　セッションの評価・記録

> アフター・フォローとは，補足的なプロセスではありません。セラピィの場合，プログラムとして組織のなかできちんと運営されていくには，必ずその内容に対する評価を行ない，その結果を次の活動に反映させることが大切です。また，のちにわかりやすくその内容を振り返ることができるように，整理された記録方法を紹介します。

(1) セッションの評価

　セラピストにとって，効果的な実践を継続させるために欠かせないことは，「クライアントが一緒にセラピィをつくろうとする姿勢」と「セラピィを評価すること」です。そのため，セッションごとの活動評価はクライアントに対するアセスメントと同じく重要な仕事と言ってよいでしょう。セッションの評価にはいくつかの方法があります。

セッション内での振り返り　グループのメンバーから直接セラピィの感想を聞くことが重要です。その日のセラピィが「満足するものだったか」「期待するものだったか」などの質問はメンバーがセラピィの感想のみならず，わかちあいのなかで言えなかった，さまざまな想いをグループ内で話す機会を提供します。また，このような質問から得られる感想に対してセラピストが誠実に応答することはクライアントを信頼し，彼らとともにグループを成長させていく姿勢を伝えることになります。

参加スタッフとの振り返り　同席するスタッフや共同リーダー，副リーダーがいる場合，セッション終了後に振り返りのミーティングを行ないます。しばしば，セラピストもしくはリーダーが知らないメンバーについての情報を得る機会になります。またセラピスト／リーダーの仕事に関する直接のアドバイスはなくても，グループ進行に関してのスタッフとのやりとりは，技法・介入法の問題点・改善点に対するセラピスト／リーダー自身による気づきを促し，助けてくれます。

アンケート・セラピィ評価表　用紙に記名・匿名をメンバーが選べる形式にして作成するとよいでしょう（付録A P.172）。選択による回答のみならず，感想を書き込める空欄を用意すること。グループのなかで話せなった思いがこのような感想欄に書かれます。

スーパーヴィジョンおよび事例検討　スーパーヴィジョン（P.4 注釈）や事例検討は専門的なアドバイスが受けられる機会です。とりわけ，スーパーヴィジョンはセラピストにとって職業人としての継続学習であり，大変重要です。

事例の資料を作成する際はできるだけ読みやすくするために，2，3行の要約を入れることや必須データを簡潔につくり，その他のデータは付録すること，その事例の問題点・課題点を質問形式で明記し，参加者に問いかけるとよいでしょう。

ビデオ録画　ビデオによる録画はリーダーやメンバーの行動を観察する点で優れています。またスーパーヴィジョンや事例検討では，説明困難な現場の雰囲気やグループの様子を伝える道具としてとても有効です。ビデオ録画の際は前もって，メンバーにその使用目的を明確に伝え，承諾を得る必要があります。

(2) 記録と作品の保存

アートセラピィがどのような場所で，または目的で行なわれるのかによって，記録方法は異なります。すでに記録や評価のフォームがつくられている臨床現場ではそれに準ずることが大切であり，そのようなフォームのない場合は自ら作成する必要があります。しかし，その場合もその現場において大切にされている学問的理念，理論的立場，やり方や目標にあわせることが最重要です。ここではアートセラピィに関するいくつかの記録フォームに共通しているデータ項目を紹介します。

表2-12　記録におけるデータ項目

A）プログラム・データ
- 日時，場所，実施時間，クライアント，参加スタッフの出欠
- テーマや活動名
- 活動目標（長期的・短期的）

B）グループ　過程と評価
- 活動過程　出来事
- グループ分析（交流・まとまり度）
- 今後の予定・課題

C）個人　過程と評価
- 活動過程　出来事
- 作品の題名　説明
- わかちあいのときの様子
  （表情・対応・話し方・メンバー交流，発言・交流の自発性など）
- 今後の予定・課題

このような文書による記録に加えて，作品のイメージを記録する場合もあります。デジタルカメラと検索機能つきの画像保存ソフト[1]を用いると，クライアント名を入力するだけで過去の作品や情報を引き出すことができます。

作品の保存には,「持ち帰り」「一時預かり」「施設内での保存」の方法があります。作業療法や創作教室などでつくられる陶芸や絵画とは異なり,アートセラピィの作品は未解決の激しい感情や心理的葛藤の表現を含む場合があるために,施設内で管理・保存される方法が一般的です。ワークショップ（体験学習）や企業セミナーなどでは,作品を参加者それぞれが管理する,あるいは最終セッションの振り返りで使用するために一時的に預かることがあります。作品の持ち帰りに関しては「参加者の自由」として,希望しない参加者が作品を置き去りにすることもできます。

アートセラピィ・コラム③

アートセラピィの旅　in　香港

　私には,香港で心理カウンセラーをしている友達がいます。香港でアートセラピィをしている人に会うことはできるかと彼女に訊いてみたところ,病院に勤務する2人のソーシャル・ワーカーを紹介してくれました。案内された病院は,香港の中心地に位置し,1800床ものベッドをもつ巨大な建物はまるで迷路でした。はじめに,「患者資源センター」と呼ばれる場所で働くワーカーさんとお会いしました。彼女は,病院で治療をうけている患者さんのための心理社会的な支援やグループ活動を行なっており,がんの患者さんを対象に,ヒーリングを目的にしたアート活動をしていると話してくださいました。作業室には患者さんがつくった絵画や書画,粘土細工などが飾られていて,とても温かい雰囲気に満ちていました。つぎに,「青少年医療センター」で仕事をするもう一人のソーシャル・ワーカーさんと会いました。そのセンターでは,医師や看護師,臨床心理士,作業療法士らがチームを組み,12歳から19歳までの患者さんに精神科や婦人科の治療を含めた医療サービスが提供されており,彼女自身はアートを取り入れたグループ活動を思春期の患者さんに向けてはじめることを検討していると語ってくれました。

　2人のワーカーさんは,ワークショップを通じて,アートセラピィを学んでいることを教えてくれ,病院見学のあと,彼女らの先生に連絡を取ってくれました。3人の先生方は,みなイギリスやアメリカの大学でアートセラピィを学んでいて,より専門的な事がらについて意見を交わす機会ができました。そして,お互いに協力しながら,アートセラピィをアジアの文化や風土に根付かせ,そこに住む人々の価値観にあわせて新しく展開させていくことを約束しました。さまざまな親切を受け,香港の競馬場のなかにある西洋風のレストランで夕食をご馳走になり,帰りの際に,骨董市場で見つけたという印鑑をお土産にもらいました。英国的なナイター競馬と印鑑の組合せに,東洋と西洋の文化が混在する香港の面白さを実感しました。

第1部　創造的アートセラピィの考え方・進め方

2-4　アートワークのデザインとファイリング

> グループ・アートセラピィのアートワークは，セラピィの目標やグループの内容を念頭に開発・デザインし，その利点や注意点，使い方，発展可能性を明確にすることが大切です。発想豊かに，セラピストがアートワークをデザインする方法とファイルのつくり方を紹介します。

(1)　創造的アートセラピィのアートワーク

　アートセラピィのアートワークとは，セラピィを目的として行なわれる作品づくり・表現活動のことを言います（P.4注釈）。創造的アートセラピィでは，アートの材料や方法を限定せずに，創意工夫の精神を大切にし，セラピィにむすびつくアート体験の可能性を模索します。そのため，創造的アートセラピィのセラピストは，時折，アートワークを開発・デザインします。その際もセラピストは，セラピィが常にクライアントとの協働作業であることを忘れていません。アートワークのデザインに際しては，グループにとって必要な援助，メンバー個々の機能レベルや創作スキルを考慮し，セッションの振り返りやセラピィ評価表で出される彼らの感想やアドバイス，意見を反映させます。また，創造的アートセラピストは，このようなプロセスのなかでアートワークを創作することを楽しみます。ウィニコットの言葉を借りれば，セラピスト自身がアートワークで「遊ぶこと」（P.24）を大切にします。このようなセラピストのアートワークに対する想いは，無意識のうちに，セッションにおけるクライアントとの関わりに影響を与えています。

(2)　アートワークの種類と開発のヒント

　筆者は，およそ6年間の臨床活動で用いた150以上のアートワークを8種類に分類しています。アートワークの種類における開発のヒントと，本書第2部のアートワーク・ファイル（P.111-171）に含まれる具体例を紹介します。

　①主題アートワーク　　主題（テーマ）の開発は「何を表現するか」を考えます。有名なバウム・テストであれば「（実のなる）木」がここで述べるところの主題です。一般的なアートセラピィでは，家族や風景など具体的なものから，色（例えば，「赤いもの」），カタチ（例えば「マルから連想するもの」），抽象・象徴的な言葉（例えば，「喜び」）や「こころのなかにあるもの」などの主題が，アートワークとして用いられています。開発する際は，それらの主題がどのようなクライアントやグループに適しているのか，その主題がもつ，治療上のメリット／デメリットを考えてみる必要があります。「家族」や

「淋しさ」「こころのなかにある相反する気持ち」などのテーマは，深い洞察を導いたり，感情的なテンションを高めたりします。開発例：File No.62「電化製品」，File No.63「（こころのなかの）子ども」など。

②制作方法アートワーク　制作方法の開発は「どのように表現するか」を考えます。例えば，風景構成法[1]の場合，「川，山，田……」の順で風景を描くことが制作方法であり，九分割統合絵画法（NOD）[2]では，枠付けした用紙を分割し，その各々の枠のなかに絵や文字を順番に埋めていく方法で制作します。また，制作方法はしばしば主題と密接に関連しています。開発例：File No.31「日常イメージ」，File No.44「紙の上に乗って」など。

③材料・道具アートワーク　材料・道具の開発は「何を使って表現するか」を考えます。一般的なアートセラピィでは，クレヨン，絵の具，粘土，コラージュで用いる雑誌等の切抜きなどが表現材料ですが，アート（美術）の世界に目をむけると，限りない数の材料が使用されています。これらはアート材料として広く認識されているもの（芸術材料・芸術媒体）とアート制作を目的として製造されていないもの（非芸術材料）に分かれます。アートワークの開発に際しては，材料に有害物質が含まれていないか，注意することが大切です。開発例：File No.8「ガラス玉アート」，File No.47「リサイクル・アート」など。

④仕掛けアートワーク　仕掛けアートワークとは，セラピストがデザインしたテンプレート（療材）を使って制作するワークのことを言います。テンプレートのなかには，イメージの一部が隠れるように考案されたもの（これを「サプライズ装置」と呼ぶ）があり，作品紹介の際はその隠れた部分が明らかになるため，アトラクション効果をもってグループ全体をひきつけます。また，隠れている部分を推測しあうなかで，予想外に気持ちのわかちあいを深めることがあります。このようなアートワークを開発する際は，人数分のテンプレートをつくる時間と労力を考えなければなりません。パソコン，コピー機を上手に活用すれば，簡単・短時間にすませることができます。開発例：File No.30「HOW MUCH?」，File No.56「自己表現カメラ」など。

⑤協働制作によるアートワーク　協働制作とは，メンバーどうしが一緒になって１つの作品をつくること。この場合，２人で１つの作品をつくるのであれば「ペア制作」，３人以上であれば「グループ制作」となります。協働制作のアートワークは，言葉を使わずに他者と関わる機会と手段を提供し，完成した作品は対人交流の記録として，それを振り返るときの道具になります。また協力してつくられた作品はクライアントに達成感を与え，メンバーとの信頼関係を築くことに役立ちます。アートワーク開発の際は，制作を通じての対人交流がどのようにつくられるかを検討します。一般的には，１）まったく言葉を使わずに制作させる，２）相談してから制作させる，３）相談する・し

第1部　創造的アートセラピィの考え方・進め方

ないをグループに任せるの3パターンがあります。協働制作者間で言語能力に差が認められる（例えば子どもと大人などの）場合，1の方法はコミュニケーションの障害を小さくさせる点で有効です。またメンバーが個々に作品をつくり，グループで相談しながら，それらをアレンジして1つの作品に仕上げる方法もあります。開発例：File No.78「ぐるぐる絵画」，File No.85「ドーナッツ絵画」など。

⑥ゲーム・アートワーク

通常2人以上で行ない，勝敗のために競い合う遊びです。競争心や興奮で活気づき，グループ内の交流が増す効果が得られます。また他のアートワークよりも非脅威的と感じられることが多いために，クライアントにとって受け入れられやすい利点をもっています。ゲームのアートワークを開発する方法として，既存のゲームとアート制作を融合させたり，アート制作にゲーム性を取り入れたりするやり方が考えられます。メンバー間で技術や認知レベルに差がある場合は，勝敗が運に左右されるように遊び方を変えることが大切です。また，セラピストはゲーム終了後に，勝敗の感想やゲーム中に起こった気持ちをメンバーどうしで自由に話せる機会をつくります。開発例：File No.87「気持ち当てゲーム」，File No.90「ビンゴ・ゲーム」など。

⑦ロールプレイ・アートワーク

ロールプレイ（役割演技法）とは，場面を設定し，ある役割を模擬的に演じることを言います。この形式のアートワークには，お面や人形，パペットなどのアート制作と出来上がった作品を使った寸劇が含まれます。開発のポイントは，寸劇の対話場面で作品を介在させることです。例えば，ロールプレイを行なう場合，相手役のメンバーとは，自分のつくった作品を用いて，相手の作品に向けて話しかけます。また，メンバーひとりひとりが自分のつくった作品に対して，話しかけることもできます。このような活動は，対人恐怖であるクライアントの自己表現を助けたり，自己の内的世界とのコミュニケーションを促進させます。クライアントのレベルに応じて，セリフを即興ではなく，空欄を設けたシナリオを用意することも大切です。開発例：File No.95「ストレス君」，File No.97「店」など。

⑧パフォーマンス・アートワーク

パフォーマンス（上演）とは，演劇・音楽・舞踊などの上演や身体を媒介とした芸術表現を意味します。この形式のアートワークは，音楽やダンスなど，造形以外の表現活動要素が含まれています。そのため，音楽療法やダンス療法の考え方や手法を取り入れることが可能です。また，パフォーマンスは現代美術の運動に見られることから，造形創作とパフォーマンスの結びつきについて見識を深めることも参考になります。開発例：File No.96「パフォーマンス視覚会話」，File No.98「コスチューム」など。

(3) アートワークのデザイン方法

アートワークをデザインする際は，以下の手順が参考になります。

Step 1　セラピィの目標を確認する
　グループに設定されている多面的セラピィ目標（P.26-29参照）を確認します。必要であれば，その際に用いられた文献を見直します。

Step 2　条件となる事がらを書き出す
　グループにふさわしいアートワークをデザインするため，その条件を明確にします。主な条件とは以下の通りです。
- グループの大きさと環境，時間　そのときに出席するメンバーの数，部屋の広さ，設備などの条件により，適当・不適当なアートワークがあります。
- クライアントの機能レベルと創作スキル　洞察指向のアートワークなど，高い認知レベルを必要とするものもあれば誰にでもできる簡単なワークもあります。もし，簡単なワークが幼稚と感じとれることがあれば認知レベルの高いクライアントにとって不満を感じさせるかもしれません。グループ内に機能レベルや創作スキルに大きなばらつきがある場合，レベルやスキルに関わりなく楽しめるワークを選ぶ必要があります。
- グループの性質，力動関係　グループの性質やメンバー構成による力動関係，役割分担により，適当・不適当なアートワークがあります。
- メンバーからの意見　前回セッションの振り返りで出されたクライアントの意見や感想，アンケートの内容を反映させます。

Step 3　アートワークをデザインし，療法的利点と注意点を分析する
　条件となる事がら，セラピィの目標に基づいてデザインされたアートワークに対して，セラピスト自らそのワークを体験しながら，療法的利点と注意・課題点を分析します。そして，アートワークがクライアントの必要に応じているか，グループに適合するかを再検討します。アートワークとグループの適合については，前節の「アートワークを選ぶ」（P.41-45）を参照してください。

Step 4　可能なコミュニケーションや質問を見つけ出す
　アートワークを用いることで，セラピストにとって可能となるクライアントへの質問やコミュニケーションのつくりかたを検討します。アートセラピィの質問技法については，前節P.51-52を参照してください。

Step 5　アートワークがもつ発展性・応用方法を見つけ出す
　ひとつひとつのアートワークには必ず，発展や応用の可能性があります。それらについて考えをめぐらすことは，セラピストが実践のなかでとっさに判断し，介入することや次のア

第1部　創造的アートセラピィの考え方・進め方

ートワークのデザインに役立ちます。

例）精神科開放病棟・入院患者グループに向けてデザインされた「航海」（File No.86）
Step 1：グループの多面的セラピィ目標は，表3-1（P.65）に示されています。
Step 2：その当時のグループの人数はおよそ10名前後。部屋は12畳程度の静かな部屋で，二重とびらになっている。患者の機能レベルにはばらつきがあるが，レギュラー・メンバーが増え，グループにはまとまりができつつあった。部屋に流しがなく，床がカーペットであることから，セラピストは絵具を使うワークを避けがちだったが，メンバーの一部からはたまには使ってみたいという要望が出されていた。
Step 3：セラピストは，院内で生活する患者が日常の視点から離れてイマジネーションを楽しめるアートワークをつくりたいと感じていた。多面的セラピィ目標のなかで，とりわけ他者との気持ちのわかちあい，孤独感の減少，グループ制作による達成感の共有を念頭におきながら，ワークをデザインした。円形の弧の部分が船底になることを思いつき，画用紙で円形をつくり，折ったものをテンプレートにして，内側の隠された部分（船の内部）をサプライズ装置とした。自ら作品をつくるなかで，船のサイズにあわせて大・小のテンプレートを用意することを決めた。アートワークの療法的利点と注意点は，ファイル（P.163）に記されています。
Step 4：可能なコミュニケーションや質問は，ファイルを参照。
Step 5：アートワークがもつ発展性・応用方法は，ファイルを参照。

　Step 3～5の事項は，クライアントとの実践のなかで気づかされることが多くありますので，セッションを終えた後に振り返りを行ない，もう一度アートワークを見直すことが大切です。また，実践では当然のことながら，数多くの想定外の出来事に直面します。参加する人数にばらつきがあったり，メンバーが固定していないグループでは，いくつかの慣れ親しんだアートワークを別に用意しておくとよいでしょう。そして，セラピストは，その場の状況やクライアントの事情に応じたとっさの判断と柔軟性をもつ必要があります。

(4) アートワークを楽しく，刺激的にする工夫

　クライアントがセラピィの有効性を実感していること，そして楽しさ・面白さをおぼえることがセラピィの支えとなります。ここではアートワークを楽しく，面白く，刺激的にする工夫のいくつかを紹介します。

非日常性とスケールの転換，刺激性　楽しさ，面白さをつくり出す方法のひとつは，意外性や非日常性をアートワークに取り入れることです。例えば，B4版ほどの画用紙で制作することに慣れたクライアントにとって，模造紙の上に

乗って絵を描く，あるいはグループ共同で長さ3mの紙船を工作するワークは，非日常性やスケールの転換を呼び起こします。臨床事例で紹介される立体てるてる坊主づくりで利用したトイレ用のつまりとりスポイト（もちろん未使用！）は笑いと興奮をグループのなかにつくりました（P.64-68参照）。アートは奇想天外を持ち込める場であり，それを適宜に持ち込むことはセラピィにとってマイナスではなく，むしろ発展・促進させる材料となります。

サプライズ装置 仕掛けアートワーク（P.58）で使われる方法で，作品のある部分が隠れる工夫をテンプレートにつくることによって，その作品に対するグループ・メンバーの視線をひきつける効果があります。これはグループ交流を活性化させるだけでなく，隠れた部分を想像してわかちあう過程で，作者以外のメンバーの気持ちも積極的にグループ内に持ち込こまれる効果があります。

実験性 実験は未知の結果に対する興奮をつくります。成功・失敗によって，期待，失望，満足，不満などの感情がつくられるために，セラピストはそうした感情を安心して出すことのできる場をつくるように心掛けなければなりません。感情面において語ることの少なかったクライアントが，支持的なグループのなかで満足や失望の想いを話すことの治療的意義は大きいと思われます。

100円ショップはアイディアと材料の源 100円ショップには，アートワークに使える，さまざまなものがあります。非芸術材料に関しては，まずセラピスト自身が作品をつくり，クライアントにとって有効な点や困難な点を分析することが必要不可欠です。その他ホームセンター，量販店，雑貨屋にもアイディアとなる商品はありますが，100円ショップの場合は低予算で購入できる手軽さがあります。その他，空き箱，ダンボール，空き缶，ペットボトルなどの再利用も可能ですが，過剰な利用は禁物です。アートワークの着想は，美術教育関係の本や美術展で得ることもあれば，まったく関連のない事がらのなかにふと思いつくこともあります。大切なことは，日ごろからアイディアを探し求める習慣です。

メタファーの活用 クライアントの夢や希望，想いを引き出すメタファーはいろいろあります。メタファーはメッセージにもなるために強引ではなく，また前向きなものがよいでしょう。夢や希望，ねがいであれば，魔法のランプやステッキをテーマにした創作はそうしたものを引き出します。発展，成長であれば，たまご，たねなどがメタファーとなってクライアントの想いを引き出すことができます。

⑸ アートワークのファイリング方法

　文献から見つけた，あるいは自分でデザインしたアートワークをファイルに整理しておくと，創造的アートセラピストにとって手放せない「商売道具」となるだけでなく，自分の活動内容を同僚や関係者に説明する際にも大変有効です（第2部「創造的アートセラピィのア

第1部　創造的アートセラピィの考え方・進め方

ートワーク」P.111-171参照)。ファイルには，以下の内容が含まれています。

1　ワーク番号およびワーク名
2　出典（文献名・オリジナル）
3　イメージ写真
4　アートワークの長所（特長や治療的利点など，ワークのよいと感じる点を書く）
5　アートワークの短所（制限されるところ，配慮を要するところなど，ワークのマイナス面や注意点を書く）
6　制作方法・手順
7　可能な質問（作品・過程を含め，アートワークに関してどのような質問が可能か？）
8　療法的可能性（アートワークを応用して新しいワークをつくる，あるいはワークの内容を発展させることは可能か？）

先に述べたように，セラピスト自身が必ずアートワークを体験し，分析し，考察した内容を書くことが大切です。また，クライアントとの実践から得られた発見や個人的な感想なども書き込むことにより，ファイルをさらに充実させることができます。

アートセラピィ・コラム④

ポシェット・セラピィ？

　私が通ったホフストラ大学大学院のクリエイティヴ・アーツセラピィ科は，一年次，二年次の学生を合わせても20名程度と少人数でした。クラスメートのスーザンはイタリア人の父親と韓国人の母親をもつアメリカ人。お互い，キャンパス内に建てられた学生寮に住んでいたこともあって，顔をあわせるとカフェテリアへ行っておしゃべりをしていました。セラピィで試したい新しいアートワークについて話していたときの事です。彼女は自分のもっているポシェットを見せながら，これをアートワークにしたいと話してくれました。ポシェットのすがたを描くのではなく，テーマはその中身にある，と目を輝かせながら説明し，「男性にはわからないと思うけれど，このバッグに入っているものは，本当に個々に違っていて，かなりその人自身をあらわすものが詰まっているものなのよ」と言いました。てっきり，その中身を見せてもらえるのかと思ったら，結局見せてはもらえませんでした。それ以来，女性のバッグを近くに見かけると，そこにはその人の秘密や意外な一面がたくさん詰まっている気がしてしまいます。

3 創造的アートセラピィの実践

3-1 医療分野での実践

> アートセラピィは，先に述べたように，欧米において一般内科病棟や小児科病棟などでも実践されていますが，この節では最も幅広いクライアント層である精神科患者[1]を中心に取り上げます。精神科の患者とは，統合失調症，うつ病，そううつ病，神経症，アルコール・薬物依存症，摂食障害，認知症など，さまざまな精神疾患および人格障害などを含めた精神的問題や障害を抱えている患者であり，わが国の医療のなかでは薬物療法や精神（心理）療法，作業療法，理学療法，社会生活技術訓練（SST）などが行なわれています。ここでは入院・デイケア・在宅それぞれの現場から，精神科医療における創造的アートセラピィの実践を報告します。

◆ **精神科入院患者**

グループ説明　筆者が受けもつ入院患者のグループは，病棟内にある集団治療室と呼ばれる部屋を利用し，毎週1回90分の時間で行なわれています。集団治療室は集団精神療法や自助グループの活動のために用意された12〜14畳ほどの静かでドアのついた部屋です。カーペットが敷かれており，靴を脱いで入室するようになっています。ソファーとテーブルが置かれているために，アートセラピィなどのグループワークで使用する際はそれらを隣接するスタッフ・ルームに移動させます。参加者は主治医から参加許可を得た開放病棟（日中病棟に鍵がかけられることはなく，自由に出入りができる）の患者がほとんどで，ときに退院後に通院する患者も加わります。患者がかかえている病気や問題も統合失調症，うつ病，摂食障害などさまざまです。平均参加人数は8〜10名ですが，時に15名を超えることもあります。このようなグループに対して，セラピストは，グループ機能レベル，まとまり度などを感じ取りながら，多様なアートワークを持ち込んでセッションを続けてきました。

セラピィ目標　このグループのメンバーがもつ精神疾患はさまざまですが，みな開放病棟の患者で症状が安定しており，また入院期間3ヶ月を標準とする短期療養であることを考慮して，目標が設定されています。アートセラピィの文献[2]やヤーロム（P.16）が示す，精神病入院患者を対象とするグループ・サイコセラピーの目標モデル[3]を参考

第1部　創造的アートセラピィの考え方・進め方

とし，多面的視点（P.26-29）から，このグループのセラピィ目標を設定しました。

表3-1　セラピィ目標の多軸設定　精神科開放病棟・入院患者グループ

> **基軸A　アセスメント・情報提供**
> ・入院治療に際して，患者のもつ強みや必要としているものを査定する。
> ・病状悪化，衝動行為，希死念慮の早期発見と予防措置。
>
> **基軸B　イメージ表現・コミュニケーション**
> ・感情面でのサポートを得ることを通じて，他者と気持ちや問題をわかちあうことを助ける。
> ・患者の孤独感が病院でも外の生活でも減少するようにはかる。
> ・治療上のプロセスに患者をひきいれる：安心感をもたせ，療法的アート活動が建設的，サポート的だと理解されること。
> ・アート制作やわかちあいのなかで，患者が他の患者（メンバー）の助けとなる機会をつくる。
> ・病院に関する不安を緩和すること：精神科病院入院に伴う不名誉感をわかちあうように，またその病棟で悩んでいることを話し合うように，他のグループ・メンバーから元気づけてもらうように，励ます。
>
> **基軸C　制作過程**
> ・創作・表現行為による「癒し」の機会をつくる。
> ・安全な場での，否定的感情，イライラ，怒りを含めた感情の「はけ口」を提供する。
>
> **基軸D　社会活動・レクリエーション**
> ・退院後も創造的活動を続けることに興味をもたせる。

アートワーク事例　セラピスト自ら創案し，このグループで実践したワークに「喜怒哀楽坊主」と名付けたものがあります。創案にあたって，セラピストは以前に行なわれてきたワーク内容を振り返りながら，グループによる立体作品がとても少ないことを感じていました。紙を使用した平面作品，または粘土細工や個人による工作などがそれまでの活動で多かったからです。このときに思いついた考えが，大きなてるてる坊主を模造紙やビニール袋を使ってつくることでした。模造紙は3枚をのりでつなぎあわせて1枚の大きな紙にし，空気を入れたビニール袋を適当な大きさにふくらませて坊主の頭の部分に使いました。しかし，てるてる坊主には1つの難点がありました。それはひもでつるすこと。セラピストはそれが「首つり」のイメージを誘発するのではないかと心配しました。そのために，つるさずに土台をつくることを思いついたものの，何を土台にするかと悩みました。そして，100円ショップを探し回り，見つけたものは排水管のつまりとりスポイト（ラバーカップ）でした（制作の際，これだけでは不安定であったために，床に固定するガムテープを用意しました）。このグループ工作活動をどのようにセラピィのなかで使うかを考えながら，療法的利点として想起されたことは，そこに顔の表情が描けること，また水彩絵の具で

彩色することから，感情表現に向いている点，またグループの共同制作であることから，メンバー間で言語・非言語による対人交流や役割分担，協力関係の有無などがセラピィのテーマとなり得る点でした。そのために，実践方法として四グループに分かれて，「喜怒哀楽」をテーマにてるてる坊主をつくるアートワークの構想ができあがりました。

表3-2　アートワーク事例①　喜怒哀楽坊主

利点　感情表現をテーマにした立体作品の共同制作のなかで，言語・非言語による他者との交流やわかちあいをつくることができる。

注意点　衣服を汚さないようにエプロン・作業着を用意するとよい。テーマごとにグループ分けを行なうと人数の不均衡が生じやすい。

制作方法　グループに分かれ，それぞれのグループで喜怒哀楽のいずれかをテーマとする。模造紙3枚をのりでつなぎあわせて1枚の大きな紙にし，空気を入れたビニール袋を適当な大きさにふくらませて坊主の頭の部分とする。100円ショップなどで売られるつまりとりスポイトの吸盤を粘土で固めたものを土台とし，坊主の内側に差し込むことによって作品を支えるようにする。テーマにもとづき，絵の具・クレヨンを用いて制作する。グループ内で作品の感想を述べあい，題名（もしくは副題）をつける。

可能な質問　制作中にどのようなことを感じましたか・気づきましたか？　それぞれのグループでつくられた「坊主」を見て，思うこと・感じることは何ですか？

発展・応用　作品のサイズを小さくすることで，個人ワークにすることが可能である。

実践経過　その日のグループ参加人数は15名（うち，初参加が2名）。通常のセッションよりも人数が多いこともあって，グループによる共同制作が適当でした。セラピストはグループの目的，約束事の確認，自己紹介，ストレッチ，前回の振り返りなど一連のプロセスを導入したのち，アートワークの説明を行ないました。喜・怒・哀・楽それぞれをテーマに4つのてるてる坊主をつくるために，まずはメンバーから希望を聞きました。このようなグループ分けの場合，ひとつのテーマに多くのメンバーが集まることも考えられましたが，数名はテーマに対する強い希望がなかったために，自然と均等に4グループができあがりました（「楽」のグループは3人で，ほかはそれぞれ4人ずつ）。絵の具とハケや筆，補助的にクレヨンが使えることを説明した以外，制作のしかたに関してはそれぞれのグループに任せる方法がとられました。制作中のおしゃべりもOKであったために，グループによっては笑い声が聞かれるところもありました。それぞれのテーマを題材にした作品が仕上がると，セラピストはメンバー全員で集まる前に，制作グループごとでひとりひとりが制作の感想や自分が描いたところの説明を述べ，また共同作品をながめての感想を出しあうことを提案しました。淡々と感想を話し合うグループ，おしゃべりが多く，にぎやかなグループなどの違いがあるものの，最後にセラピストが共同作品の題名をつける課題を出すと，どの

第1部　創造的アートセラピィの考え方・進め方

グループにもまとまりが感じられるようになりました。少人数によるこのようなわかちあいのあと，グループ全体にもどり，制作グループごとに代表者が作品を説明し，残りのメンバーが代表者の説明を補足する形式で，共同作品を紹介し合いました。そのとき，他の制作グループからは質問や感想が伝えられました。最後に，セラピィ全体の振り返りやアートワークそのものに対する感想が話されて，セッションは終わりました。

図3-1,2,3,4　精神科入院患者による作品　「喜怒哀楽坊主」
3-1　喜 
3-2　怒 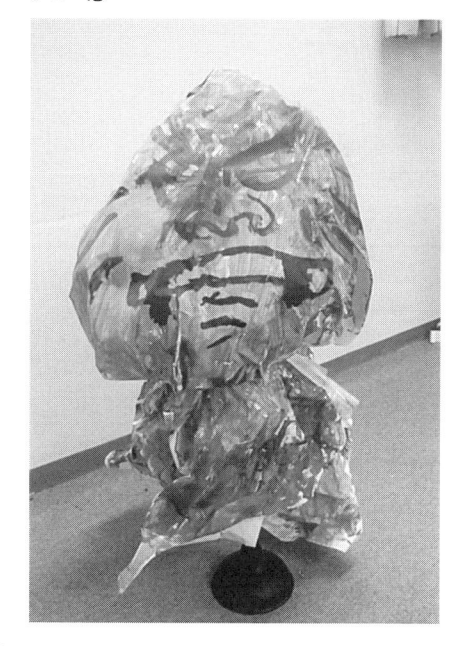
3-3　哀 
3-4　楽

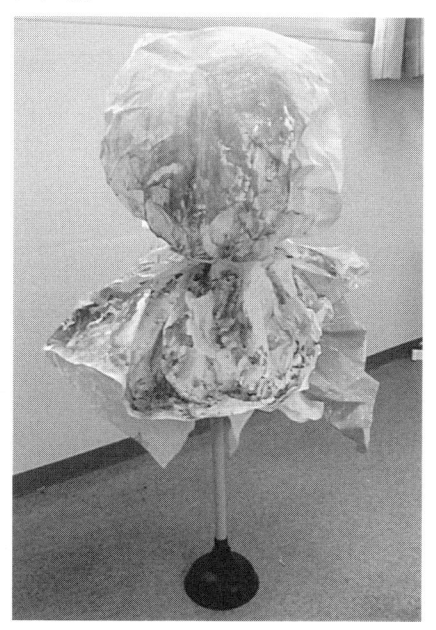

67

考察・評価　参加メンバーの感想や気づきのなかに，感情をテーマに表現することで，ストレス発散や癒しが得られたというコメントが多く聞かれました。メンバーのひとりは，評価表に「初参加でとても楽しかった。とても，発散させて頂きました。病院に入院してあんなに声を出して笑ったのは初めてでした」と感想を述べました。また，感情そのものについて考える機会が得られたという感想があり，このような意見のなかには「喜怒哀楽，四つの感情にはつながりがある」または「悲しみがあるからこそ喜びがある，だから喜びの坊主にも悲しみを少し表現してみました」などの言葉がありました。一つの感情をテーマにした共同作業は他者との共感を深め，また作品の完成は達成感の共有へとつながります。精神科入院患者にとってこれらの治療的要素の意義は深いと思われます。この臨床現場における創造的アートセラピィの実践は，6年間になります。これまでのセッションで確認されたセラピィの効果を含め，先の多軸セラピィ目標に対する評価は以下の通りです。

表3-3　セラピィ目標に対する評価　精神科開放病棟・入院患者グループ

基軸A　アセスメント・情報提供

これまで，セラピィのなかでつくられた作品を通じて，医療スタッフは幾度となく，知らされていなかった患者の才能や感性に触れてきました。また，会話の少ない患者の作品表現から，内に抱え込んだ意外な想いを知ることができました。また，セッション内での患者の作品や言動により，希死念慮，医師に対する激しい敵意などが数例報告され，隔離病棟への移棟を含めた処置がとられています。

基軸B　イメージ表現・コミュニケーション

入院患者のグループの場合，メンバーの作品を褒めたり，作品を通じてメンバーが悩みや苦しみを話すときに共感や励ましの言葉をかけたりする場面は，どのセッションにも見られます。また，時には，笑いを誘う作品や話題が出されることも多くあります。その結果，セッションの振り返りや評価表のなかで，「楽しかった」「やる気がでるようになった」「作品を通じて本音が言えた」「居心地良かった」「うつ症状がとれた」などの感想が出されます。そのため，セラピィを受けた患者と，そうでない患者における入院日数などの比較を含め，いくつかの臨床研究が計画されています。

基軸C　制作過程

アートワークによっては，参加したメンバーのなかから「ストレス解消になった」という言葉が数多く聞かれます。やはり，大きな紙を使ったもの，絵の具を使うワークにそのような効果があるようです。また，「心の荷が軽くなった」「自分をはきだせた感じがした。本当の自分もこうなればなぁと思いました」などのコメントを受け取ることがありました。

基軸D　社会活動・レクリエーション

残念ながら，セラピィにおけるアートとの出逢いがきっかけで，アートを趣味にしたクライアントの具体的な報告は確認されていません。しかしながら，入院中にアートセラピィに参加した多くの患者が，デイケアでのアートセラピィに積極的に参加しています。

第1部　創造的アートセラピィの考え方・進め方

◆ 精神科デイケア

グループ説明　デイケアとは，在宅の精神障害者のリハビリテーションや社会復帰を目的に，日中に施設で行なわれている集団的な治療を言います。筆者の勤務する精神科病院では2ヶ所のクリニックを開設しており，それぞれがデイケアをもっています。そのうちのひとつで行なわれている，創造的アートセラピィの活動を紹介します。そのクリニックは3階建ての小さなビルで，デイケア・ルームはその1フロアを利用しています。在籍する通所者は20名前後であり，月曜日から金曜日のあいだ，ミーティングやさまざまなレクリエーションが行なわれています。アートセラピィは通所者の半数前後が受けており，隔週90分のプログラムです。メンバーの年齢層は，20〜60代と幅広く，女性よりも男性の方が多いのが特徴です。メンバーのなかには，本院での入院経験があり，先に述べた開放病棟患者のグループ・アートセラピィに参加した人もいます。

セラピィ目標　奥宮祐正は，デイケアの治療的意義について，1）安心してくつろげる居場所の提供，2）社会復帰・生活能力回復のための援助，3）外来診療機能の強化（早期対応・再発防止），4）退院促進（入院期間の短縮，長期入院患者の退院促進）の4項目にまとめています[4]。このグループにおける，創造的アートセラピィの目標に際しては，アートセラピィの文献[5]に加え，窪田彰の指摘する「デイケアにおける治療目標と効果」[6]を参考にし，多面的に設定しました。

表3-4　セラピィ目標の多軸設定　精神科デイケア

基軸A　アセスメント・情報提供
・自己評価の向上，自尊心の回復につながる，通所者のもつ強みや潜在可能性を査定する。
・作品表現やセッション内での言動から，衝動行為，警告サインを見つけて対応する。

基軸B　イメージ表現・コミュニケーション
・表現活動，気持ちのわかちあいを通じて，通所者の孤独感の減少をはかる。
・共同制作，グループ活動により，集団への帰属感をもつ。
・他者との会話でこころが開けたり，自分の意見が言えるようになる。
・アート制作やわかちあいのなかで，他のメンバーの助けとなる機会をつくる。
・自分の病気や自分自身を見つめることができる。

基軸C　制作過程
・創作・表現行為による「癒し」の機会をつくる（カタルシス効果）。
・新しい作品制作・実験ワークを通じて，適応性・対処能力をつける。

基軸D　社会活動・レクリエーション
・社会的に価値づけられたアート活動を通じて，精神障害者のもつ不名誉感を払拭させ，社会生活体験を豊かにする。

アートワーク構想　デイケア・グループに対するアートワークの構想でセラピストが思いついたことは，美術館をセラピィに活用することです。それは活動内容のマンネリ化によって停滞しつつあるグループを活気づける有効な方法であるのと同時に，障害者を社会へ積極的に出す目的や社会資源の活用の点からも注目すべきものがあると考えています。実際，デイケアでは野外レクリエーションのプログラムがあり，いつものデイケア部屋から離れて，名所を観光したり，公園でバーベキューをしたりなどの活動をしているために美術館セラピィが立案しやすく，過去に行なったことがあります。美術館では所蔵作品を題材にした自由発想のワークやクイズ集を渡して館内を観てまわったり，研修室を借りて簡単な創作ワーク（File No.43「名画へのチャレンジ」P.140参照）に取り組みました。

　そして，美術館セラピィ前の事前見学で，セラピストがアートワークの着想を得ることもあります。「デイケア通貨プロジェクト」と呼ばれるアートワークは，東京都現代美術館で特別展示された地域通貨[7]を題材に創案されました。地域通貨とは，コミュニティが独自に紙券などを「通貨」として発行し，物やサービスを特定の地域やグループのなかで循環させるシステムのことを言います。コミュニティ再構築や地域経済の活性化の促進が期待され，わが国でも100以上の地域で導入されています。美術館では，さまざまな地域で発行された，ユニークなデザインをもつ紙券が展示されていました。このアイディアをもとに，デイケアのなかで通貨をつくるプロジェクトがスタートしました。

表3-5　アートワーク事例②　デイケア通貨プロジェクト

利点　ロールプレイに慣れていないクライアントも，サービス提供者と客という関係のなかで，即興的な他者とのコミュニケーションを容易につくることができる。実際に自分がつくった貨幣を流通させることが交流の促進に役立つ。

注意点　ワークの中で，メンバーが動き回るために十分な部屋のスペースを要する。

制作方法　色画用紙を紙幣サイズに切り，その中央には紙幣デザイン，通貨単位（数値は10），発行者名を書き込むことのできるスペースを用意したレイアウトを印刷する（メンバーひとりにつき五枚）。またサービス内容を書きこむプラカード用の画用紙とひもを人数分用意しておく。セッションではグループ全員で貨幣単位を決めることからはじめ，メンバーそれぞれが自分の好きなデザインで紙幣をつくり，名前を書く。紙幣制作の後，ひとりひとりサービス（仕事）の内容を考える（その場で30秒以内にできるサービス。例えば，「肩たたき」とか「相手をほめる」など）。一回のサービスにつき，紙幣一枚を使うことによって，15分間のあいだに自分がつくった紙幣はすべて使いきることを目標にサービスの交換を行なう。

可能な質問　通貨を使っていて思ったこと・感じたことは何ですか（すべて使い切ることは簡単・難しかったですか）？　いろいろな人の通貨を見てどう思いますか？

発展・応用　使い終わった通貨を再び集め，模造紙に貼り付けながらその日の出来事を記念する作品（ポスターなど）をつくる。

第1部　創造的アートセラピィの考え方・進め方

実践経過　この日の参加メンバーは10名でした。すでに次週に美術館ツアー＆セラピィが控えていることもあり，セラピストは，メンバーたちの間でセラピィに対する期待が高まっていることを感じ取っていました。セラピストは，今回のアートワークが，美術館で鑑賞予定の展示品と関係のあることを伝え，インターネットで入手した地域通貨に関する資料のコピーを配布し，その目的や仕組み，実践例などを簡単に紹介しました。メンバーたちは通貨制度とアートの関連を想像しながら聞いているように見えました。次に，セラピストはデイケアで通貨を発行することを提案し，まずは，その単位を決める作業をグループに委ねました。いくつかの候補が出されましたが，最終的に単位は「スマイル」に決まりました。デイケア・メンバーで結成されたスポーツ・チーム名が「スマイル・ビーンズ」であることから，メンバーにとってなじみの深いものだったからです。

　セラピストは，紙幣用に印刷された色紙を5枚ずつ配り，メンバーはグループで決めた通貨の単位と自分の考案した簡単な図柄をそれぞれの紙幣に描きこみました。そのため，紙幣はオリジナリティのあるものが出来上がりました。紙幣作成の次は，それと引き換えになる「サービス」の考案でした。サービス内容に関しては，2つの条件があります。ひとつは，「肩もみ」など，このデイケア部屋内ですることが可能な，ほかのメンバー個人に対する奉仕であること，もうひとつは，1回のサービスの時間は30秒以内とすることです。メンバーはひとりひとり自分が行なうサービス内容を決めていき，なかなか案がでなかったり，自分の思いついたサービスが条件に合わせられずに悩むメンバーに対して，セラピストはアドバイスを行ないました。その結果，グループ内で取引される以下のサービス内容が決まりました。

- お口にチャックして，最高の笑顔をお届けします。
- いやしのツボ押しお教え致します。
- あなたをほめてほめてほめまくる。
- 私は1分以内にツルをおります。
- 体をのばす。
- 麦茶を入れる。
- 僕のダンスであなたのこころを癒します。
- かたもみ。
- 吸殻を片付けます／テーブルをふきます。
- おいしいお茶をお入れします。

　メンバーは，自分の考案したサービス内容を画用紙に描き，ひもをつけて首からぶら下げました。そして，セラピストのかけ声で，お互いにペアをつくり，サービスの提供と貨幣の流通をはじめました。15分の実施時間に自分のつくった紙幣5枚はすべて使い切ることが目標でした。デイケア部屋は途端に賑やかになり，あちらこちらで笑い声が聞こえるようにな

りました。折り紙でツルをつくるサービスをはじめたメンバーが，予想以上に時間がかかって困難なために，途中で変更してもいいですかとセラピストに尋ねてきました。セラピストはそれを許可しました。10分ほど経ったとき，セラピストはサービス内容を付け加えたり，サービス料金を変更してもかまわないことを伝えました。そのルール変更に，メンバーのうちの半数は，2つ以上のサービスをはじめました。グループが興奮状態のうちに，実施時間が過ぎていきました。活動の振り返りでは，多くのメンバーが楽しい活動だったこと，普段あまり話をしないメンバーを含め，いろいろな人たちとの交流がもてたことを感想として述べました。また，メンバーのひとりはたくさんの紙幣が集まってしまったことを残念がる気持ちを語りました。詳しく話を聞くと，自分のつくった紙幣はすべて使い切っており，また，紙幣が集まった理由はサービスを提供することに忙しいあまり，通貨を使う時間がなかったからであることがわかりました。セラピストはメンバーから出された意見や感想をまとめながら，この活動によって普段あまり話をする機会がない人とのあいだに交流ができたこと，また通貨の使い方にはその人の性格が感じられたことなどを伝え，セッションを終了しまし

図3-5,6,7,8　デイケア通貨プロジェクト　左上は通貨（アルコールデイケア・グループの作品。精神科デイケアの通貨は現存せず）　プラカード①～③は，精神科デイケア通院者によってつくられたもの。

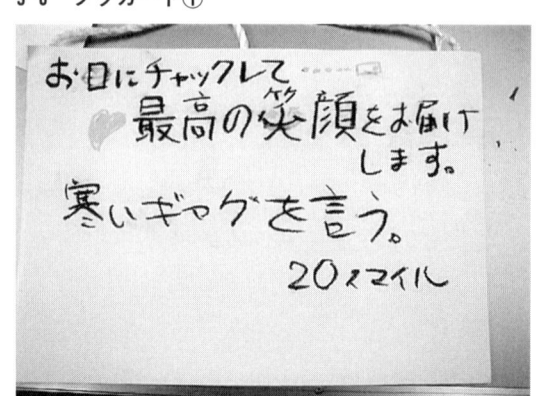

3-5　通貨

3-6　プラカード①

3-7　プラカード②

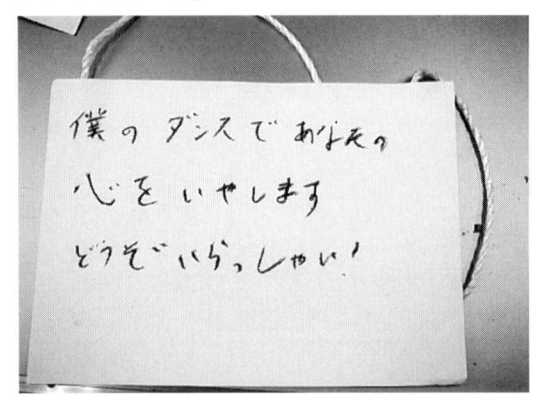

3-8　プラカード③

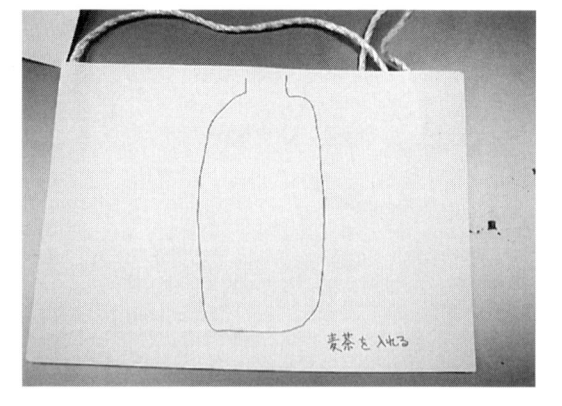

第1部　創造的アートセラピィの考え方・進め方

た。

考察・評価　美術館を活用する創造的アートセラピィには，①レクリエーション，②非日常性，③障害者のイメージ向上，④所蔵作品の活用，⑤アイディア・工夫の源といった療法上の利点が含まれています。その際，スタッフは団体割引や障害者割引・免除制度，下見と事前登録，研修室やスライドの活用を検討する必要があります。美術館の展示のひとつを題材にした「デイケア通貨プロジェクト」は，「サービス」をテーマに，メンバー間の対人交流を促進させるユニークな活動です。事例では活気と笑い声がうまれ，また普段はあまり会話しない相手とのコミュニケーションがつくられました。通貨単位をグループで決め，個々にデザインを考案して紙幣を創作する作業には，協調性と自律的な創作活動の両面を見出すことができます。活動の振り返りは，他者との関係のなかで自分を見つめる機会を提供しました。セラピストは，今後この活動を行なう際，通貨単位の決め方はグループから司会者を選出して話し合わせると，よりグループの凝集性が高まると考えました。2ヶ所の精神科デイケアにおける創造的アートセラピィの実践は，約5年間になります。その間に確認されたセラピィの効果を含め，セラピィ目標に対する評価は以下の通りです。

表3-6　セラピィ目標に対する評価　精神科デイケア

基軸A　アセスメント・情報提供

セッション終了後は，必ず臨床心理士，精神保健福祉士，看護師などのデイケア担当スタッフと作品を前にしながら，通所者のデイケア参加状況および課題点，問題解決方法が話されています。デイケア通所者が抱えている課題点の改善が，材料への取り組みに見られた事例が見つかっています。また，認知の混乱がそのまま作品表現に再現されていることも多く，通所者のデイケアにおける目標設定や他のグループワーク導入を検討する際に役立っています。また，作品表現から，希死念慮などの警告サインが過去に2度発見され，早期対応に役立っています。

基軸B　イメージ表現・コミュニケーション

2つの印象深いセッションがあります。ひとつは，メンバーのひとりが「異質」という題名で作品をつくり，自分のデイケア内における孤独感をグループのなかで話した際に，メンバーたちが心を動かされ，共感や励ましのこもった，温かい言葉を与えあったこと，もうひとつは，グループ共同でひとつの作品をつくった際に，メンバーのひとりが作品にグループのまとまりを感じとり，そのなかに自分が身を置いていることに対する大きな喜びを表現し，グループ全体が彼の気持ちを共有しながら意見を述べあったことでした。これらの出来事は，アート制作が，こころに抱えているつらい想いを仲間に伝える手段と機会となるとともに，共同の作品づくりは達成感とともに，グループへの帰属感と喜びを感じさせることを示します。

> 基軸C　制作過程
> アート活動によるストレス発散や新しいことに対する柔軟かつ積極的な取り組みを，通所者の言動によって確認できます。
>
> 基軸D　社会活動・レクリエーション
> デイケアでは他の活動プログラムと連携しながら，美術館でセラピィを行なったり，ホットケーキ（File No.28 P.132参照）に絵を描いて遊び，楽しむことができました。

◆ アルコール・デイケア

グループ説明　アルコール依存症の通所者が利用するデイケア・プログラムにおいて，隔週1回，90分のアートセラピィ・プログラムを受けもっています。通所者は，アートセラピィとミーティングの2班に分かれます。平均の参加人数は8〜10名です。セラピィは通所者が通常のプログラム活動や食事をする場で行なわれていますが，時折，診察から戻る途中，入室者やスタッフへの電話によってセッションが中断されることがあります。そのため，参加メンバーの数が少ないとき，また絵の具など水を使わないワークであるときは，10畳ほどの広さをもつ，こぢんまりとした茶室を利用することもあります。

セラピィ目標　榎本稔は，アルコール・デイケアの目的について，①断酒，②人間関係を保ちながらの日常生活訓練，③しらふでの対人関係の訓練，④しらふでの社会生活訓練，⑤毎晩の自助グループと仲間づくり，⑥地域関係機関との連携，⑦精神病院入院という劣等感からの解放，⑧入院よりも費用が安くつくの8項目を具体的に挙げています[8]。このグループにおける創造的アートセラピィの目標に際しては，アートセラピィの文献[9]に加え，医師やソーシャル・ワーカーによる論文[10]，看護師[11]，作業療法士[12]それぞれの専門職によるアルコール依存症，ならびにアルコール・デイケアに関する研究および実践研究を参考にしながら，設定しました。

表3-7　セラピィ目標の多軸設定　アルコール・デイケア

> 基軸A　アセスメント・情報提供
> ・自己評価の向上，自尊心の回復につながる，通所者のもつ強みや潜在可能性を査定する。
> ・作品表現やセッション内での言動から，衝動行為，警告サインを見つけ，早期に対応する。
>
> 基軸B　イメージ表現・コミュニケーション
> ・表現活動，わかちあいを通じて，孤独感をやわらげ，自己を解放しやすくする。
> ・共同制作，グループ活動により，他者との交流の楽しさを再認識させる。
> ・アート制作やわかちあいのなかで，他者とのgive and takeの関係を体験させる。
> ・集団内での自分の位置や役割を認識し，それを遂行できるように援助する。
> ・飲酒やその他の問題（対人関係不適応など）に対する洞察を深める。

第1部　創造的アートセラピィの考え方・進め方

基軸C　制作過程
- 創作・表現行為によるストレス発散や癒しの機会をつくる。
- 新しい作品制作を通じて適応性や柔軟性を身につける。

基軸D　社会活動・レクリエーション
- 社会性を取り戻し，生活習慣の再形成を支援する。
- 飲酒（陶酔）に代わる活動の提供，見つけることを援助する。

アートワーク構想　アートワーク「お互いの想い」は，仕掛けアートワークの構想中にうまれました。仕掛けアートワークにおける手法の一つに，先に述べた「サプライズ装置」があり，このワークを構想する際も隠す部分についての熟考がありました。「お互いに向かいあっているけれど，実は別々のことを考えている」「お互いにそっぽを向いているけれど，実は同じことを考えている」の2パターンがあり，クライアントはどちらかを自分で選ぶことができます。テンプレートに印刷された横顔の部分はシンプルにして，表情や髪型をクライアントが描けるようにしてありますが，人物がどちらを向いているか混乱するクライアントがいるために鼻を付け加えました。隠されている2人の想いについて他のメンバーが想像しあうためにはヒントとなる2人に関しての情報が必要であり，オプションとして名前，年齢，性格（人柄），職業などを記入する用紙がついています。わかちあいにこのようなクイズや遊びをもちこむことによってグループ内に活気が生まれ，また他者のワークに対する関心を高めることができます。

表3-8　アートワーク事例③　お互いの想い

利点	2つのテンプレート人間関係をテーマにして，さまざまな想いや考えを表現できる。2人の人物を設定し，クイズ形式にすることにより，グループの関心を集めることができる。
注意点	テンプレートの内容理解に困難があり，制作作業のなかで混乱する患者がいるかもしれない。
制作方法	A4サイズの1/3の大きさにボウリングのピンに似た横向きの人物像（鼻を描いておくと，人物の向きがわかりやすい）を描いたもの，またその2倍の大きさの紙に頭のなかで考えている内容を示す吹き出しをイメージしたものをデザインし，画用紙の表と裏に貼り付ける。これにより，「お互いに向かいあっているけれど，実は別々のことを考えている」「お互いにそっぽを向いているけれど，実は同じことを考えている」の2パターンのテンプレートをつくる。クライアントはどちらかを自分で選び，人物の顔や2人が考えている事柄の絵を描く。また2人の名前，年齢，性格（人柄），職業などを考える。
可能な質問	2人の人物について自由に想像してみてください（名前，年齢　性格，人柄，職業など）。2人の人物に声をかけてあげるとしたら，どんな言葉ですか？
発展・応用	作中の2人の人物について，対話の台詞を考えたり，それを基にしたロールプレ

イなど。

実践経過　その日のメンバーは14名。女性が2，3名参加することも多いのですが，このセッションの参加者はすべて男性でした。参加年齢は20代から60代までの幅があります。メンバーのなかでこのワークに関して内容やセラピストの説明が理解できない，あるいは作品制作ができない者はいませんでした。メンバーには用意された2パターンから自由に選択してもらいましたが，「お互いに向かいあっているけれど，実は別々のことを考えている」を選んだメンバーが4名，「お互いにそっぽを向いているけれど，実は同じことを考えている」を選んだメンバーが10名でした。制作を終えると，メンバーそれぞれが順番に自己の作品を紹介し，その後作品全体を見て，気づく点，感想を述べあいました。参加者14名のうち，9名が2人を男女の異性どうしの関係で設定しており，残り5名の同性どうしのうち2名が趣味仲間，1名が息子との親子関係でした。また，作品を紹介する際は作品における人物設定やその人たちの想いに笑いや驚き，作者の個性や人がらを感じて納得することが多く，和やかな雰囲気がつくられました。また明らかに実際の夫婦関係や親子関係を持ち出しているとわかるケースもいくつかありました。

図3-9,10,11,12　アルコール・デイケア通所者による作品　「お互いの想い」
3-9　通所者Aによる作品（表） 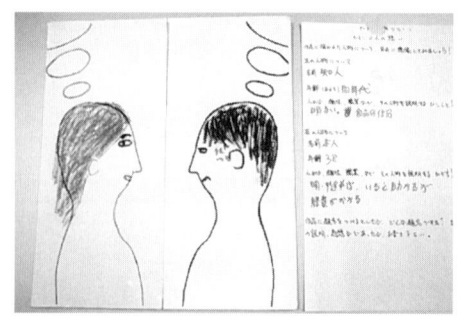
3-10　通所者Aによる作品（裏） 
3-11　通所者Bによる作品（表） 
3-12　通所者Bによる作品（裏）

考察　アルコール・デイケアと精神科デイケアのメンバーを比較した場合，アルコール・デイケアのメンバーには認知・機能レベルが高く，また手先の器用なメンバーが多

いように思われます。「お互いの想い」はある程度の認知レベルがあればワークの内容を理解し，作品を完成させることが可能ですが，対人関係に関する洞察を深めるためにはより一層の認知力・理解力が必要とされるワークです。筆者の経験上，アルコール・デイケアのメンバーに限らず，「同じことを考えている」を選ぶ人のほうが「別々のこと考えている」を選ぶ人よりも多くいました。これは他者と気持ちをひとつにしたい，あるいは共有したいという想いのあらわれかもしれないし，「同じことを考えている」のほうはひとつの絵ですむために簡単であることも理由ではないかと考えています。

　アルコール・デイケアにおけるグループの場合，メンバー14人中の6人が2人の人物設定のうち，ひとりを自分に設定し，そのことを明言していました。このように明言はしないが，人物設定に何かしら作者自身が投影されていると思われるものも多く，このような遊び要素を含むワークにおける，クライアントの自己開示が見られます。患者AとBの作品（図3-9〜12）は，ともに自分を題材にし，知人女性との関係，または趣味仲間との関係とそれぞれの想いを表現しています。セッションは発想の面白さにときどき笑いが起こりながらも，メンバーどうし，互いに共感しあうところが見られました。「この2人に声をかける（あるいはメッセージを送る）としたら，どんな言葉ですか？」などの質問とクライアントの答えに対するセラピストの言葉かけは，対人関係についてのクライアントの洞察を深める機会となりました。この臨床現場における創造的アートセラピィの実践は，5年間になります。これまでに確認されたセラピィの効果を含め，多軸セラピィ目標に対する評価は以下の通りです。

表3-9　セラピィ目標に対する評価　アルコール・デイケア

基軸A　アセスメント・情報提供
　精神保健福祉士，看護師らと，セッション終了後に振り返り（レビュー）を行ない，通所者の作品を前にしながら，デイケア参加状況および課題点，解決方法が話されています。表現の乏しさに，通所者の隠れた飲酒があるケースも多く，また，うつの早期発見や通所者の機能レベルの査定等に役立っています。

基軸B　イメージ表現・コミュニケーション
　集団のなかでの表現活動やわかちあいは，通所者の孤独感を和らげることに役立ちます。セッションを重ねるなかで，断酒が続き，対人関係を取り戻しつつある「新入り」メンバーは，作品が豊かになるとともに，発言がふえ，自己開示が見られるようになります。そして，アートを通じた他者との交流の楽しさを感じるようになると考えられます。Give and takeの関係づくりや自己の役割を認識し，それを遂行する体験は，大きな紙を使って1つの作品をつくるアートワーク（表3-24：事例⑪「島」）やアートを取り入れたサイコドラマが有効な方法でした。そのため，これらのグループ体験のあとでは，グループ内の他者との関わりについての自分自身に対する気づきを述べるメンバーが何人かいました。

基軸C　制作過程

ストレス発散や癒しを目的としたアートワークでは，通所者の言動により，それらの効果が確認できます。

基軸D　社会活動・レクリエーション
アートセラピィの活動とは別に，陶芸のプログラムがあり，講師を招待して制作活動が行なわれています。創作熱心な通所者も多く，作品はイベントなどで売られました。また，グループ・メンバーの絵画作品を活用したカレンダー制作が現在進行中です。

◆ 一般デイケア

グループ説明　筆者は，看護・介護サービスを提供する居宅介護支援事業所に併設された定員15名の小規模デイケアで，月2回60分のアートセラピィを受けもっています。このデイケアの主要な目的は在宅生活の支援です。利用者はみな介護保険の対象者で，身体的不自由や軽度の認知症を抱える高齢者が中心です。送迎サービスを受けながら，日中はデイケア・ルームで理学療法や作業療法，レクリエーションをして過ごします。アートセラピィのメンバーも，58歳から81歳までの高齢層で構成されています。参加人数は，平均5〜7名であり，クリスマス会など行事と重なるときはそれよりも多くなることがあります。セラピィを行なう部屋は，通常の活動場所であるデイケア室で，20畳ほどの広さに，2つをあわせてつくった大きなテーブルが1つと，リハビリ用の歩行器械や仮眠用ベッドなどが用意されています。比較的静かな部屋ですが，時折，外部からの訪問者やスタッフの出入りがあります。

セラピィ目標　㈳全国社会福祉協議会編集の『老人のデイケア』には，その序文にデイケアの理念として，「高齢者の自立とcreativity（創造性）を促すこと」「クライアントに変化のある生活を可能にすること」が書かれています[13]。同じく，作業療法士の岩崎テル子は，高齢者ケアの基本理念が高齢者自らの意志に基づいた，自立した，質の高い生活を送れるように援助することである（高齢者介護・自立支援システム研究会の言葉を引用）ことを指摘しながら，老人デイケアのプログラム対して以下の治療目標を念頭に置くことを主張しています。

①利用者同士の相互作用を図る
②知覚・運動・精神活動を結びつける
③明るく楽しい雰囲気づくり
④おもしろくできる活動の選択
⑤自己表現可能な活動
⑥機能回復・健康欲求を充足できる活動
⑦活動と休息をうまく組み合わせる

⑧リーダーづくりと主体的活動の導入
⑨季節行事，地域交流の場の設定[14]

このグループにおける，創造的アートセラピィの目標は，高齢者施設利用者や認知症患者を対象にしたアートセラピィ[15]および老人デイケア内の絵画造形活動の実践[16]に関する文献を参考にしながら設定しました。

表3-10 セラピィ目標の多軸設定　高齢者の集まる一般デイケア

基軸A　アセスメント・情報提供
・通所者のもつ強みや必要としているものを理解する。

基軸B　イメージ表現・コミュニケーション
・通所者どうしのつながり，集団への帰属感を深める。
・自発性を促進させる。
・世代間交流を促す。

基軸C　制作過程
・四肢を動かすことによる機能訓練。
・材料による，感覚器官への刺激。

基軸D　社会活動・リクリエーション
・生活を活性化し，楽しみをつくる。
・生活リズムをつくる。

アートワーク構想　「回想切抜き選び」は回想法[17]を取り入れたワークです。セラピストは，本や雑誌などから，昔の風景や人々，出来事，日常品，流行を題材にした写真を拡大コピーし，箱のなかに集めておきます。クライアントはこの箱から好きな切抜きを選び，画用紙に貼り付けて作品とし，グループのなかでさまざまな思い出を回想します。回想法（回想療法）とは，高齢者の過去の回想に対して，専門家が共感的かつ受容的な姿勢をもって意図的にはたらきかけることによって，人生の再評価やアイデンティティの強化を促し，心理的安定やQOL（生活の質）の向上を図る療法のことを言います。アメリカの精神科医バトラー（Butler, R.）によって確立され，今日までにいくつもの臨床事例において効果をあげています[18]。野村豊子によると，回想法の効果は個人・個人内面への効果と，社会・対人関係的・対外的世界への効果の二者に分かれます[19]。著者は先に述べたセラピィ目標によって，とりわけ後者の効果を重視し，療法的アートワークを考案しました。

表3-11　アートワーク事例④　回想切抜きえらび

利点　アートに対する高齢者の抵抗感を少なくして，視覚的な道具をグループに導入することができる。また，切抜き選びと貼り付け作業は，四肢や感覚機能の運動をともなっており，

リハビリとして役立つ。

注意点 高齢者はおおむね視力が低下しており，切抜きは見やすい大きさに拡大コピーしておく必要がある。

制作方法 本や雑誌などから，昔の風景や人々，出来事，日常品，流行のイメージ（写真やイラスト）をコピーする。白黒とカラーを区別し，カラーのイメージはカラーで複写する。大きめの箱を2つ用意し，それぞれを適当な大きさに切り抜いて収集する。セッションでは，2枚のレジャーシートを広げ，その上にカラーと白黒の切抜きを分けて並べる。メンバーは可能であれば，白黒とカラーの双方から，切抜きを1枚ずつ選ぶようにする。メンバー全員が切抜きを選び終わったら，画用紙とのりを渡し，切抜きを貼り付ける。

可能な質問 おおざっぱに，何歳ぐらいの出来事ですか？ 子どものころ，それとも成人してから？（カウンセリングでいうところの，個人の内面を引き出すような質問ではなく，むしろ個人の思い出話に対して共感的に聞く。何よりも話すことを楽しんでもらうことが大切。）

発展・応用 時には，昔の貨幣を題材に切抜き選びをしたり，駄菓子屋や紙芝居屋などの写真を大きくコピーし，皆で一枚の写真を見ながら語り合うのもよい。

実践経過 この日のセッションに参加したメンバーは6人でした。メンバーは協力してシートをかぶせたテーブルの上にカラー，白黒それぞれの切抜きを並べると，立ち上がって探しはじめました。全員が切抜きを選び終わったあと，スティックのりを使って，それらを画用紙に貼り付けました。セラピストは2台を合わせて使っていたテーブルのうち，1台を片付けました。メンバーを近くに集めて，切抜きを見やすくするためです。メンバーは画用紙に貼り付けた切抜きをテーブルの上に置き，軽いストレッチを行ないました。セラピストが作品紹介を呼びかけると，参加回数の最も多いAさんから紹介をはじめました。

Aさんは，作品について「よくわからないけれど，この人は，森下なんとかさんといって，吉田拓郎と結婚したんだよね。確か……」と説明しました。メンバーのうちの一人から「そうそう」という声が聞こえてきました。セラピストが「この方をよく見かけたのは，Aさんがだいたい，何歳ごろのことですか？」と尋ねると，「まだ子どもが3歳ぐらいだったような」と自信なさげに言いました。「小さい子どもの子守りをしていたなら，昼間のワイドショー番組をよく観ていたのでは？」と訊くと，Aさんは微笑みながら「観ていました」と答えました。

Bさんは，作品について「これはコッペパン。昔はお店へよく買いにいったわ。お店のおじさんがバターとかジャムとかつけてくれるのだけれど，店によっては薄っぺらく塗ったり，厚く塗ったりしてね」と説明しました。Bさんが懐かしそうに話をすると，メンバーから「昔はよく食べた。給食でも出てきたけれど，あまりうまくはなかったよ」と言葉が入ったりしていました。

第1部　創造的アートセラピィの考え方・進め方

　Cさんは，作品について「これは由利徹。浅草の舞台に出ていた」と説明しました。CさんはBさんの夫で，夫婦一緒にデイケアを利用しています。Bさんが口をはさみ，Cさんが東京へ初めて上京した地が浅草であることを話しました。そして，「あのこと伝えていい」と夫のCさんに訊きましたが，Cさんはおせっかいなbさんに対して「うるさいなあ」と言うと，グループから笑いが起こりました。セラピストが当時の浅草についてCさんに聞くと，今よりも街が賑わっていたことや，喜劇などの舞台は高価なためにあまり観ることができず，むしろ安い映画をたくさん観ていたことなどを語りました。

　Dさんは，作品について「これは買出しの光景。今でも記憶に残っている」と説明しました。Bさんがすかさず，「ああ，あれは大変だった。みんな偉い人に取られちゃうんだから」と語り，共感を示しました。セラピストが買出しについてメンバーひとりひとりに訊くと，後のメンバーはみな地方出身者だったために，BさんとDさんだけが経験者であることがわかりました。Dさんは子どもながらに無事に買出しの品物を家へもって帰ることができて，そのとき母親から褒められたことを今でも覚えているとグループのなかで語りました。

　認知症のFさんは，昔の風景写真を選びましたが，なぜ自分がそれを選んだかもわからずにいる様子でした。セラピストがその写真のなかに「産婆」の看板があることを指摘すると，「私は，産婆なんかしてないわよ」という答えが返ってきました。偶然にもその看板に書かれてある名前がFさんの名前と一致しているので，メンバーたちはおもしろがりました。

　メンバーはそれぞれが話し終わると，セラピストの指示によって，作品をテーブルの中央に重ならないように寄せ集めました。セラピストはその日のセッションで話された内容を振り返りながら，グループをまとめました。

図3-13, 14　一般デイケア・高齢者による作品

3-13　Bさんの作品　　　　　　　　　　3-14　Fさんの作品

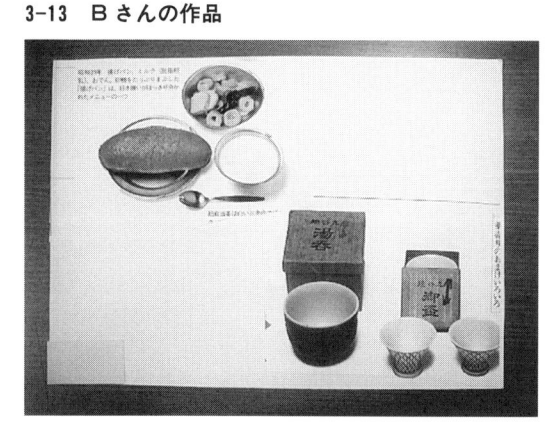

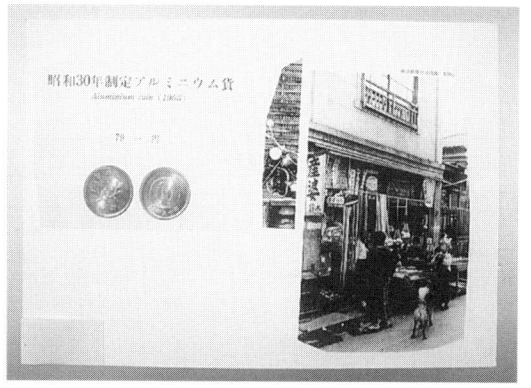

考察・評価　　週間プログラムをもたない，このような小規模のデイケアでは，利用者が個別にスタッフの介助やサービスを受けることが多く，グループワークの考え方が希薄であったように思います。また，絵画などの芸術活動は，高齢者の間でなじみがなく，一部の人々を除き，敬遠されがちです。今回のように切抜きを選んで画用紙に貼り付け

るだけのワークは，表現活動・造形活動という視点から不十分ではないかという指摘があるかもしれません。しかしながら，回想法の考え方を取り入れながら，視覚表現を介在させて自己表現や対人交流をつくり出すことにより，これまでに述べられたアートセラピィの手法が利用できます。また，クライアントの意識機能レベルを考慮しながら，今後，この活動をコラージュへ発展させることも可能でしょう。この臨床場面における創造的アートセラピィの実践は，1年間になります。これまでのセッションで確認されたセラピィの効果を含め，多軸セラピィ目標に対する評価は以下の通りです。

表3-12　セラピィ目標に対する評価　一般デイケア・高齢者グループ

> **基軸A　アセスメントおよび情報提供**
> 　回想法を取り入れたワークでは，利用者の生い立ちや故郷，その他さまざまな思い出に触れる機会となります。作品とその説明から得られる情報は，計り知れません。また，実際にセッションをはじめてみると，パーキンソン病を抱えて，普段おとなしい利用者がグループの場で積極的に発言するなど，利用者の意外な面を見ることもありました。認知症の利用者の場合，切抜きを選ぶ・のりで貼る・話をするなど，一連のタスクのなかで，どのあたりに，どの程度の困難を抱えているかを理解することができました。
>
> **基軸B　イメージ表現とコミュニケーション**
> 　セッションを重ねていくなかで顕著となった通所者の変化のひとつは，他の利用者との交流が増えたことです。切抜き選びの際も，自然とお互いが写真の人物について名前を尋ねあったり，また，作品紹介の際もセラピストを介さずに利用者どうしが会話する機会が見られるようになりました。また，自律性や機能レベルの高い利用者は，セラピストがあらわれると，部屋のテレビを消すことやテーブルのセッティングに協力するようになりました。デイケアは，看護実習生を多く受け入れており，セッションに参加しています。利用者は昔の風俗・習慣を学生に教えることにより，世代間の交流をもち，人を助ける機会をもっています。
>
> **基軸C　制作過程**
> 　効果に関する具体的なアセスメントは行なっていないものの，作品制作において，利用者はテーブルのまわりを歩いたり，切抜きを選び，のりで貼り付ける作業を行なっており，セラピィ活動は，必ず身体運動と視覚を中心とした感覚器官に対する刺激を含んでいます。
>
> **基軸D　社会活動・レクリエーション**
> 　通常のセッションに加えて，マンネリ化を防ぎ，セラピィ活動に刺激を与える，いくつかの療法的レクリエーション活動を行ないました。ある回のセッションでは，昔のおもちゃや駄菓子をあつめたお茶会をもったり，無料で配られている旅行パンフレットを集めたものや昔の通貨の写真を持ちこみましたが，いずれもメンバーに喜ばれました。

第1部　創造的アートセラピィの考え方・進め方

◆ 精神科訪問看護

グループ説明　病院に併設された訪問看護の業務は医師の往診，看護師による健康チェックや相談，ヘルパーによる食事等の介助です。在宅によるアートセラピィは系列の訪問看護ステーションより依頼を受け，隔週1回，あるいは月1回90分のセッションで行なわれています。多くは，当院通院あるいは当院に関連するクリニックからの通院患者です。在宅セラピィの利点は患者の生活環境を知り，患者家族とも関わることにより，家族システム・アプローチ（患者の抱える問題を患者個人に原因があると考えず，家族のシステムの機能不全によるものとする考え方）を取り入れた問題解決を図ることができることです。そのため，セッションは家族を対象にしており，グループ・アートセラピィと同様，セラピストが提案するワークを行ない，制作体験や作品に表現されている気持ちをわかちあいます。これから述べる実践例の場合，統合失調症の患者Aさんとその母親，その家族を担当する訪問看護師の3名によるグループであり，いつも看護師による健康チェックのあと，60〜90分のセッションを行なっています。

セラピィ目標　慢性期の統合失調症患者の芸術療法に関して，大森健一は，多方面の治療目標を設定し，種々の技法が利用できることを指摘し，比較的新しい患者には，現実に対する関係性の回復，対人関係の改善，急性期の侵襲によって生じたこころの傷に対する治癒，発病してから長く経過した患者には，これらの目標に加えて，自発性の開発，感情生活の生彩を取り戻すこと，自分だけの世界への沈潜を防ぐことをそのセラピィ目標にできると述べています[20]。そして，市橋秀夫は，統合失調症の精神療法が洞察指向的なものであるよりは気持ちをくむという能動的な働きかけによって，統合失調症特有の弱点を突かず，むしろ庇護することの重要性を指摘しています[21]。家族を対象にする芸術療法に関しては，堀之内高久による次の指摘が参考となっています。

①共同生産活動とその成就感の共有
②治すのは家族という原則の方向づけ
③母子関係におけるグッドな側面に焦点を向けたアプローチ（特に母親の）
④治療場面だけの変化というより家庭のなかでの変化へと拡張できる
⑤治療者が面接に何か積極的になれない場合など，家族を守る方法のひとつ
⑥家庭内あるいは本人の内的な状態のホットな内容が反映されやすく，それによって関わりが生まれる[22]

　これらの文献を参考にしながら，在宅における創造的アートセラピィの多面的セラピィ目標は以下のように設定してあります。

表3-13　セラピィ目標の多軸設定　精神科訪問看護　Aさん親子の場合

基軸A　アセスメント・情報提供
- 親子のもつ強みや必要としているものを査定する。

基軸B　イメージ表現・コミュニケーション
- アート活動を通じて，感情を開放できる，安全な場を提供する。
- 患者の精神病理よりは，むしろ家族システムを視野に入れ，親子間を含めた対人関係の改善をはかる。
- 他者との会話でこころが開けたり，自分の意見が言える機会をつくる。
- 共同制作によって，達成感・喜びを共有する。
- 作品制作，わかちあいを通じて，自己評価の向上，自信回復を援助する。

基軸C　制作過程
- 材料による感覚器官の刺激。

基軸D　社会活動・レクリエーション
- 作品づくりの楽しさを提供し，生活の質の向上をはかる。

アートワーク構想　精神科に入院する患者が抱える病気で最も多いものが統合失調症であり，彼らに向けたアートセラピィにおいて，作品制作のなかで感情が表現できる機会や他者との交流機会を提供することは重要です。「表情」と「気持ちのメニュー」は，両方とも感情表現を目的にデザインされたアートワークです。セラピストはこれらのワークが統合失調症患者に向けた在宅セラピィにおいても利用できると考えました。「気持ちのメニュー」はメニュー表を用いて気持ちを選ぶことにより，クライアントが感情に焦点をあてて非言語的な表現をすることが可能となります。グループで用いる場合，作品がメニュー表にあるどの気持ちをテーマにして描かれているのかをクイズにすることでセラピィのなかにゲームを取り入れることができます。「表情」はさまざまな表情をした顔写真をコピーしたものを画用紙に貼り付け，クレヨンや色鉛筆などを使って絵を完成させるワークです。コピー写真が手がかりとなって，描画することが比較的容易となります。表情の写真は，表情分析に関する本[23]を利用させていただきました。

表3-14　アートワーク事例⑤　表情

利点　さまざまな表情をした顔写真は，しばしばクライアントに内在する感情の表現のために使われる。写真を手がかりとして比較的容易に描画をすすめることができる。

注意点　混乱を起こしやすい患者にはあらかじめ表情カードの種類を限定するなどの注意が必要である。

制作方法　さまざまな表情の写真をコピーしたものをあらかじめ用意しておく（表情分析学に

第1部　創造的アートセラピィの考え方・進め方

関する本には複数の標本が掲載されている）。コピーの大きさは名刺サイズ以内が望ましい。数種（6〜8）のうちから1〜4枚を選び，画用紙に貼り付け，クレヨン・色鉛筆などを用いて制作する。

可能な質問　それぞれの表情はどんな気持ちをあなたに伝えますか？　それぞれの人物たちに対してひと言声をかけてあげるとしたらどんな言葉ですか？（または，それぞれの人物に対してセリフをつくるとしたら？）など。

発展・応用　メンバーひとりひとりが，複数の顔写真のなかから気になるものを選び，表情から読み取れる感情をグループで述べ合う。

表3-15　アートワーク事例⑥　気持ちのメニュー

> **利点**　メニューを用いて気持ちを選ぶことにより，クライアントが感情に焦点をあてて非言語的に表現することを可能にする。トレイを材料として利用すると，心理的守りが確保される。
>
> **注意点**　一般的にクレヨンよりも絵の具のほうが感情表現に適すると言われる。
>
> **制作方法**　セラピストは感情の種類（「びっくり」「フン」「おろおろ」など擬態語を集めたほうが表現するときに発想しやすいだろう）をメニュー表に書き込み，用意しておく。クライアントはそのうちのひとつ，あるいはメニューにない感情をえらび，①その感情を色やカタチのイメージで表現する。②あるいはその感情をひきおこすモノや人，出来事を題材に制作する。
>
> **可能な質問**　メニューで選んだ気持ちを思い通りに表現できましたか（うまくいったところ・いかなかったところは）？　作品を見つめていて，表現した気持ち以外に伝わってくるもの，気づかなかった気持ちなどはありますか？
>
> **発展・応用**　ウォーミング・アップとして，印刷されたメニュー表のかわりに，さまざまな気持ちをメンバーどうしで出しあってメニューをつくることもできる（File No.12「さまざまな感情表現」P.123参照）。また工夫のひとつとして，それぞれがつくった独自のメニューを他のメンバーに渡すこともできる。作品がメニューにあるどの気持ちをテーマにして描かれたかをクイズにすることができる（File No.87「気持ち当てゲーム」P.164参照）。

実践経過　セッションは患者Aさん宅の居間で行なわれました。セラピストがアートセラピィの目的を説明したのち，グループは軽いストレッチをし，また前回のアートワークを振り返りました。これらはこの3人（Aさん，母親，訪問看護師）のグループのような，小さくて，プライベートな集まりにおいても，いつも決まって行なわれている，セラピィのプロセスです。これらの儀式のあと，グループは肩ならしワークと位置づけた「気持ちのメニュー」から取り掛かりました。「気持ちのメニュー」では，絵を描くだけでなく，お互いが選んだ感情のテーマを当てるクイズを取り入れました。3人のうちで，Aさんが最

も早く絵を描き終え，次に看護師，母親の順で作品が出来上がりました。患者，母親，看護師が選んだ絵のテーマとなる感情は，それぞれ「しくしく」「わーい」「キャハ（メニューの選択肢にはなく，自分で考えたもの）」でした。ゲームは当てた人2点，当てられた人には当てた人の数だけ点が入る形式で行なわれ，Aさんが優勝しました。「しくしく」を選んだ理由については「何となく」と答えていました。つぎの「表情」は「気持ちのメニュー」よりも時間をかけて行なわれました。セラピストは10枚の表情コピーをメンバーに渡し，そのなかから1枚から4枚を選んで作品を制作するように指示しました。枚数を限定する理由は，たくさんのコピーを貼るだけで作品づくりを終えてしまう場合があるからです。Aさんはスーパーの安売り商品をたくさん買い込む客たちの姿，ヘルパーの仕事をしている母親は利用者宅で調理をしていてお皿を割ってしまった出来事，看護師は選挙ポスターを題材に作品を制作しました。わかちあいのなかでは，息子の作品について，母親がスーパーでの自分の姿を表現したのかもしれないと感じたことや，看護師の作品は，コピー写真のモデルが白人であったことから，アメリカの次期大統領選挙が思いおこされたことなど，3人それぞれがお互いの作品について感想を述べあいました。

図3-15,16,17,18　精神科訪問看護における作品（左：「気持ちのメニュー」，右：「表情」）
3-15　患者による作品①　　　　　　　　3-16　患者による作品②

3-17　母親による作品① 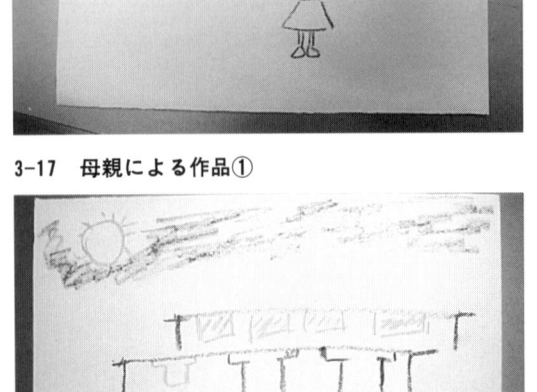 　　　　　　　　3-18　母親による作品②

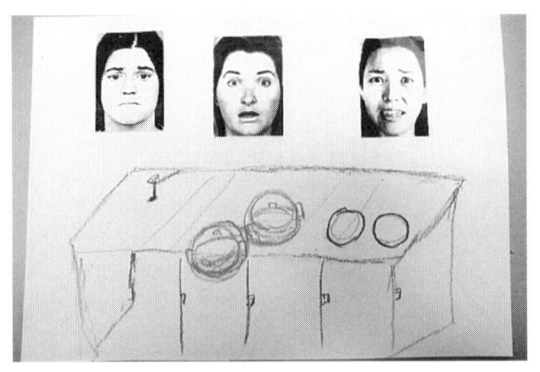

考察　在宅セラピストには，自立性・柔軟性が必要であると言われます。在宅での治療・援助行為は，大勢のスタッフが周囲にいる施設でのそれとは大きく異なり，クライ

アントの家に入ると，セラピストは客として迎え入れられ，クライアント家族に囲まれます。また在宅でのセラピィでは，クライアントへの電話や配達員などによるセラピィの中断やペットによる妨害があったりします。このような特殊な臨床場面ながら，多くのクライアントにとって在宅は威圧感を持たずに済む，コントロール可能な，安心して治療が受けられる場所であることをセラピストは理解する必要があります。実践例にあるような，慢性の精神疾患をもつ患者に対して，在宅での創造的アートセラピィは，アートがもつさまざまな利点からの援助を考察することができます。そして，家族システム・アプローチの考え方では，患者の母親に対する心のケアが患者同様に重要であると言えます。アートワークに含まれる楽しさ，面白さ，満足や達成感を考えながら，家族のQOLの維持・向上をはかることも大切です。実践例のように，時にはゲームを取り入れながら，アートワークを通じてA親子と訪問看護師のあいだで，気持ちや考えをわかちあう機会と方法を提供しつづけています。この臨床場面における創造的アートセラピィの実践は，1年間になります。これまでに確認されたセラピィの効果を含め，多軸セラピィ目標に対する評価は以下の通りです。

表3-16 セラピィ目標に対する評価 精神科訪問看護 Aさん親子の場合

基軸A アセスメント・情報提供

患者は発病後においても，人物その他の形態描写が上手であり，グループのなかでテキパキと制作をこなすなどの長所がわかりました（看護師や母親から賞賛されることも多く，このことは長期にわたってセッションが継続できている理由のひとつと考えています）。また，毎セッションの作品表現は，彼の症状がある程度コントロールされていることを伝えています。

基軸B イメージ表現・コミュニケーション

アート活動はこれまでのところ，患者の情緒面を引き出し，母親の抱えるストレス発散や感情のはけ口となっています。母親は足の痛み，糖尿病など複数の慢性疾患を抱えており，ヘルパーの仕事を辞めた後，気分の落ち込みや疲れに悩まされながらも，セッションの場ではセラピストと看護師によって励まされてきました。患者は医師の診察のなかでセラピィが自分よりもむしろ母親のためになっていると述べたことがあります。生活が不規則になりながらも，入院することなく，彼の在宅療養は続いています。最近は，看護師の飼っている犬に興味を示すようになり，彼の作品や発言のなかにその想いが表現されています。

基軸C 制作過程

未確証ながら，画材による感覚器官への刺激はA親子の情動面の賦活や開放に効果があったと思われます。

基軸D 社会活動・レクリエーション

母親は毎セッション行なわれているコラージュ・ワークの準備として，雑誌や広告から写真を切り取る作業を手伝っており，それがセッション外の余暇活動になっています。

3-2　福祉分野での実践

> 福祉分野においても幅広いアートセラピィの活用方法があります。医療分野と同様に，入所，通所（デイサービス），訪問のサービス形態があり，高齢者福祉・障害者福祉・児童福祉のそれぞれにおいて創造的アートセラピィの実践が期待されています。また，NPO活動，ボランティア活動が最も進んだ分野です。筆者のボランティア体験，臨床実習体験による，この分野でのアート活動を紹介します。

◆　高齢者デイ・サービス

グループ説明　著者がボランティアとしてアート活動を行なっている高齢者デイ・サービスは，特別養護老人ホームをともなって，社会福祉法人が受託運営している公立の施設です。月曜日から土曜日までプログラムがあり，およそ20名から30名の利用者が機能回復訓練やレクリエーション，俳句・絵画・習字などの活動を目的に通所しています。利用者の多くは身体的障害や老人病を抱えており，いつも5，6名の介護スタッフと看護師の付き添いを必要としています。筆者は毎週土曜日，早く来館して朝11時からのプログラムを待つ利用者に声をかけて，小さなテーブルでの絵画活動を続けています。

活動目的　先の事例で紹介した医療分野におけるデイケアと同様，福祉施設のデイケア，デイ・サービスにおいても，創造的アートセラピィの考え方に基づくアートワークの導入は可能であると思われます。ただし，ボランティア活動の場合，職業的なアートセラピィの技法を真似るのではなく，レクリエーションや趣味活動としてのアート体験を利用者と一緒に共有することが大切です。このような活動形態においても，楢崎幹雄らがデイケア内のレクリエーション活動に関して指摘する次の留意点は，参考になるでしょう。

①リスク管理はできているか？
②目的意識をもっているか？
③活動の流れ，デイケア全体の流れを意識しているか？
④グループ全体と個人への対応をしているか？
⑤実施の最初から最後までの流れについて，思いどおりのイメージが浮かぶか？
⑥自分のこころに余裕があるか？[1]

　ボランティアがもつ役割，責任，奉仕の意味を意識しながら，この現場におけるアート活動は以下の目的をもって行なわれています。

第1部 創造的アートセラピィの考え方・進め方

表3-17 福祉施設におけるボランティア・アート活動の目的

- レクリエーションの考え方に基づき，仕事や勉強以外の余暇として，アートを楽しみ，アートで遊ぶ。
- 利用者，ボランティア・スタッフ双方が楽しめ，こころの充足が得られるアート活動である。
- アート活動を通じて，利用者に喜んでもらえる。
- ボランティア・スタッフの知識，スキル，情熱が活かせるアート活動である。

アートワーク構想　絵画活動はテレビのついた待合室のなかで，利用者数名に呼びかけて行なわれました。ボランティアの立場上，セラピィとしての活動，また大がかりな画材の持ち込みができません。しかし，いくつかの制約がありながら，筆者は型にはまらない新鮮なアート体験を利用者の皆さんと楽しみたいと考えていました。なぜなら，多くの高齢者施設で子ども向けの塗り絵帳が持ち込まれて，療法の名目で行なわれていることに強い疑問を感じていたからです。実際に，このデイ・サービスでもそのような「アニメ」の塗り絵帳を発見し，チャレンジ精神は掻き立てられました。考案されたアートワーク「ステンドグラス」は，塗り絵帳よりもはるかに創造的な塗り絵です。このアートワークはフランスの芸術家デュシャン（Duchamp, M.）の考案した定規[2]による創作からヒントを得ました。空中から落としたひものカタチを写して作成した曲線定規を使い，マス目模様のような図柄を紙皿の上に描きます。1マス1マスに配色を考えながらクレヨンで塗りつぶすとステンドグラスのように美しく仕上がります。印刷された図柄に塗り絵をするのとは異なり，すべて手づくりの創作活動でありながら，絵を描くことに苦手意識が強かったり，他者の面前で表現することに警戒心をもったりするクライアントの不安を減らし，簡単な作業で見栄えのする作品が仕上がります。

表3-18　アートワーク事例⑦　紙皿ステンドグラス

利点　市販の塗り絵とは異なり，すべて手づくりの創作活動である。表現することに自信がない，あるいは警戒心を抱くクライアントの不安を少なくすることができる。簡単な作業で見栄えのする作品が仕上がる。

注意点　定規づくりの際，ある程度の手先の器用さが必要とされる。意識機能レベルに応じて制作の手助けをするとよい。

制作方法　縦12cm，横25cmの長方形に切った画用紙の前面に糊づけし，その上からひも（靴ひもなど）を落とす。出来上がったひもの線にそって，黒マーカーでなぞる。ひもを取り外し，半紙をかぶせる。透き通るマーカー線をはさみで切ると，定規が2本できる。この定規を使って，紙皿にマーカーで模様を描き，クレヨンで色塗りをする。

可能な質問　どんなことを思いながら色塗りをしましたか？　出来上がった作品についての感

> 想はいかがですか？
>
> **発展・応用** 「グループ塗り絵」：4〜6名の共同制作。同じ要領で，ボール紙を使って75cmから1mほどの定規をつくる。マーカーで黒枠（2cmほどのマージン）をつけた模造紙（File No.78「ぐるぐる絵画」P.159参照）を使い，枠の内側にメンバー共同で模様を描く。クレヨンを使って，色塗りをする。

実践経過 初回に参加した利用者は3名で，1名が見学していました。3人とも絵を描くことに関して「難しくてできない」「うちの孫はこういうことが得意なんだけれど……」と気の進まない様子を示していました。ボランティア（筆者）がひもを落として定規をつくり，それを使って3人の画用紙にデザインを描き，それに色を塗っていくことを提案すると，3人のうち2人は自ら次々と色を塗っていきました。1人は車椅子の利用者で身体的な不自由を抱えていたために，ボランティアがクレヨンをえらび，一緒にぬり絵を行ないました。利用者たちは制作中も孫の幼いころの話や自分の幼年時代を思い出し，「私たちの頃はこうしたものはなかったわね」と会話しながら，色を塗っていました。ボランティアが利用者全員の完成した作品を手に取り，グループに見せると，完成の喜びや他者の作品をほめる言葉が出されました。ボランティアが本物のステンドグラスのように綺麗であるとコメントすると，2人の利用者はステンドグラスを知らなかったようで，作品の裏に書き留めていました。

第二回に参加した利用者は2名でした。同じく絵を描くことには気の進まない様子を見せていましたが，クレヨンで色を塗る簡単な作業であることを説明すると，意欲があらわれました。同じく落としたひもの形態から画用紙で定規をつくり模様を描く内容ですが，前回とは異なり大きめの紙皿を材料にしました。利用者たちは前回の利用者よりも意識機能レベルが高く，定規を使って自ら模様を描くことができました。クレヨンで色を塗る作業ではお互いにおしゃべりが始まりました。利用者Aはひ孫や娘の話をし，利用者Bは4年間大学で日

図3-19, 20　高齢者デイ・サービスにおける活動「紙皿ステンドグラス」
3-19　参加者Aによる作品　　　　　　　　3-20　参加者Bによる作品

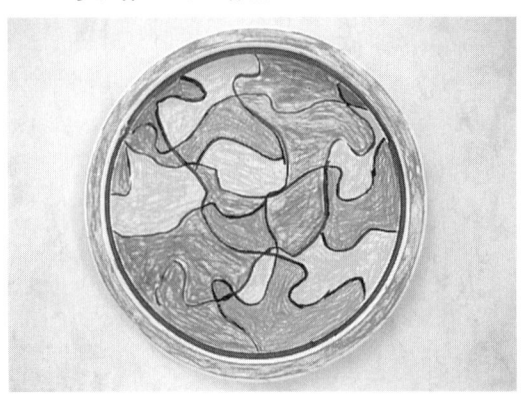

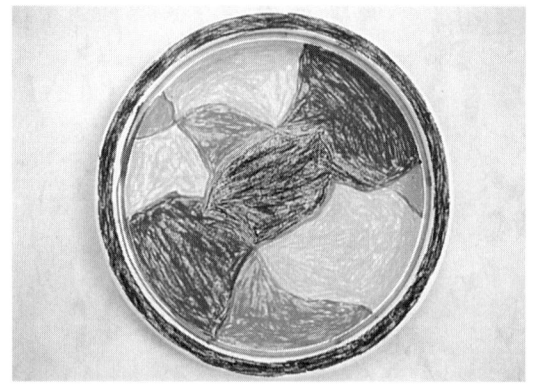

第1部 創造的アートセラピィの考え方・進め方

本画を勉強していたことを話していました。作品が出来上がると，利用者たちから，お皿の周辺に色を塗ることやどのように飾るかについて意見や提案が出されました。作品を持ち帰ることができることに2人は喜んでいました。

考察・評価 高齢者デイ・サービスにおける利用者の多くは自発性が乏しく，また創作活動（特に絵画など）に対する苦手意識や不安を感じているように思われます。しかしながら，制作手順のわかりやすい説明と利用者個々の必要に応じた柔軟な取り組みにより，不安を軽減させ，創造的アートワークの楽しさや作品を通じてのコミュニケーションをつくることが可能でした。事例のようなグループでは，作品例やつくり方の実演を見せることにより，創作活動につきまとう利用者の不安や恐怖心を取り除くことができました。また，心理療法における面接技術の修得如何を問わず，アートワークにともなうボランティアの傾聴姿勢は，利用者に対する援助になると思われます。それは，制作に関する提案など利用者の積極的活動を促し，創作の楽しさを増加させることにつながります。利用者と一緒になって新しい体験に直面し，気持ちを共有できたこと，ワークの最後にいただく感謝の言葉は，ボランティアに従事する者の大きな喜びとなりました。

◆ コミュニティ支援サービス

グループ説明 筆者がアメリカで受けたアートセラピィの臨床実習先のひとつは，コミュニティ支援団体での実践でした。ニューヨーク州ロングアイランドで活動する，この団体は非営利組織（NPO）であり，ボランティアが中心で慈善団体の寄付金で運営されています。健康情報の提供，社会福祉・奉仕活動の教育に力を入れ，慢性疾患を抱える閉じこもりの地域住民に対して，現在受けている医療サービスを補うサポートの提供や，さまざまな社会資源を統合させるネットワークづくりを行なっています。筆者は，修士課程の実習のなかで，指導教官の監督のもと，およそ1年間，このサービス利用者宅を訪問し，在宅でのアートセラピィを行ないました。事例で取り上げる，M夫妻もその利用者でした。Mさんは，69歳の男性でアルツハイマー病を患っており，自宅で夫人の介護を受けています。薬剤師だったMさんは5年前に退職して療養していますが，認知障害により複雑な言葉の聞き取りや深いレベルの会話ができず，また行為の繰り返し（固執）が見られます。6ヶ月の薬物療法は効果が確認できなかったため，ビタミン剤と乳児用のアスピリンの服用に切り替えていました。在宅のアートセラピィはコミュニティ支援サービスの紹介を通じて，Mさんが家具の創作を以前趣味としていたことや美術教師だった夫人の興味・関心により，はじめられました。

セラピィ目標 現在ではアメリカにおいて，在宅のアートセラピィに関する研究や実践報告[3]がいくつも見られるようになりましたが，当時は引きこもりの高齢者に向けたアートセラピィの必要性を強く訴えるギブソン（Gibson, G. L.）の論文[4]だけでし

91

た。英国では，ベル（Bell, S.）によるアートセラピィを用いた在宅ホスピスケアの実践研究[5]がありました。筆者は，アートセラピィが未開拓である，この臨床現場に関して，作業療法[6]や家族療法[7]における在宅での実践や研究を参考にしながら，手法や技法を模索しました（創造的アートセラピィの特色のひとつである，学際的アプローチの原点はここにあります）。その詳しい内容は，筆者とブルームガーデン博士（P.21）による共同研究論文[8]にまとめられています。M夫妻にむけた在宅アートセラピィは，家族交流に焦点をあてています。ジョンソンとマクカウン（Johnson, J. & McCown, W.）は，疎外感，負荷，慢性的な悲しみなど，認知症患者とその家族が経験する心理的問題は家族間の交流と問題対処の方法に原因があることを主張しています[9]。家族療法的なアートを用いた介入法の目標設定に際しては，夫婦間のコミュニケーション改善が検討されました。

表3-19　セラピィ目標　　コミュニティ支援サービス　M夫妻

- 病気の過程を通じて，クライアント家族の生活の質を高める。
- クライアント家族が変化した家族状況の現実を理解し，対処スキルを行使することを助ける。
- 非言語，視覚的な道具の提供によって，コミュニケーションを促進させる。
- 作品制作の喜びを提供し，クライアント家族が有意義で豊かな活動をもつように元気づける。

アートワーク構想　筆者がM夫妻に対する重要な援助として考えたことは，夫婦間のコミュニケーションをつくるアート活動を提供することでした。アートセラピィの文献を調べ，数あるアートワークのなかから，最終的に視覚会話法とスクイッグル・ゲームを選びました。視覚会話法は，英国のアートセラピストであるリーブマン（P.19）によって広く紹介されたアートワーク[10]であり，授業のなかで取り扱われたこともあって記憶に鮮明でした。また，スクイッグル・ゲームは，精神分析家ウィニコット（P.24）によって，開発され，研究されたアートワーク[11]です。このゲームでは，はじめにセラピストが目を閉じて小さなスクイッグル（なぐり描き線）を想像し，紙に描きます。そして，クライアントにそれを絵に変えてみるように求めます。次に，クライアントがスクイッグルを描き，セラピストがそれを絵に変えます。これを数回繰り返すやり取りのなかで，セラピストはクライアントの描いた絵について尋ねていきます。この2つのアートワークはそれぞれM夫妻のコミュニケーションづくりに役立ちましたが，ここでは視覚会話法を中心に紹介します。筆者の分析によって，このアートワークの利点，注意点，制作方法などをまとめると以下の通りになります。

表3-20　アートワーク事例⑧　視覚会話法

利点　言葉を使わない視覚的手段を用いた交流であるため，言語能力に障害がある，また言語能力のレベルが異なる関係間（大人と幼児 etc.）のコミュニケーションに役立てることがで

第1部　創造的アートセラピィの考え方・進め方

きる。また作品はコミュニケーションのフィードバックや分析に役立てることができる。
- **注意点**　クライアントの内的世界の表現より，むしろコミュニケーションに焦点が当てられているように思われる。
- **制作方法**　ペアをつくり，お互いに異なった色のクレヨンを一本取る（そのときお互いの色がなるべく離れているようにする）。ペアのうち，どちらかが画用紙の一部に線やかたちを描く（一度にたくさん描きすぎないこと）。終わったら，画用紙を相手に渡す。パートナーは渡された画用紙に線やかたちを描き込み，返す。はじめの人は再度描き加えて相手に渡す。これをセラピストの終了合図があるまで（およそ5〜8分）繰り返す。
- **可能な質問**　作品を観て，率直な感想はありますか？　絵による，相手とのコミュニケーションはどうでしたか？　相手の描画のわからなかったところ，質問したいところはどこですか？　作品のなかでどちらの色のほうが多いですか？　など。
- **発展・応用**　二者間のみでなく，3〜5名のメンバーによるグループ内で模造紙の上に描いたり，人数分の画用紙を回しあうことによって制作することができる。また画用紙のほかに箱などの材料を用いたり，パフォーマンスを取り入れることも可能（File No.96「パフォーマンス視覚会話」P.169参照）。

実践経過　初回セッションで，M夫妻は最初の視覚会話による作品をつくりました（図3-21）。Mさんによる左側の紫の縦曲線でスタートし，夫人は太い赤線を画用紙の下部に描いています。夫人に続いて，Mさんは繰り返し水平の線を描きました。その絵から，セラピストはMさんの認知障害を理解し，夫婦の関係に目を向けました。M夫人がらせんを描いたとき，Mさんは紫のマーカーでそれをなぞりました。また，それを左側に真似て描いています。同じやり方で，太陽や小さな山も一緒に描かれています。妻が描いたものを続けて描いたり，模倣したりしているとき，Mさんは混乱しないでいられるように見えました。次のセッションでつくられた第2作（図3-22）をみると，M夫妻は，相互描画によってお互いがコミュニケーションをもつ方法を学んでいることがわかります。はじめに，Mさんは長いへびのような黒のかたちを描き，夫人はそのかたちのなかに模様をつくりました。そして，Mさんは再び，同様のしま模様を描くことによって，夫人の指示に従いはじめました。M夫人は次第にMさんが自分の指示に添うことのできる能力を理解し，夫妻は一緒に絵を完成させました。M夫人はアート制作における夫の反応をテストしながら，未完成のままにして残して，夫に完成させるようにしていました。6回目のセッションにおける作品（図3-23）は，M夫妻が視覚会話法を通じて協力関係を発展させていたことを伝えています。Mさんはいつも最初に大きなアウトラインでもって描きはじめ，夫人は夫が自分の指示に続けられるように導きながら，描いていました（のちに，M夫人はなぐりがき線ばかり描いていることに不満を感じて，具象画を描いたことをセラピストに語りました）。この絵で，Mさん

は赤のクレヨンを使って丸を3つ描き，夫人はそこからスノーマン（雪だるま）を想像し，非言語の指示を夫にあたえることに成功しました。絵は2色のコンビネーションをもち，すべての要素が結合しています。セラピストはこのような活動に対するM夫妻のもつ能力や強みを認めていたので，材料を箱にしたり，大きな模造紙にしたり，時にはコスチューム（図3-24）にしながら創作活動の幅を広げ，発展させました。視覚会話法はこのようにして，週に一度のセラピィのなかで，1年間も続けられ，認知症の夫と妻の療法的アート活動となりました。

図3-21,22,23,24　M夫妻による視覚会話法
3-21　初回セッション 
3-22　セッション2回目 
3-23　セッション6回目 
3-24　コスチューム制作

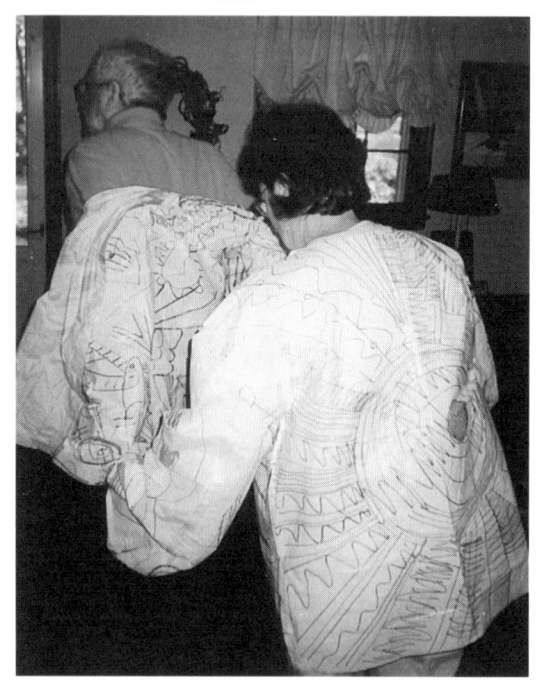

考察・評価　視覚会話法は，Mさんの認知機能の衰退にもかかわらず，夫婦がもつ潜在的なコミュニケーション技術を発達させることが目的でした。そして，実際に，M夫妻はお互いを喜ばせると思われるコミュニケーション技術をつかむことができました。このようなコミュニケーションを利用し，Mさんがもっと周囲と交流がもてるようになることが期待された点です。アートセラピィは，M夫人にとっても重要でした。なぜなら，病気の夫との断絶されたコミュニケーションは夫人のメンタルヘルスを脅かしかねなかったからです。アートワークは，クライアントの認知疾患の現実を見せます。それは介護者にとって理解するにはあまりに苦痛な体験でした。初回セッションのあと，M夫人は，そのサービス事業所とセラピストに手紙を書き，そのなかで，夫のあまりに限定された認知機能やアルツハイマー病患者の妻としての生活状況の現実を理解するに至ったことで，ひどく落ち込んでしまったと伝えていました。この手紙は，家族単位でセラピィを行なうことがいかに役立つサービスであるかというセラピストの信念を証明したものになりました。

　視覚会話法は，Mさんに妻の視覚的メッセージを理解することを勇気づけた点で，ふさわしいワークだったと考えられます。セッション2回目でつくられた作品の，左端のたての波線に見られるような，2色の線の接続は，夫妻が数年間，意味のある言葉のコミュニケーション能力を失ってしまったのちに再びお互いがコミュニケーションをとりはじめたことを示していました。そして，M夫人は，毎朝夫がセラピストをファースト・ネームで呼びながら，今日はやってくるのかと尋ねていたことを語ってくれました。一回だけ，彼らの息子も視覚会話法を用いたアートワークに参加したことがありましたが，アート活動を通じて父親とうまくコミュニケーションがとれたことに驚いたと母親に話していました。セラピィで得られたこれらのものが，病院などの施設ではなく，クライアントが最も居心地がよく，安心を感じられる自宅で起こった点が強調されなければなりません。まだ未発達ですが，閉じこもりの高齢者に向けた，在宅アートセラピィは実践可能です。アートセラピィや他の専門分野からの理論を使うことによって，創造的なアートセラピストは閉じこもりの人々のQOLを高める目標を開発し，効果的な介入を行なうことができます。

3-3　教育分野での実践

> この分野における創造的アートセラピィの活用は，セラピィの考え方でつくられたアートワークに含まれる工夫や知恵を学校教育（例えば，図画工作や美術の授業）のなかに取り入れることにあります。現場の特殊性や生徒のレベル，教育上の課題に対して療法的アートワークの有効性や問題点を考えながら，ユニークかつダイナミックな授業の実践が期待できます。

◆　教室のなかの療法的アートワーク

グループ説明　図画工作の専任教諭2名，非常勤教諭1名の協力のもと，都内にある大学附属の小学校で，セラピィ目的で開発されたアートワークを授業で行ないました。対象は小学3，4，6年生。1クラスにおよそ35名前後が在籍し，各学年が4クラスありました。それぞれの学年を受けもつ先生方に療法的アートワークを選んでいただき，各クラスで共通のアートワークを取り入れることになりました。

活動目的　創造的アートセラピィで開発されたアートワークを学校教育の場で活用する方法について検討します。そもそもセラピィ（療法）と教育は，原理的に異なった分野であり，考え方も目的も手続きも違います。アートセラピィでは，美術教育と違って美的価値や芸術性を高めるために指導したり，技法を教えたりすることはありません。作品を制作する前に，クライアントは，セラピストから「作品の上手・下手は一切関係ありません。自分の思うままに作品をつくることができます」と伝えられます。しかしながら，アートセラピィで絵を描かせる行為を，クライアントの無意識を探りあてるための単なる手段と考えるのではなく，また美術教育を情操教育・創造性教育に限って考える場合，両者にさまざまな共通点を見つけることができます。芸術療法の立場から，岩井寛は「芸術は人間に本質的に存在する自己表出衝動の基盤の上にあるもので，これを有効にはぐくむことで人間教育の上に役立てることも可能であり，また，心の病めるものを，豊かな人間統合へと近づけるための一助とすることも可能なのである」と述べています[1]。また，美術教育の立場からも，長谷川哲哉は，「芸術は，人間感情を動物と同様の『形のない全面的な有機的興奮』である状態から脱却せしめる最も基本的な活動」と指摘し，「芸術のこの同じ根本的機能への注目から，ひとつは芸術教育が，もうひとつは芸術療法が成立する」と指摘しています[2]。日野陽子は，表現が生まれる「場」のあり方について，美術教育は芸術療法から学ぶべき点があるとし，また逆に，児童の自発的な創作活動や表現材料・方法の開発の点で美術教育から芸術療法が学ぶべきものもあると主張しています[3]。このような関連性が存在するなかで，

第1部 創造的アートセラピィの考え方・進め方

創造的アートセラピィの考え方を学校教育に取り入れることが期待できます。療法的アートワークを教育場面に応用した場合，以下の目的が考えられます。

表3-21 療法的アートワークを教育場面に応用する場合の目的

- 対人コミュニケーションに富んだ創作活動を通じて，協力関係を構築する。
- 自己や他者について理解する。
- ユニークな芸術材料および手法によって，児童のモチベーションを高め，創造性を刺激する。
- 共同制作を通じて，グループ内での役割分担について学習する。
- 自由な発想や遊びに含まれているシンボル（象徴）やメタファー（隠喩）の意味を理解し，教師は児童の言葉にされない内面に注視しながら，彼らの人格形成を援助する，など。

アートワーク構想

今回の学校教育における療法的アートワークの導入に際しては，現場の先生方から「協働」をテーマとするグループ活動がカリキュラムにあることを伺いました。そのため，かつてデイケアのセッションで行なわれたグループ共同の制作活動である，「フラフープ絵画」「物語フィルム」「島」の3アートワークを提案しました。

「フラフープ絵画」 2人がペアを組み，フラフープにビニールシートを貼ったキャンバスの上にペイントマーカーを使って描きます。パートナーと向かいあい，お互いにキャンバスを持ちあいながら，その両面を使って一つの作品をつくることで協力関係や自己・他者理解の機会を提供します。もともとは，筆者が100円ショップの店内を歩きまわるなかで組み立て式フラフープと園芸用ビニールシートを見つけたことをアイディアに，精神科デイケア患者に向けた療法的アートワークとして開発したものでした。図画工作の専任教諭は，小学3年生の授業にこのアートワークを取り入れる実践を行ないました。

表3-22 アートワーク事例⑨ フラフープ絵画

利点 2人1組のペアによる共同作品。組み立て式のフラフープをつくる作業からはじまり，園芸用ビニールシートでつくったキャンバスの両面からお互いが向かいあって絵を描く。対人交流に富んだ創作活動を通じて，協力関係や自己／他者理解を学習する機会を提供する。

注意点 ペアのつくり方はくじ引きを含め，複数の方法があると思われるが，児童に対する配慮や物理的要因に応じて適宜に行なうことが望ましい。

制作方法 グループ内で2人1組のペアをつくる。ペア協力のもと，下準備となるキャンバスをフラフープと園芸用ビニールシートでつくる。ビニールシートは程よい張りを持たせ，フラフープの円に対して対角線をつくりながら均等に8箇所にガムテープを張る。ペアはお互いに向かいあって座る。ペイントマーカーで，両側から描きすすめることで1枚の作品を完

成させる。その際2人のうち1人は必ずフラフープ・キャンバスをもち，パートナーが描けるようにする。一回に描く時間は15秒から20秒前後。何度となく交代しあいながら，指導者がストップをかけるまで描きつづける。

可能な質問　制作過程を振り返るなかで感じること（難しかった点や楽しかった点），集められた作品全体を見ての気づき・感想を出しあう。

発展・応用　類似したワークとして，File No.96「パフォーマンス視覚会話」（P.169）など。

「物語フィルム」　メンバーひとりひとりが動物イラストのコピーを画用紙に貼り付けて絵を完成させ，集めた絵を並べながら4，5人のグループでストーリーをつくるワーク。融通性のなさから環境不適応であったり，発想の乏しさや描画に対する苦手意識からアート制作に消極的であったりするクライアントに対して，動物や人のイラストを使い，その周囲に描き加えてもらう方法は，彼らの創作活動を助けます。また，このような手法はクライアントからイラストに自己を投影させる表現を引き出します。ストーリーづくりは共同制作であるとともに，グループにおける個人の役割・発想の独自性が強調される面をもっていると考えられます。

表3-23　アートワーク事例⑩　物語フィルム

利点　動物のイラストを画用紙の好きなところに貼り付けて絵をつくる手法は，イラストに自己を投影させる表現を引き出す。また，発想の乏しいあるいは図画を苦手とするクライアントにとって創作を容易にする。グループで物語をつくる作業は空想することの楽しさを他者と共有することのできるユニークな手段である。

注意点　グループ分けに関して，協力して制作できるように配慮する必要がある。

制作方法　同一の動物（犬・猫など）のイラストをプリントしたものを大中小のサイズで用意しておき，クライアントはそれを画用紙に貼り付けて背景その他を描くことにより，絵を完成させる。グループをつくり，お互いがつくった作品について感想を述べる。また，それらを並べてストーリーを考える。最後に模造紙に描かれたフィルム・フレームのなかに作品やあらすじ・題名などの言葉をあてはめる。

可能な質問　グループ全体でつくり上げた作品についてどう思いますか？　この物語をどんな人々に読んでもらいたい（役立てたい・勧めたい）ですか？

発展・応用　物語フィルムのPRや予告編を考える。登場人物の紹介やセリフなどをつけることに発展させることができる。

「島」　大きな模造紙にグループひとりひとりが描く線をつなぎ合わせて島の輪郭が出来上がると，話し合ってその島の名前や理想・きまりなど「宣言文」をつくり，島の絵を完成させるワーク。創作活動に豊かなストーリー性が含まれており，芸術材料に対して想

第1部 創造的アートセラピィの考え方・進め方

像的に関わることを可能にします。また一連の制作作業には共同と分業における多面性があります。創造的アートセラピーのなかで，本アートワークの特色は島：グループ/社会，宣言文：自主・独立，島民：個人など，重要なメタファー（隠喩）が機能することにあります。島に対してクライアントの描いた内容から，そのクライアントの集団に対する関わり方，言語化されていない内面を理解することができます。

表3-24　アートワーク事例⑪　島

> **利点**　4～5名のグループによる共同作品。メンバーそれぞれの線をつなぎ合わせて誕生した島に対して，名前や島の理想・決めごとを掲げた「宣言文」をつけ，クレヨンで作品をつくる。グループ協力と自主の尊重，役割分担が学習される。
>
> **注意点**　島の地形を描くときは島の領土を著しく削るような入り江はつくらないように注意をよびかける。
>
> **制作方法**　2枚を貼り合わせた茶色の模造紙の4辺にしるしをつけながら，グループのメンバーがだいたい同じ長さを受けもつように割りあて，マーカーで岬や海岸，入り江などを含めた島の地形を描く。はさみを使って地形を切り取り，3枚貼り合わせた水色の模造紙にのりで貼り付ける。絵を描く前にその島の宣言文（島の名前とその島の理想や決めごとを述べた3つ程度の条文）を考える。グループ内で15～20分の間に意見を出しあい，島の名前と条文に全員が承諾したら，宣言文に署名し，島の絵を共同で仕上げる。
>
> **可能な質問**　この島に住むとしたら，どんな一日を過ごしてみたいですか？　今の生活とこの島での生活の大きな違いは何ですか？
>
> **発展・応用**　完成した作品を発展させる方法として，島での一日をテーマにグループ・メンバーそれぞれが絵を描く。

実践経過

「フラフープ絵画」の実践　場所は図工室ではなく，普段児童たちが活動する教室。45分授業2コマを合わせた「アートの時間」のなかで行なわれました。先生は机をすべて教室の後ろに片付けさせ，児童たちを自分のまわりに集めてフラフープ・キャンバスのつくり方や描き方を説明しました。その際には児童の前でキャンバスを組み立てたり，簡単なイラストを描いて見せたりする実演がありました。児童たちは先生の指示のもと，男女2人でペアをつくり，共同でキャンバスをつくりはじめました。キャンバスが出来上がると何人かの児童はそれを相手の頭にこすって静電気で髪の毛を立たせたり，また窓に持って行き，都会のビルを取り入れたりするなどの遊びが見られました。

その後，児童は椅子を持ち寄ってひざをつきあわせて座り，キャンバスを持つ役とマーカーで描く役を交代しながら作業を進めました。お互いに指示したり，相談したりする児童た

ちの声で教室は一層騒がしくなりました。先生はそれぞれの児童が制作する様子を見てまわり，児童の質問に答えていました。作業時間が経つにつれ，児童たちのなかには交代で描くことをやめ，キャンバスを床に置いて一緒に描く様子が見られました。また早く完成させた児童たちはクラスメートの作品を見てまわっていました。ほぼ全員の児童が作品をつくり終えたところで，教師は児童たちにペアのひとりが椅子の上に立って作品をもち，もう一人が歩きまわりながら，他の児童たちによる作品の観賞者となって，質問したり，感想を述べたりするように指示しました。残り時間5分前くらいのところで，教師は児童を再び教壇の周りに集めてアートワークの感想を聞きました。数人の児童が手を挙げ，先生に「向かいあって一緒につくり，楽しかった」などのコメントが集まりながら授業が終わりました。

図3-25,26　フラフープ絵画　左右ともに小学3年生の男女ペアによるもの
3-25　花火　　　　　　　　　　　　　　　3-26　アートの森

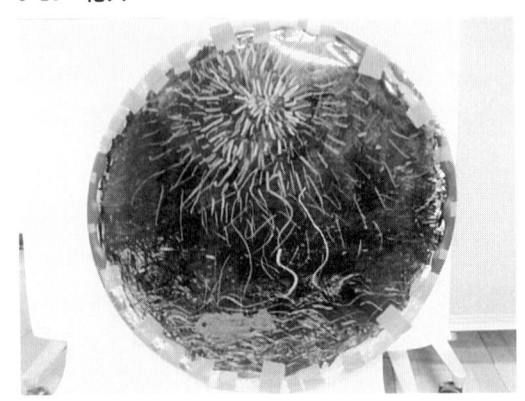

「物語フィルム」の実践

授業時間は2コマで90分。場所は教室とプレイルームを使いました。教師ははじめに座席についた児童ひとりひとりに画用紙，クレヨンと大・中・小の大きさにコピーした動物（たぬき）のイラストを配布し，児童はイラストを画用紙に貼り付け，クレヨンを使って絵を描きました。児童たちが絵を描き終えると，教師は，4，5名でグループをつくり，用意された模造紙をもってプレイルームで作業するように指示しました。グループは男子児童，女子児童に分かれてつくられ，混合するグループはありませんでした。プレイルームでのグループ活動はにぎやかでした。模造紙の上にメンバーそれぞれのつくった絵を並べ，児童たちのおしゃべりや笑い声が室内に響きました。児童のなかには，自分が描いた絵に手を加え，グループでつくったストーリーに合わせようとする者もいました。時間が経過し，早く完成させたグループの児童は遊びはじめる一方，ストーリーづくりに夢中になり，なかなか作業が進まないグループもありました。授業終了10分ぐらい前に，教師は児童たちを自分のまわりに集め，早くつくり終えた2グループに作品の紹介をさせました。最初のグループのストーリー紹介では観賞する側の児童から笑い声が聞こえましたが，次のグループ紹介では児童たちのおしゃべりのために発表者の声をきちんと聞きとれないほどでした。終了のチャイムがなり，教師は未発表のグループ作品も

第1部　創造的アートセラピィの考え方・進め方

含め，廊下に掲示して観るようにしましょうと述べ，授業をまとめました。

図3-27　物語フィルム　小学4年生4名によるグループ作品

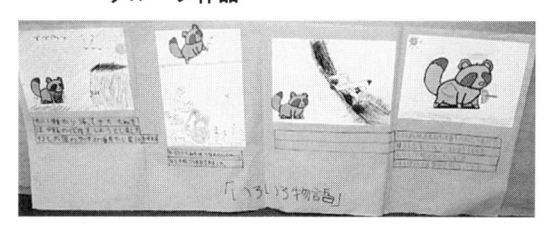

図3-28,29,30,31　今どきの子どもたち　作品にあらわれる過激なストーリー展開

3-28　1コマ目

3-29　2コマ目

3-30　3コマ目

3-31　4コマ目

物語のあらすじ
朝から落ち込んでいるタヌキのロビン君は，自分に人気がないことに悩んでいる(1)。人気の動物コンテストに出してもらったところ，友達の少ない動物ベストワンに選ばれる(2)。そのために，木の上から飛び降りて自殺してしまうことで，皮肉にも有名になる(3)。この物語の本当の結末は，動物園が嫌になったタヌキがローラースケートをつけて暴走し，わけのわからない生物たちにああだ，こうだ言われながら，谷底へ落ちて一生を終える(4)。文末に「このタヌキは道端で値札がつけられた（でも）買わないで。このままだと面白いから」と注意書きがされている。

「島」の場合　教室の壁を取り外し，机や椅子を隅に片付けた広いスペースのなかで，授業は行なわれました。児童たちは男女混合の4名で10班に分かれると，体育着に着替え，裸足になりました。そして，教師の指導のもと，それぞれの班のなかで協力しあいながら，薄茶色の模造紙を手でちぎって島の形をつくりました。その際の切れはしは，

島を浮き上がらせるために，台紙に貼り付ける際にその下へ入れ込んだり，小島や岩礁をつくったりすることに使われました。その後，児童たちは島の名前，セールス・ポイント，きまりを記入する用紙を配られ，班のなかでその内容について話し合いました。絵を描く作業中も，各班のおしゃべりは盛んでした。ある班はメンバーの一人が島にコンビニエンス・ストアを描いたことで盛り上がり，別の班は絵を描く場所をめぐってメンバーどうしが言い争っていました。画材はマーカーと折り紙で，多くの児童が作品の上に乗って制作をしていました。早く作品を完成させた児童のなかには，作品の上に寝て遊ぶ者もいました。授業終了およそ10分前に，教師から児童たちに作業をやめて，他の班の作品を見に行くように指示がありました。教師の言うことを聞かずに作業を続ける児童がいる一方，多くの児童たちは教室のなかを歩きまわっていました。教師より片付けの指示が出され，授業は終わりました。

図3-32, 33, 34　島　小学4年生によるもの

3-32　全体図

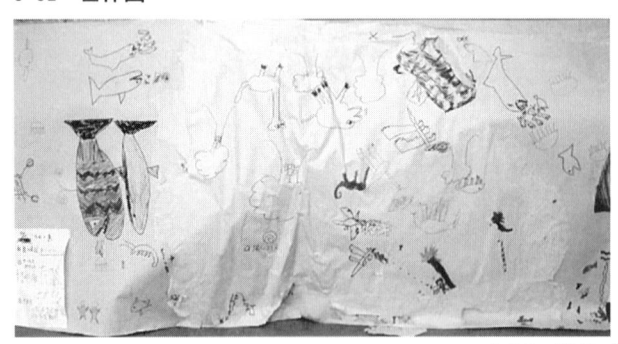

3-33　詳細部

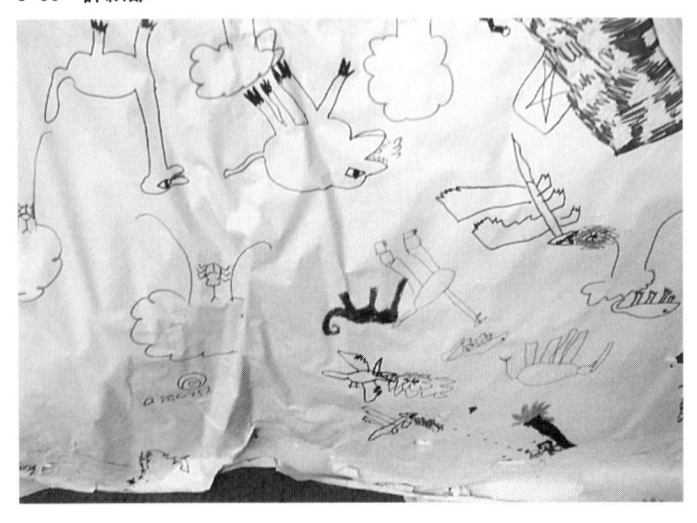

3-34　島の「宣言文」

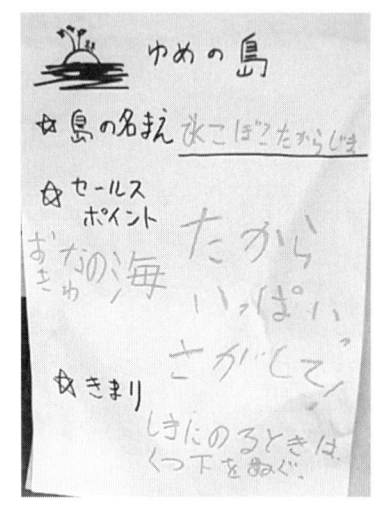

考察・評価

フラフープ絵画　授業後の振り返りで述べられた現場教師や児童による感想を参考に，教育における本アートワークの利点や問題を考えてみたいと思います。本

第1部　創造的アートセラピィの考え方・進め方

アートワークの教育的利点として、①他者との協力関係を構築する活動であること、②ビニールシートやフラフープなど、通常のアート授業で使われない画材が児童の創造性を刺激すること、③自分たちでフラフープのキャンバスを組み立てることは工作要素の楽しさや1からモノをつくるときの達成感を提供することが挙げられます。

①に関しては、児童たちのアンケートに「今までは自分の机でつくっていたけれど、今回の授業は2人でつくった」「となりの人と力をあわせてやる」などの感想が非常に多くありましたし、現場教師からも「非常に接近しながらも、お互いのパーソナル・スペースを保つという画期的な題材で互いに楽しみながら制作することができた」などの指摘がありました。②については、一面に花火の図柄、もう一面を黒く塗りつぶして背景をつくるなど、図と地の関係を利用して絵を仕上げたり、描いた絵がさまざまな果物であったことから、フラフープの輪を樹冠に見立て色画用紙で幹をつくって樹木にしたりした作品が見られました。その他の作品においても、ペアのひとりがキャンバスに向かって描くとき反対側にいるもうひとりが描くところを手で押さえて相手の作業を助けるなど、教師の指示に含まれていなかった制作の工夫や両者を合体させることを視野にいれた絵の構成などにおいて、工夫が見られました。③については、「フラフープを組み立てることが難しかった」「ビニールがうまく張れなかった」などの児童による感想があり、教師も「小学3年生にとって、円にビニールを張る作業が少々難しかった。適度な抵抗として受け止められる範囲だが……」と指摘していることに留意する必要があります。また児童から「いつもは大体組み立ててあったけれど、組み立てるところからやったほうが楽しい」「フラフープをつくるところからはじめたのでとてもわくわくした」などの感想がありました。

課題・注意点は、2人のペアがつくれず、3人のグループとなるところで、協力関係をつくることがより難しくなると思われること、広々とした環境を必要とすること、完成した作品について、クラス内でゆとりあるわかちあいをつくることなどでした。今回のアートワークに関しては、教育の場に導入する際に教師によるさまざまな工夫が見られました。療法的アートワークの説明にはペアはそれぞれペイントマーカーを一色だけ使う（作業過程の振り返りで自分と相手が描いたところをはっきりさせるため）と述べられていましたが、児童に対してさまざまな色の使用を許可した点、またペアを自由につくらせるのではなく、座席の隣同士である男女で組ませたことです。異性とペアを組むことに対して最初児童たちは不満の声を上げたが、お互いに向かいあい、盛んに意見を言いながら1つの作品を完成させており、アンケートのなかでも「楽しかった」「仲良くなれた」などのコメントが多くありました。

アートセラピィのアートワークとして、精神科病棟・デイケアのなどで使われていましたが、学校の児童たちに向けた実践を観察し、感じさせられたことは、児童たちの場合、その新しい材料・道具を使って、次々と遊びを考える点でした。ある児童はビニールが張られた

103

キャンバスを相手の頭にこすりつけ，静電気を起こして髪の毛を立たせたり，窓辺に持っていき，都会のビルが立ち並ぶ風景を作品のなかに取り入れたり，相手が絵を描くときに顔をビニールにこすりつけ，その感触を楽しんだりしていました。こうした創造的遊びは児童の精神的成長において大切にされなければなりません。

物語フィルム　小学校4年生はメンバー個人が描いて持ち寄った絵を並び替えてストーリーをつくることのできる十分な能力をもっていると思われます。クラス人数の関係上，5人になったところではストーリーづくりはやや難航していました。児童たちはイラストを画用紙に貼り付けて絵をつくること，グループで絵を並べてストーリーをつくること，双方において熱心に取り組んでいました。とりわけ，ストーリーづくりは子どもたちの活発な話し合いにより教室内がうるさくなりすぎる問題が生じたために，プレイルームに場所を移すことが検討されなければなりませんでした。子どもたちがつくったストーリーは，漫画のキャラクターや流行語が出てくるものや，おとぎ話やむかし話に似たものに混じって，いじめ，自殺，過度なダイエットなど現代の病理を反映する内容のものも見られました。本ワークを実践した現場教師は「死をもって終わりにする物語がいくつも見られた」と指摘しています。集団遊びの要素を含むワークは，内面を表現することの警戒心がうすれたり，無意識にある攻撃本能が出やすくなることにより，児童のもつ残虐性が明らかになりやすい面をもっています。授業中の，このような作品に対する指導について，教師の想いには葛藤があります。自由な表現に対する教育的指導は，児童の心を閉ざすことになりかねない一方で，公共の場で見せることによって作品は社会性をもち，道徳や規範に従う必要があるからです。大勢の児童を抱えるクラスの授業では，このようなテーマについて児童どうしの話し合いを設定することは困難でしょう。教育と療法では目的や扱われる内容が異なることに留意し，児童が抱える心理的問題への柔軟かつ適切な対応が求められます。

島　小学校2年生は，作品の上に乗っかりながら作品をつくっていました。制作中に終始おしゃべりは続き，「ここに描いて」「あそこに描いて」とお互いに指示を与え合う様子も見られました。島にコンビニエンス・ストアを描いたことで盛り上がるグループもありました。療法的アートワークを授業に導入するにあたって特筆すべき点は，現場教師の知恵と工夫が活用され，ワークそのものの良さが引き出された点です。グループで協力し合い，模造紙を数枚使って自分の身長よりもはるかに大きな作品を完成させるのは，つくる者に達成感を与えるだけでなく，日ごろのものの見方や尺度をかえる刺激的体験となります。アートセラピィから見てこのような体験は創造過程の促進にプラスと考えられます。図画工作の専任教師はこれらに加えて，身体性に着目した活動を展開しました。子どもたちを体育着に着替えさせ，裸足になってもらうことでより自由に運動できるようになりました。作品の上に乗れるようにするために，クレヨンを使わず，マーカーと色紙の切り貼りに変えました。島のカタチを切るときにはさみを使わず，手でちぎるように指導しました。これらによって，

第1部　創造的アートセラピィの考え方・進め方

児童は身体をより多く使って作品と関わり，それが表現にもあらわれていると思います。また，島のカタチにちぎったあとに余った紙片を台紙との間に入れ込むことで島を立体的な陸地に表現させる工夫も見られます。作業の振り返りノートのなかで児童たちは，「島の名前をきめたこと，話し合ったことが楽しかった」「手でちぎって島のカタチをつくるのがいつもと違っていた」「（作品づくりを通じて）仲良くなれた」などの感想を書いています。

教室のなかの療法的アートワーク　総論

　療法的アートワークは教師の知恵と工夫によって教育のなかで活用することが可能であり，児童に対して新しいタイプの授業を提供することができました。とりわけ，学校においては情操教育・創造性教育の面から，療法的アートワークが受け入れられやすいと思われます。また，田辺幸喜は創造性教育が人材育成の教育であるとともに心理療法との関連が深く，学校不適応の治療や予防になることを述べています[4]。事例で紹介された他者とのつながりやグループ協力をはぐくむワークは，児童の「机の上でひとりひとりつくっていたのと違って……」「いつもよりも大きな作品……」の言葉にあるように，個人で画用紙に絵を描くこととは違った，多くの楽しさや刺激を授業として与えることができました。療法的アートワークの作品には，小学校4年生（「物語フィルム」）の事例にあったように，児童の心理的葛藤や強い情緒的内容が反映されることがあります。

　今回の各事例から理解されることは，授業のなかのアートワークでは制作過程が重視されるいっぽう，制作過程や作品に対する感想をグループ内でわかちあうことがほとんどなかったことでした。これはグループ・セラピィと大きく異なる点です。気持ちのわかちあいは，教育と療法における原理の違いだけでなく，主導者ひとりに対する児童の数が多いことやそのための十分かつ安全な空間と時間の確保が難しいことなどを考えながら，慎重に検討する必要があるでしょう。教育分野における療法的アートワーク導入と発展を考える上での課題になっています。

　本活動の実践にあたっては，お茶の水女子大学附属小学校教諭の辰巳豊先生をはじめ，郡司明子先生，楠田玲子先生，また児童の皆さんからの御協力を得ました。心からのお礼を申し上げます。

3-4　企業研修分野での実践

> 　企業におけるアートセラピィは「セラピィ（療法）」の言葉にとらわれてなじみがないようです。しかしながら，創造性や能力開発をテーマにグループワークを企業の職員研修に取り入れるケースは増えつつあり，療法として開発された創作活動や技法を自己開発・職業訓練，メンタルヘルスの面から職業人を対象に試みる研究もたびたび報告されています。この節ではこのような企業研修分野における創造的アートセラピィの可能性について考えます。

◆　社会人勉強会のなかで……

グループ説明　産業カウンセリングの勉強会に集まる職業人を対象に創造的アートセラピィを実践し，自己開発をテーマにした企業研修のなかで有効なワークとなり得るかについて意見を出してもらいました。場所は都内の文化施設内にあるセミナー室。参加メンバーは5名で，年齢は40～70代。

活動目的　創造的アートセラピィで開発されたアートワークを企業研修の場で活用する方法を検討します。企業研修あるいは職業人グループに向けたアートワークの導入に関する研究は，わが国においてもいくつか見られます。青木智子は，社内研修におけるコラージュを用いたグループワークが，①自己表現，②職場・仕事に対する個々人の想いや考えを示す，③グループ文化の形成，④作成者が働く職場環境などを他者に伝達し，⑤理解を得ることの点において有益であることを主張しています[1]。また，荻原孝子は，ファンタジー・グループの手法のひとつであるフィンガー・ペインティングを，企業人に向けた集団カウンセリングへ導入したことを報告しています[2]。筆者は，この分野における，創造的アートセラピィで開発されたアートワークの活用について，以下の目的で可能性があると考えています。

表3-25　企業で療法的アートワークを活用する目的

・能力開発	・自己洞察　・自己／他者理解
・ひらめき（右脳活性化）	・チームづくり
・コミュニケーション・スキルの向上	・ストレス解消（または，マネージメント）
・感性豊かなアピール力	・癒し効果

第1部　創造的アートセラピィの考え方・進め方

アートワーク構想　アートワーク「たね袋」は，種とその成長した姿がテーマとなり，創造的イメージや比喩表現のなかに思わぬ自分自身を発見するワークです。種は潜在可能性のメタファーとして機能するため，クライアントの抱える理想と現実，目標とそのプロセスが投影されることが多くあります。自己開発に向けた創造的アートセラピィは洞察指向であるために，相応の意識・機能レベルが要求されます。メンバーはアートセラピィが初めてであるばかりでなく，アートワークそのものに不慣れでしたが，専門職や管理職の人々で高い認知力を有すると思われたために，このワークが選ばれました。

表3-26　アートワーク事例⑫　たね袋

> **利点**　種を題材にその特徴や育てかた，撒きどき，収穫どきについて考える。しばしば種を比喩にして言葉にされずにあった願いや目標，また現在の自分自身をどのように見ているかについて語られる。
>
> **注意点**　洞察指向のワークであるため，ある程度の認知レベルを必要とする。
>
> **制作方法**　市販されている種袋のパッケージを参考に印刷したデザイン二枚を貼り合わせて種袋をつくる。実在する植物，または想像上のもの，実らせたい・花を咲かせたい想いやねがいなどを自由に表現してよい。表側には種の成長した姿をイメージしたものを描き，裏面には「育てるもののとくちょう」「育てかた」「撒きどき／花どき・収穫どき」について言葉で記入する欄などがある。
>
> **可能な質問**　この種はどのようにして入手することが可能ですか？　この種をあげたい人はいますか？　種は何粒ぐらい入っていますか？　など。
>
> **発展・応用**　関連するワークとしてFile No.25「芽・発芽させたい想い」（P.130）などがある。

実践経過　アートワークの目的およびグループでの約束事がセラピスト（ここでは，インストラクターと名付けるべきか？）によって説明されたあと，メンバーにはクレヨンと種袋を模したテンプレートが配られました。制作の指示は「あなたがつくる，空想・創造上の植物（生き物）とはどんなものですか？　もしくは，あなた自身をある植物に例えるとしたら，どんな植物を選びますか？　袋には種が成長した姿の絵だけでなく，種の特徴，育てかた，蒔きどき／花・収穫どきを記入してみましょう」であり，それに対するメンバーの創作意欲は高く，「動くものでもよいのか」などいくつもの質問が出されました。

　制作に入ると，ニコニコ楽しそうにしながら絵を描くメンバーがいる一方で「難しいなあ」とつぶやきながら，考え込むメンバーもいました。描画に関してはセラピストの指導や援助を受ける者はいませんでした。およそ25分程度の時間内にメンバーは作品を完成させ，10分ほどの休憩を取ったのちにシェアリングを行ないました。グループははじめに制作作業について意見を述べ合いましたが，「着想がすんなり進んだために簡単にできた」「若い人のように想像することは私の年齢では難しい」など，さまざまな感想が出されました。作品は

グループの真ん中にあるテーブル上に置かれ，作品を紹介する順番はセラピストが決めることなく，先に説明したい人が優先されました。親和的な雰囲気のなか，それぞれの作品は他のメンバーからの質問や感想を多く集め，作品紹介は1時間ちかくに及びました。全員の作品紹介が終わると，作品をテーブル上に並べてそれぞれの作品の共通点や異なる点，セラピィの感想を話し合いました。メンバーの一人は「3人のメンバーが種の育て方のなかで，『風雨にさらす』とか『時に厳しく』『根気よく辛抱強く』と説明している点に，『暖かい方がよい。触ってあげましょう』と説明した自分との大きな違いを感じた」「作品のうちのいくつかは地面が描かれている」「幹の太さや色使いがそれぞれ異なっている」などの意見が出されました。また，「遊び感覚で取り組むことができた」「他の人々の作品や意見が参考になった」「自分はもともと内向的な性格だが，作品をつくって表現するやり方によって，気持ちが自由になれて，きちんと自己表現している自分が発見できた」など，セラピィ体験に関する感想が寄せられました。最後にセラピストはグループが経験した内容を振り返りながら，そのなかで得られた，メンバーそれぞれの気づきや発見をまとめ，セラピィは終了しま

図3-35, 36, 37, 38, 39, 40　社会人メンバーによる作品　自分で想像した植物の「たね袋」

3-35　たね袋の表

3-37

3-38

3-36　たね袋の裏

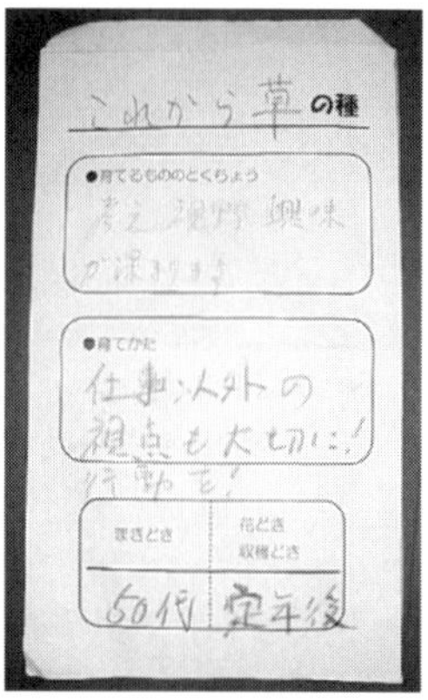

3-39

3-40

した。

考察・評価　セラピィを体験したメンバーは，企業研修の場で創造的アートセラピィ活動を取り入れる場合の利点や難点に関するアンケートのなかで以下のような回答を寄せています。

メンバーA（男性60代　事務・管理職）
　利点：「日常ではない発想，視点が生まれる。」
　難点：「研修部門に効果を認識させるため，プレゼン資料を整理する必要がある。」

メンバーB（女性60代　看護師・保育園副園長）
　利点：「自分発見につながる。」
　難点：「参加人数が多いと大変である。しかし，全体でやって何人かだけ代表を取り上げ，参加者から意見を聞くやり方もあるかもしれない。」

メンバーC（女性50代　金融関係　人事課推進役　看護師）
　利点：「いつでも，どこでも，誰でも，どのような性格・性向など人を選ばずにできる。」
　難点：「少し時間がかかる。このような事をして『成果が出るのか』という声が生まれそう。」

メンバーD（男性70代　元職業安定所カウンセラー　家庭裁判所調停員）
　利点：「話す時間を充分取ると，自分も他人も理解できる。」
　難点：「色鉛筆が多くいる。絵の上手・下手が気になる。」

メンバーE（男性40代　出版関係　就職支援カウンセラー）
　利点：「ファシリテイターが楽しい雰囲気をつくることにより，遊び感覚でワークに参加できる。」
　難点：「『絵を描いてください』の言葉表現では，拒否する参加者がいるかもしれない。『想像でかまわないので新商品の種を開発してください』のほうが取りかかりやすいように思われる。」

　アンケート内容から，企業研修における創造的アートセラピィの活用に関しては，体験した職業人それぞれが異なった視点で利点や難点を指摘していることがわかりました。このことから，採用する企業の職場環境や研修目的などに合わせる柔軟性を求められることが理解できます。また難点として挙げられている，創造的アートセラピィが効果的なグループワークであることを理解されにくい点や，絵を描くことに苦手意識をもつ人々への配慮が必要となる点は，他の臨床分野にも共通する課題であり，その実践者にはアートワークの目的，方法，効果に関するわかりやすい説明を用意し，セラピィに対する先入観をなくしていくための努力が求められています。

第 2 部
創造的アートセラピィのアートワーク

アートワーク・ファイルの使い方に関する説明

　このファイルには，およそ6年間の臨床活動のなかで実際に用いられた100のアートワークが収められています。筆者がデザインしたオリジナルのアートワーク，文献で紹介されているアートワーク，それを応用してデザインされたもの，授業等で知り得たアートワークで，文献や作者がわからないもの（出典不明）も含まれています。アートワークの出典データは，ファイルの右上に記載してあります。文献・作者名の明記してあるものに関しては，巻末をご参照ください。

使用方法

　これらの療法的アートアークを自分が受けもつグループに取り入れたい方は，まずはP.41の「アートワークを選ぶ」をお読みください。セラピィの目的やグループのレベル，メンバーの人数や経験の度合が，アートワークを選ぶ際の考慮すべき点となります。ファイルは，セラピィの目的やアートワークの種類によってA～Gに分類され，さらにその内容によって合計18の項目があります。レベル（初級～上級）は，収録されたアートワーク全体から見た相対的な難易度であり，認知・機能面あるいは経験数によって判定されるものではありません。それぞれの項目内容およびグループへの適性を簡略に記しておきます。

A　簡単・やさしいアートワーク　感情表現のためのアートワーク

簡単・やさしいアートワーク　ウォーミング・アップで使える。短い時間で作品をつくることができ，簡単。セラピィ初参加者，不慣れなメンバーが多いときに使える。

感情表現のためのアートワーク　感情の発散と癒しの効果が得られる。高い認知レベルは必要ないが，心理的安全の得られるセラピィ空間がとりわけ重要となる。

B　想いを表現する

望みや願いを表現するアートワーク　実現困難な夢であってもそれを表現し，グループから共感が得られる。中級レベルで経験者向き。

エナジーと可能性に目を向けるアートワーク　自己の将来性や潜在能力に目を向けたワーク。やや高い認知レベル・理解力が求められる。上級者向き。

個人の生活環境や視点をテーマにしたアートワーク　普段あまり口にされない，その人の見方や価値観が表現されるワーク。中級レベルで経験者向き。

C　創作過程におけるセラピィ

想像と創造へのチャレンジを目的にしたアートワーク　ユニークな材料との関わりを含め，制作行為やその過程に療法の価値が置かれるワーク。自己内面の暴露を警戒するクライアントに向いている。初級〜上級者向き。

実験性・ハプニングを体験するアートワーク　実験を体験し，期待や満足，不満を言えるようになり，それらを受け入れてもらえるグループ体験は，他者に対する信頼をつくり，新しい環境への適応につながる。アートワークそのものから，刺激が得られる。初級〜上級者向き。

身体イメージを取り入れたアートワーク　身体イメージの回復などの療法効果が得られる。初心者にも，比較的受け入れられやすい。初級〜上級者向き。

D　自分を見つめる

自己の多面性を見つめるアートワーク　自分自身について多面的に洞察を促すワーク。自己開示が求められる。高い認知レベルが必要で上級者向き。

自己表現と洞察のアートワーク　自分を見つめ，表現することを目的に，多種多様な制作主題や材料を用いたワーク。中級〜上級者向き。

葛藤や二面性を見つめるアートワーク　こころのなかに同時に抱える2つ以上の想いをテーマにしている。比較的高い認知レベルが必要で上級者向き。

集団・対人関係を見つめるアートワーク　集団のなかでの役割や他者との関わりについて抱えている想いがテーマ。中級〜上級者向き。

E　こころとこころのふれあいづくり

いたわりと励まし，こころのふれあうアートワーク　こころのやりとり，思いやりをつくるワークであり，グループの凝集性（まとまり）をつくることができる。中級〜上級者向き。

ペアでつくるアートワーク　グループの誰かとペアをつくり，交流するワーク。言葉以外のコミュニケーション手段を提供する。初心者でも楽しく作業できる。

F　グループ活動

信頼と協力について理解を深めるアートワーク　グループでひとつの作品をつくる体験を通じて，グループが形成し，発展していくために必要な信頼と協力，役割分担について理解を深めることができる。グループ制作の達成感が得られる。初級〜上級者向きで，メンバー間の認知レベルの差もカバーさせやすい。

グループのなかの自分と他者を知るアートワーク　グループ作業でありながら，個人がより強調されるワーク。メンバーの個性を受け入れるグループのあり方が理解される。中級〜上級者向き。

G ゲーム・ロールプレイ・パフォーマンス

ゲームを取り入れたアートワーク メンバーどうしの活発な交流をつくり，関心・集中力を高める。マンネリ化・停滞したグループによい。初級〜上級者向き。

ロールプレイやパフォーマンスを取り入れたアートワーク 即興のセリフや演技，ジェスチャーなどにより，刺激の多いワーク。グループワークに慣れていないメンバーは即興・人前でのパフォーマンスに困難を感じると思われる。中級〜上級者向き。

アートワークを選定するにあたっては，次の留意点においてふさわしいかどうかを検討します。

- 物理的条件（メンバーの数，時間，場所，スペースの広さ）
- メンバーの意識機能レベル
- メンバーのアートセラピィ経験回数，慣れの程度
- グループのセラピィ目標
- 過去に行なったアートワークの内容（マンネリ化していないか？）

例1）　地域交流センターの研修室で行なわれた「一般者向けアートセラピィ体験ワークショップ」（参加者12名）の場合。目的はグループ・アートセラピィの体験的理解。ほとんどが初心者であること，また物理的条件（会議テーブルしかなく，あまり部屋を汚すことができない。画材調達が難しい，など）を考慮し，150分（休憩15分）のうち，最初のウォーミング・アップ（40分）のアートワークとして「視覚会話法」，そのあとに「気持ちのメニュー」（95分）を行なった。

例2）　精神科デイケアで行なわれている「癒しのグループワーク」プログラム（90分）。メンバー数は14名前後。メンバーは継続的にプログラムに参加し，デイケア・ルーム内で，アロマセラピーやヨガなどの多種多様な活動を行なっている。この日は，癒しをテーマにしたアートワークの体験を目的に，「曼荼羅アート」を行なった。

例3）　自己啓発を目的とした「気づきのワークショップ」3回目。メンバー数12名。グループ交流と役割分析がテーマ。スタジオを利用し，クレヨンと水彩絵の具を用いながら，3グループに分かれて「身体イメージ・アート」を行なった。

また，必ず，グループ・リーダー（セラピスト）自身が前もって，作品を制作してみること。その際にノートを用意し，制作上の注意点や作品に関して訊くことが可能な質問などをメモしておくとよいでしょう。また，グループの種類やセラピィの目的によっては，このときにつくられた作品をメンバーに対して見せることがあるかもしれません。

第 2 部　創造的アートセラピィのアートワーク

アートワーク　目的別インデックス

■ は，重複するもの。番号は File No.

A　簡単・やさしいアートワーク　感情表現のためのアートワーク

簡単・やさしいアートワーク

1	絵あわせ	5	好き・嫌い・ひと言	9	手のひら樹木
2	時計	6	手足	10	曼荼羅アート
3	葉っぱ	7	環境づくり	11	粘土なぐり描き法
4	カタチ変えピクチャー	8	ガラス玉アート	事例④	回想切抜きえらび（P.79）

感情表現のためのアートワーク

12	さまざまな感情表現	事例⑤	表情（P.84）	87	気持ち当てゲーム
13	音楽イメージ	事例⑥	気持ちのメニュー（P.85）	89	曲イメージ当てクイズ
事例①	喜怒哀楽坊主（P.64）	5	好き・嫌い・ひと言	92	双子ゲーム

B　想いを表現する

望みや願いを表現するアートワーク

14	新年のたまご	18	魔法のランプ	22	つくり変えマシン
15	チケット	19	羽	23	自分にあげたいもの
16	ピロー・セラピィ	20	ホップ・ステップ・ジャンプ		
17	魔法の杖	21	思いどおりの穴		

エナジーと可能性に目を向けるアートワーク

24	こころの栄養ドリンク	26	潜在可能性	28	ホットケーキ
25	芽・発芽させたい想い	27	こころの栄養に満ちた人	事例⑫	たね袋（P.107）

個人の生活環境や視点をテーマにしたアートワーク

29	冬眠生活	35	シール	41	フォーカス・シート
30	HOW MUCH？	36	パンフレット	2	時計
31	日常イメージ	37	宝物自慢	7	環境づくり
32	リュックサックをもって	38	分別すると	6	手足
33	イスと空間	39	山登り	21	思いどおりの穴
34	ひとみ	40	本づくり	22	つくり変えマシン

C　創作過程におけるセラピィ

想像と創造へのチャレンジを目的にしたアートワーク

42	カタチへのチャレンジ	46	紙コップ・紙皿アート	8	ガラス玉アート
43	名画へのチャレンジ	47	リサイクル・アート	10	曼荼羅アート
44	紙の上に乗って	3	葉っぱ	11	粘土なぐり描き法
45	樹木画	4	カタチ変えピクチャー	事例⑦	紙皿ステンドグラス（P.89）

実験性・ハプニングを体験するアートワーク

48	粘土モノプリント	50	鉛筆版画	28	ホットケーキ
49	チョウチョ	51	スライド・アート		

身体イメージを取り入れたアートワーク

52	身体イメージ壁画	54	フォト・セラピィ	9	手のひら樹木
53	手袋・手形アート	6	手足		

D 自分を見つめる

自己の多面性を見つめるアートワーク

55 ボックス・コラージュ	57 仮面	59 相手の好きなもの
56 自己表現カメラ	58 自分史	60 隠喩的肖像画

自己表現と洞察のアートワーク

61 弁当箱アート	64 自分の○○○	53 手袋・手形アート
62 電化製品	65 私の事件・出来事	54 フォト・セラピィ
63 （心のなかの）子ども	23 自分にあげたいもの	

葛藤や二面性を見つめるアートワーク

66 こころのなかの2つのもの	68 天びん	70 閉じ込めたいもの
67 2つの世界	69 理想と現実	

集団・対人関係を見つめるアートワーク

71 5人の世界	72 出逢い	事例③ お互いの想い（P.75）

E こころとこころのふれあいづくり

いたわりと励まし，こころのふれあうアートワーク

73 エネルギー交換	75 今後の抱負・プレゼント	
74 励ましレター	76 トレーニング	

ペアでつくるアートワーク

77 ウェルカム・プレート	事例⑧ 視覚会話法（P.92）	事例⑨ フラフープ絵画（P.97）

F グループ活動

信頼と協力について理解を深めるアートワーク

78 ぐるぐる絵画	81 工房	52 身体イメージ壁画
79 カーテン幕	事例⑩ 物語フィルム（P.98）	
80 制作キット	事例⑪ 島（P.99）	

グループのなかの自分と他者を知るアートワーク

82 世界にひとつだけの花	84 絵の物語を読む	86 航海
83 たんぽぽ	85 ドーナッツ絵画	

G ゲーム・ロールプレイ・パフォーマンス

ゲームを取り入れたアートワーク

87 気持ち当てゲーム	90 ビンゴ・ゲーム	84 絵の物語を読む
88 カタチ変えゲーム	91 すごろく	
89 曲イメージ当てクイズ	92 双子ゲーム	

ロールプレイやパフォーマンスを取り入れたアートワーク

93 粘土ロールプレイ	96 パフォーマンス視覚会話	99 紙袋パペット
94 吹き出しアート	97 店	100 パーティ
95 ストレス君	98 コスチューム	事例② デイケア通貨（P.70）

第2部　創造的アートセラピィのアートワーク

Ａ　簡単・やさしいアートワーク　感情表現のためのアートワーク

簡単・やさしいアートワーク					
1	絵あわせ	5	好き・嫌い・ひと言	9	手のひら樹木
2	時計	6	手足	10	曼荼羅アート
3	葉っぱ	7	環境づくり	11	粘土なぐり描き法
4	カタチ変えピクチャー	8	ガラス玉アート	事例④	回想切抜きえらび（P.79）

感情表現のためのアートワーク					
12	さまざまな感情表現	事例⑤	表情（P.84）	87	気持ち当てゲーム
13	音楽イメージ	事例⑥	気持ちのメニュー（P.85）	89	曲イメージ当てクイズ
事例①	喜怒哀楽坊主（P.64）	5	好き・嫌い・ひと言	92	双子ゲーム

　簡単・やさしいアートワークは，テーマ理解・制作スキルの面で比較的容易であり，またワークそのものを短時間にすることが可能です。そのために1セッションのうちに2つ以上のワークを導入する場合，ウォーミング・アップと位置づけて利用することができます。

　感情表現のためのアートワークは，アートを用いた，視覚的あるいは非言語的手段の提供により，クライアントに対して，否定的あるいは肯定的感情の表現と解放の機会を提供します。グループの性質・種類・レベルに応じて，個人制作，グループ共同制作，ゲームの形式で導入することが可能です。絵の具は，感情表現向きの画材であると言われています。

File No.1　タイトル：**絵あわせ**　　　　　　　　　　　　　　　　　　　　　　　　　オリジナル

	利点　作業が簡単なためにアート活動に慣れる目的で利用できる。また，グループ間の交流をつくることができる。
	注意点　はじめに描くなぐりがきの線は，折り曲げた画用紙の両側に対して，大きく描くこと。そのときにクライアントの描く線やカタチが，単なる幾何学的な図形やあまりに複雑・混乱したものにならないようにするために，作例を見せることもできる。

制作方法　八つ切りの画用紙を二つに折り，裏面の左右にイニシャルを書き込む。表には黒のクレヨンで大きくなぐりがきの線を描く。そのとき，線は一本であること。また折り曲げ線の左右にまたがっているようにする。折り曲げ線に従って画用紙を二つに切り，そのうち一枚をグループで集め，それらをかき混ぜて他のメンバーに配る。黒以外のクレヨンで2枚のカードに絵を描き，お互いのカードをあわせる。

可能な質問　自分が描いたものと他者が描いたものを合わせて見たときの感想はいかがですか？　合作に題名をつけるとしたら何ですか？（描いた者二人で相談して決めるようにする）

発展・応用　画用紙のほかに色のついた紙粘土を用いる。この場合，袋から取り出した紙粘土を2等分し，一方のかたまりを無作為のカタチに仕上げる（幾何学的なカタチでないほうがおもしろい）。それらが他のメンバーにわたるようにし，受け取ったメンバーはそのカタチをできるだけ生かすようにして，残りの自分の粘土を使いながら作品をつくる（File No.11「粘土なぐりがき法」参照）。

File No. 2　タイトル：**時計**　　　　　　　　　　　　　　　　　　　　　　　　　　　　　　オリジナル

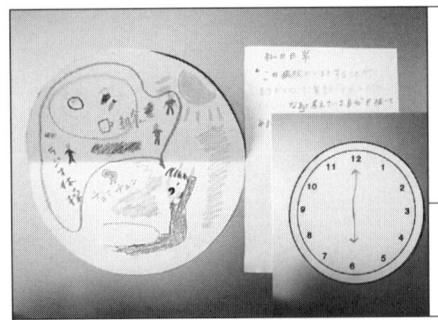

利点	お金と同様，時間は私たち誰もが日常的に関わりのあるテーマであり，対象者にとっても発想が浮かびやすいと思われる。時計の針が指し示す時間から描かれた絵を当てるクイズをつくることができる。クライアントの生活上の悩みや不安，楽しみとしている活動などが絵の内容に含まれる。
注意点	発想の乏しいクライアントのなかにこの制作テーマを難しいと感じる人がいる。

制作方法　円形の時計盤を作成し，コピーしたものを同型の画用紙に貼り付ける（この際，セラピストに時間と労力に余裕があれば円形画用紙2枚を半分だけのり付けして貼り合わし，画用紙がめくれるようにつくる）。このような療材（テンプレート）を使って，クライアントは時計盤に針を描きこみ，その時刻についてイメージする事がらをクレヨンや色鉛筆で表現する。

可能な質問　作品に描かれた時間は一日（または日常生活）のなかでどのような時間ですか？　この時間をもつときのあなた自身（または描かれた作中の人物）の気持ち・気分はどんなでしょうか？

発展・応用　模造紙に大きな時計を描き，メンバーそれぞれが異なった色の針で時刻を指定する（または，時刻を数字で記入する）。メンバーそれぞれが画用紙にその時刻から連想するイメージを描く。または時刻を他のメンバーに決めてもらって描く形式にすることでゲーム的な広がり，グループ交流をつくることができる。

File No. 3　タイトル：**葉っぱ**　　　　　　　　　　　　　　　　　　　　　　　　　　　　　オリジナル

利点	あらかじめ画用紙に描かれた葉っぱの型を用いて，自由に作品を制作する。型は認知・機能レベルや環境適応性に問題を抱える患者には比較的混乱少なく描画することを手助けし，また知的かつ意欲的な患者には，創造性に富んだ制作へのチャレンジとなる。
注意点	前もって描きたい・表現したい内容をもったクライアントの場合，決まった型を用いた制作に欲求不満を感じるかもしれない。

制作方法　あらかじめ，葉のカタチを印刷した画用紙を配り，印刷部分またはそのまわりの余白部分にクレヨンや色鉛筆を用いて自由に作成する。独創的なクライアントの場合，葉以外の題材がもちこまれることもあるが，それでもかまわない。

可能な質問　（葉っぱを描いた人に対して）どんな葉っぱですか？　その葉っぱを見ながら，どのような気持ちや気分を感じますか？　など。

発展・応用　型を設けずに，「葉っぱを描いてください」の指示のもとに絵を制作する。また紙粘土を用いた立体的な作品制作などが考えられる。

第2部　創造的アートセラピィのアートワーク

File No. 4　タイトル：**カタチ変えピクチャー**　　「なぐり描きゲーム」（Winnicott 1971）応用

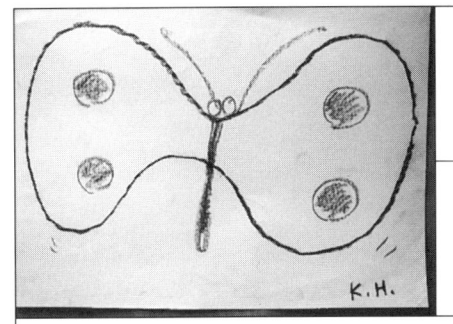

	利点　他者が描いた線や形を使って絵を描くことにより，非言語コミュニケーションが促進される。また描画を苦手とするクライアントに対しても比較的容易な作品制作である。
	注意点　クライアントによっては，制作内容が制限され，自分の描きたいものが描けないと感じるかもしれない。

制作方法　黒のクレヨンを用いて，画用紙に無作為の線やカタチを描く（その際に円や星型など幾何学的図形やあまりに複雑な形態は好ましくないことを伝える）。イニシャルをつけてもらい，グループで回収したのちに，他のメンバーに配られる。他者の描いた線や形に対して，黒以外のクレヨンを使って作品をつくる。

可能な質問　自分の絵のなかに面白いところ，自分の描いた絵としては意外と感じるところはありますか？　同様に，他のメンバーの絵に面白いところや意外性はありますか？

発展・応用　画用紙の代わりにコピー用紙を用いて，最初に描かれた線やカタチを上からなぞったものをつくることで，描いた側と受け取る側の双方が同じ線やカタチから絵をつくることができる。

File No. 5　タイトル：**好き・嫌い・ひと言**　「マガジン・フォト・コラージュ」（Landgarten 1993）応用

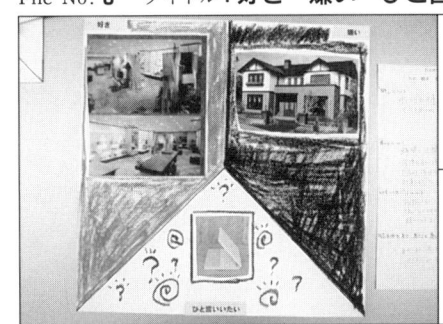

	利点　切抜き選びが制作の主となるため，絵を描くことを全く苦手としている人やアートセラピィを初めて受ける人でも容易に受け入れられる。
	注意点　切抜きの大きさが概ね小さいため，多数のグループ内で作品を紹介するときに工夫を要する。その際OHPやデジタルカメラなどが使用できる。

制作方法　雑誌・広告などから「好きなもの・ところ」「嫌いなもの・ところ」「ひと言いいたいもの・ところ」をテーマにイメージを選ぶ（時間に配慮して，セラピストがあらかじめイメージの切抜きを集めておくのもよい）。三枚の用紙，あるいは一枚の画用紙に貼り付ける。余裕があれば，それらイメージを用いて，クレヨンで作品をつくることもできる。

可能な質問　「好き・嫌い・ひと言いいたい」3つのカテゴリー内で共通するものや関連している事柄はありますか？

発展・応用　このワークをさまざまなコラージュ制作や切抜きを用いた絵画制作の導入（ウォーミング・アップ）として用いることができる。

File No. 6　タイトル：**手足**　　　　　　　　　　　　　　　　　　　　　　　　　　　オリジナル

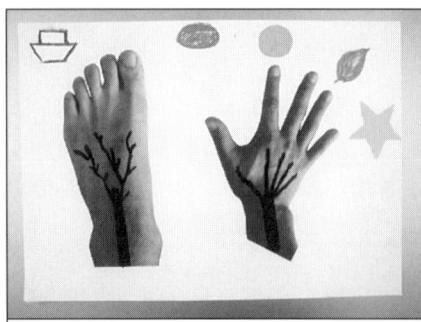

利点	さまざまな手足のポーズをデジタルカメラでとり，プリントしたものを作品のなかに取り入れる。手足のイメージが画用紙に入ることで，イメージが想起しやすくなる。
注意点	手足の写真をプリント，コピーする際，拡大・縮小させることで数種のサイズを用意しておくとよい。また環境適応性の障害により，使い慣れない材料に混乱しやすいクライアントにはポーズの数を限定する必要がある。

制作方法　あらかじめ，デジタルカメラで手足の部分，数種類のポーズをつけたものなどを撮影・印刷したものを用意しておく。同じポーズでも大小の大きさを用意すると使いやすいが，あまりに種類が多いと混乱の要因となる。クライアントはそれらを材料にして自由に制作する。

可能な質問　作品のなかの手足はどんなことをする（できる）手足ですか？　これらの手足へ向けて言葉をかけるとしたら，それはどんな言葉ですか？

発展・応用　ポラロイドを使って撮ったクライアント自身の手足を作品に取り入れることもできる。File No.54「フォト・セラピィ」参照。

File No. 7　タイトル：**環境づくり**　　　　　　　　　　　　　　　　　　　　　　　　オリジナル

利点	白紙を渡されて自由に描くように指示されたときになかなか描き出せない，または描けない患者にとって，すでにあるものから付け加えて描きはじめることの方が障害となりにくい。
注意点	紙面に描かれている人物の大きさ・位置・ポーズによって制限を受けている，描けないなどの問題を抱えるクライアントがいるかもしれない。

制作方法　あらかじめ，人型が印刷された画用紙を用いて，その人の周辺・背景をクレヨンや色鉛筆などを使って描くことで作品をつくる。人型を大きくし，表情を書き込むように指示することもできる。

可能な質問　紙面の人物は何をしていますか？　どんな気持ちでいますか？　彼（もしくは彼女）に話しかけるとしたら，それはどんな言葉ですか？

発展・応用　人物の代わりに家を使うこともできる。グループで行なう場合，人により発想がさまざまであることを知ることができて，興味深い。

第2部　創造的アートセラピィのアートワーク

File No. 8　　タイトル：**ガラス玉アート**　　　　　　　　　　　　　　　　　　　　　　　　オリジナル

利点	くつろぎやリラックスを高めることのできる制作である。ヒーリング音楽やラベンダーのアロマオイルを併用するとよい。絵を描くことに苦手意識をもつ対象者にも受け入れられやすい。お盆（トレー）は心理的な守りを与え，対象者を安心させる。
注意点	作品をそのまま残すことが困難であり，記録には写真を用いる。

制作方法	ガラス石，ビー玉は100円ショップの観賞魚用品コーナーなどで安く購入することができる。ヒーリング音楽をBGMにして，ガラス石や玉，折り紙などをトレーの上にアレンジして作品をつくる。デジタルフォト・プロジェクターを用いると，デジタルカメラで撮影したものをテレビ画面に映すことも可能である。
可能な質問	制作しているときの気分はどうでしたか？　出来上がった図柄や模様には，どんな特徴がありますか？
発展・応用	リラクゼーションを高めるための呼吸法を紹介したり，ハーブティによるお茶タイムを取り入れたりして，通常のセラピィの時間にはない演出をすることができる。リラックスする時間・方法やストレス解消法をテーマにグループ内で話し合う機会をつくる。

File No. 9　　タイトル：**手のひら樹木**　　　　　　　　　　　　　　　　　　　　　　出典：Liebmann（1986）

利点	手のひらの輪郭を利用することで，簡単かつ抵抗感少なく，作品を仕上げることができる。自由画における樹木はクライアント自身を象徴することが多く，バウムテスト・HTPテストなどの心理検査における解釈が部分的に参照できるかもしれない。
注意点	両手を用いるために身体的障害を抱えるクライアントに対して配慮を必要とする。
制作方法	四つ切りの画用紙に手のひらを置き，利き手をつかってクレヨンで手の輪郭を写す。それを幹や枝にしながら，樹木を題材にクレヨンで描く。

可能な質問	どんな種類の木ですか？　樹齢何年ぐらいでしょうか？　どこにありますか？　この木は何を必要としていますか？　この木を見て思うこと・感じること，話しかける言葉はありますか？
発展・応用	「グループ樹木画」：手のひらをつかって樹木を作成し，それらの作品はデジタルカメラで撮影しておく。つぎに，グループ内でお互いの作品を回しあいながら，他のメンバーの描いた樹木にクレヨンで描き込んでいく。「他の人の描いた手のひら樹木の絵に，小さなプレゼントだと思って，ちょっとしたものを描き込みましょう」などの言葉による提案がよい。出来上がった作品は，グループ内で回される前の作品と比較してみる。

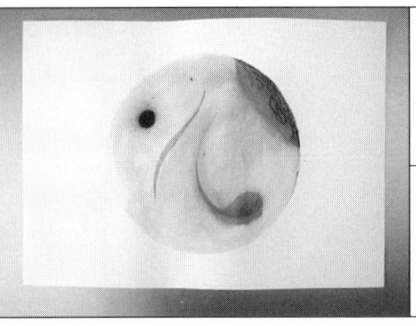

File No.10　タイトル：**曼荼羅アート**　　　　　　　　　　　　　　　　　　　　　　　　　出典不明

利点	曼荼羅（完全なる円）のなかに，水性マーカーで模様を描き，水をつけた筆を用いてぼやかす。簡単な手法により，幻想的なイメージをつくることが可能である。また作業そのものに制作者をリラックスさせる効果がある。
注意点	円からはみ出ずに彩色することが大切。活動過剰や躁状態のためにそれが困難な患者には向かないかもしれない。水性マーカーのなかには水に対して滲みにくいものがある。

制作方法　水彩画用紙の上にコンパスで円を描き，そのなかに水性マーカーで模様を描く。のちに滲ませることを考えて，模様は濃く描くこと，また模様のあいだはすき間をあけておくなどがコツである。筆に水をつけ，マーカーの色を余白に広げるようにして作品を仕上げる。

可能な質問　制作している（マーカーでデザインを描いている・筆をつかってぼやかしている）とき，どんな気持ちがしましたか？　出来上がった図柄や模様を見て，気づくこと，発見することはありますか？

発展・応用　水性マーカーの代わりに水溶性のクレヨンや色鉛筆などを使うことも可能である。

File No.11　タイトル：**粘土なぐり描き法**　　　　　　　　　　　　「なぐり描き法」Naumburg（1995）の応用

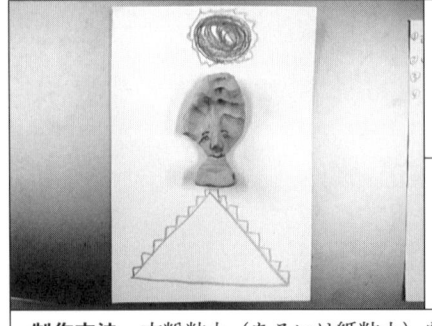

利点	ナウムブルグが考案した「なぐり描き法」を粘土に応用したもの。白紙よりもなぐり描き線をもとに進めていく方が制作しやすいのと同様に，意図せずにつくられた粘土の形態からの創作は，取り組みやすい。
注意点	クライアントによっては制約に対して否定的で，表現領域が限定されていると感じるかもしれない。

制作方法　木粉粘土（あるいは紙粘土）を用いる。粘土をもみほぐしながら材料を手になじませる。その過程でセラピストはストップをかけ，クライアントに次のような提案をする：「粘土をいろいろな方向から眺めてみてください。もしこのカタチから思いつくものがあれば，なるべくそのカタチを変えずに作品をつくってみませんか？　もし，どうしても思いつかなければもう一度無作為にカタチをつくり，同様に試してみてください」。粘土は付け足し可能で，へらや割り箸，楊枝などが道具となる。

可能な質問　作品のなかに，面白いところや珍しいところ，自分がつくるものとしては意外であると感じられるところはありますか？

発展・応用　File No.4「カタチ変えピクチャー」と同様，グループメンバー間で粘土を交換することにより，他者交流を促進させることができる。

第2部　創造的アートセラピィのアートワーク

File No.12　タイトル：**さまざまな感情表現**　　　　　　　　　　　　　　　　　　　　　　オリジナル

	利点　描画によるクライアントの感情表現を促すアートワーク。感情のさまざまな種類について意見を出し合いながら、表現することにより、感情に対する理解を深めることができる。
	注意点　目に見えないもの・抽象的なものをテーマに描画することに対して混乱するクライアントがいるかもしれない。

制作方法　制作前のウォーミング・アップとして、グループ内で感情をあらわす単語を出しあい、黒板に記録する。そのうちのひとつを絵のテーマとして選ぶ。感情をテーマに絵を描く方法には次の3つがある。①その感情を色やカタチのイメージで表現する　②その感情をひきおこすモノや人、出来事を描く　③その感情に関連して思うこと、感じることを描く。　画材にはクレヨンや絵の具が使われる。

可能な質問　作品をあらためて見つめるなかで気づきや発見はありますか？　作品の表現がどのように変化するとよいと考えますか？

発展・応用　感情を主題にした制作には、他にアートワーク事例⑥「気持ちのメニュー」、(表3-15 P.85) File No.87「気持ち当てゲーム」などがある。

File No.13　タイトル：**音楽イメージ**　　　　　　　　　　　　　　　　　　　　　　　　出典不明

	利点　同じ音楽をグループ内で聴き、そのイメージを絵で表現するなかで、自己の内的世界に対する洞察が深まり、感性や想像性に見られる「自分らしさ」に気づくことができる。
	注意点　曲のイメージがテーマであるため、イメージが何も思い浮かばず絵が描けない、または好きな題材が描けなかったことに不満をもつクライアントがいるかもしれない。

制作方法　楽しい感じの曲や淋しそうな感じの曲など異なった3種類の曲（あるいは一曲のうちにさまざまなリズムやムード、テンポをふくむもの）を制作前に聴く。曲を聴きながら思い浮かべたもの、あるいはその曲のイメージを色やカタチで表現したものをクレヨン・絵の具などで表現する。

可能な質問　曲の全体、それともどの部分のイメージを表現してみましたか？　そのイメージにはどんな気持ちをもちましたか？　絵のどんなところに自分らしさを感じますか？

発展・応用　File No.89「曲イメージ当てクイズ」：さまざまな曲のイメージを絵にしてもらい、グループ内でその絵がどの曲を描いたものであるかを当てるゲーム。その際は個人によるゲームのみならず、グループ内にチームをいくつかつくり、対抗させることも可能である。

B 想いを表現する

望みや願いを表現するアートワーク		
14 新年のたまご	18 魔法のランプ	22 つくり変えマシン
15 チケット	19 羽	23 自分にあげたいもの
16 ピロー・セラピィ	20 ホップ・ステップ・ジャンプ	
17 魔法の杖	21 思いどおりの穴	

エナジーと可能性に目を向けるアートワーク		
24 こころの栄養ドリンク	26 潜在可能性	28 ホットケーキ
25 芽・発芽させたい想い	27 こころの栄養に満ちた人	事例⑫ たね袋（P.107）

個人の生活環境や視点をテーマにしたアートワーク		
29 冬眠生活	35 シール	41 フォーカス・シート
30 HOW MUCH?	36 パンフレット	2 時計
31 日常イメージ	37 宝物自慢	7 環境づくり
32 リュックサックをもって	38 分別すると	6 手足
33 イスと空間	39 山登り	21 思いどおりの穴
34 ひとみ	40 本づくり	22 つくり変えマシン

　望みや願いを表現するアートワークは，魔法・夢・思い通りにつくり変えてくれるマシンなどのテーマを通じて，クライアントが願望や希望を表現することを可能にするワークです。「新年のたまご」「羽」は粘土を用いたワーク，「チケット」ではパステルを使用します。「魔法の杖」は工作の要素を含み，制作そのものが楽しめるワークです。「魔法のランプ」「つくり変えマシン」はグループの注意や関心をひきつけるサプライズ装置のある仕掛けワークです。

　エナジーと可能性に目を向けるアートワークは，元気や潜在能力に目を向けさせるワークです。「こころの栄養ドリンク」「こころの栄養に満ちた人」はクライアントに自分にとってのエナジー（元気）のもとについて洞察・再認識する機会を提供します。「たね袋」「芽・発芽させたい想い」「潜在可能性」は，いま現在使われていない能力・可能性がテーマになっており，自己洞察とともに，抱え込んでいる悩みや感情についてもグループ内で想いをわかちあうことができます。

　個人の生活環境や視点をテーマにしたアートワークは，グループメンバーが日常生活に関して共有できる事柄をテーマにしたもの。「HOW MUCH?」「時計」はお金・時間など誰にとっても生活の基本にある事がらであり，考えや想いが浮かびやすい。「シール」「山登り」は目標やそれに向けた行動・努力に対する想いをグループ内で共有することができます。「ひとみ」「分別すると」「フォーカス・シート」は，クライアントのものの見方，グループに導入する場合，メンバーがそれぞれの視点の共通，相違を理解することができます。「冬眠生活」「日常イメージ」「イスと空間」「環境づくり」は環境・生活空間をテーマにしたもの。「パンフレット」ではしばしば好きな場所，施設で利用したいサービスなどが表現されます。

第 2 部　創造的アートセラピィのアートワーク

File No.14　タイトル：**新年のたまご**　　　　　　　　　　　　　　　　　　　　　　オリジナル

利点　「孵化」させたい願い・希望をテーマにした制作そのものに，表現する喜びや癒しが得られる。ユニークな材料はクライアントの興味・関心を刺激する。

注意点　材料準備に手間と時間がかかる。クライアントのなかに，「孵化した」後のイメージを描くことには難しさを感じる，または作業量の多さを感じる人がいる。

制作方法　新聞紙をまるめたものをテープでとめて，たまごの芯にする。その上から紙粘土を貼りたまごのかたちに整えたものを用意しておく。セッションでは，「孵化」させたい願い・希望をテーマに想像したイメージをたまごのデザインにする。余裕のある人は願い・思いが「孵化した」後をイメージして画用紙に表現する。

可能な質問　たまごをどのように孵化させたいですか？　孵化させるために必要なものは何ですか？

発展・応用　大きなたまごをグループ作業によってつくることもできる。孵化させるための「おまじない」「お祈り」を考えたり，たまごを孵化させる箱（箱のなかにシュレッダーされた紙くずを敷き詰める）を制作する。

File No.15　タイトル：**チケット**　　　　　　　　　　　　　　　　　　　　　　　　オリジナル

利点　パステルの特性を利用した制作。自分の願望・希望をテーマに制作することが可能である。

注意点　作業に時間と労力を要する。その場合は画用紙の大きさを変えるなどにより調節する必要がある。

制作方法　四つ切りの画用紙に，3分の1ほどの大きさの長方形の型紙を当てて，そのまわりをパステル・チョークでぬりつぶす。フィキサチーフ（定着剤）をかけてパステルを定着させたのちに，型紙をはずす。かくされていた空白部分に対して，自分が欲しい（あるいは欲しくない）チケットをクレヨンで描く。

可能な質問　このチケットはどうすれば手に入りますか？　お金で買うことができますか（いくらですか）？　チケットを手に入れたときの気持ちはどうですか？

発展・応用　チケットのほかに，乗り物の切符やお金などを題材にすることができる。

File No.16　タイトル：**ピロー・セラピィ**　　　　　　　　　　　　　　　　　　　　　　　　　　　　オリジナル

	利点　「見たい夢」をテーマに，願望・希望する内容や気持ちを表現することができる。また，制作そのものに楽しみの要素を含んでいるように思われる。
	注意点　クレヨンで絵を描くことは手軽さの反面，作品を汚してしまいやすい。

制作方法　シュレッダーにかけた新聞紙とおよそ1cmの枠（まくらの縫いしろ）をつけた画用紙2枚を用意する。画用紙の両方に「見たい・叶えたい夢」をテーマに絵やデザインを描いた後，2枚を重ね，枠の4辺のうち一辺を残してホチキスでとめる。新聞紙を詰め込み，残された一辺をホチキスでとめて作品を完成させる。

可能な質問　その夢を見ているとき，どんな気持ちになりますか？　その夢が叶ったら，あなたの生活はどのように変わりますか？　まくらに対してひと言（または「おまじない」の言葉）？

発展・応用　まくらを入れるケースやバッグなどをつくる。折り紙やラメ入りマーカー，毛糸を材料に加えることで装飾性を発展させたり，保存性を高めるためにニスをぬるなどの工夫も可能である。

File No.17　タイトル：**魔法の杖**　　　　　　　　　　　　　　　　　　　　　　　　　　　　　　　出典不明

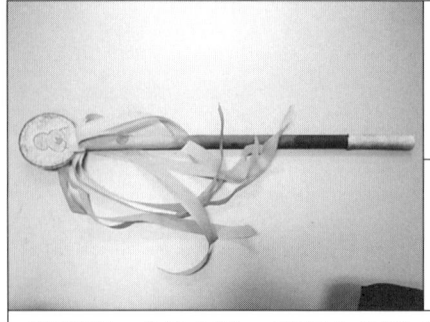

	利点　普段あまり言葉にされない実現困難な望みや願いを表現する機会を提供する。杖の装飾づくりは絵を描くことを苦手とするクライアントにも創作の楽しさを感じさせることができる。
	注意点　制作にある程度の時間や労力を要する。集中力に障害をもつクライアントには補助を必要とする。

制作方法　木材（グリップ部分）を芯にしてクラフト紙を細くまるめたもの，紙コースター，紙テープ，クレヨンを用意する。望みや願い，あるいは自分自身をイメージしたものを紙コースターやクラフト棒に書き込み，紙テープとともにホチキスを使ってクラフト紙の棒にとりつける。

可能な質問　この魔法の杖を使って叶えたい望みとは何ですか？　おまじないの言葉をつけるとしたら，どんな言葉になりますか？　魔法を使うときの注意事項や条件などはありますか？

発展・応用　その魔法の杖を題材にしたストーリーを考える。または画用紙で杖とセットとなる帽子をつくるなど。

第2部　創造的アートセラピィのアートワーク

File No.18　タイトル：**魔法のランプ**　　　　　　　　　　　　　　　　　　　　　　　　オリジナル

	利点　魔法や奇跡といったテーマのもとに，望みや願いを表現することが促される。コミュニケーションには非言語要素や象徴・隠喩を含めることが可能である。
	注意点　物語「アラジンと魔法のランプ」の内容にとらわれてしまい，自由に表現することが難しいと感じるクライアントがいるかもしれない。

制作方法　ランプのイラストが印刷された画用紙（折り曲げて裏面には題名を記入できるスペースをつくる），クレヨン・色鉛筆などを用意する。ランプの部分，あるいは煙部分を使って，自分の叶えたい願いや夢を表現する。

可能な質問　どんなときに魔法のランプを使いたいですか？　魔法のランプは，ほかにどんなことができますか？　魔法をつかうときのおまじない・呪文はありますか？

発展・応用　魔法をテーマにしたものとして，杖（File No.17）やじゅうたんなど。

File No.19　タイトル：**羽**　　　　　　　　　　　　　　　　　　　　　　　　　　　　　　オリジナル

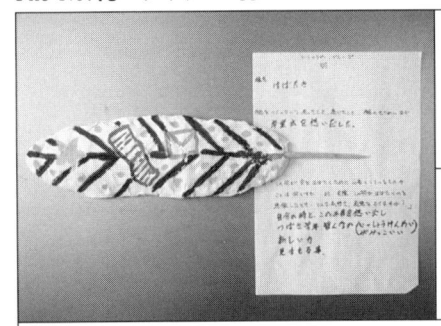

	利点　市販されている軽量かつ塑造容易な紙粘土には，素材の心地よさ，制作の面白さがある。天に届けたい事がらのイメージを用いて描くことで願望・想いなどを自由に表現でき，クライアントの抱える内的緊張から解放させることを助ける。
	注意点　テーマにより表現できる内容が制限されている，想っていることが描けないと感じるクライアントがいるかもしれない。

制作方法　先端を鉛筆削りでとがらせた割り箸と羽の芯になる硬めの型紙（4cm×12cm）を用意する。テープで割り箸を型紙に貼り付け，その上から軽量紙粘土で羽のかたちに整える。羽を乾かし，その上から絵の具を使って「空（天）に届けたい想い・ねがい」を題材に絵やデザインを描く。

可能な質問　この羽が天にはばたくときに必要としているものは何ですか？　羽がはばたくところを想像してみてください。どんな気持ちがしますか？

発展・応用　羽を置く台紙に背景を描く，制作した羽をモチーフにストーリーを考えるなど。

File No.20　タイトル：**ホップ・ステップ・ジャンプ**　　　　　　　　　　　　　　　　　　　　　オリジナル

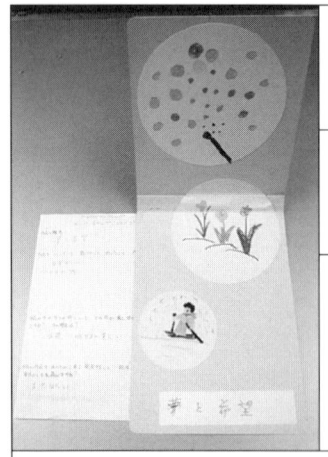

利点	大きさの異なる三つの紙面に制作することにより，多面的でストーリー性のある表現が可能になる。飛躍・発展に対する想いや空想をテーマにすることができる。
注意点	意識機能レベルの程度により，主題に対する理解が乏しく混乱するかもしれない。その場合，テーマを設けず，大中小の紙面に対して自由に絵を描くことを目標に勇気づけることが大切と思われる。
制作方法	Ａ４サイズ縦ひらきの紙ファイル外側に大中小の円形に切った画用紙を貼り，題名を書き加えるステッカー（3cm×10cm）をつける。ワーク名はホップ・ステップ・ジャンプであるが，このテーマからイメージが思いつかない場合も多いため，それにこだわらずに思いついた発想を自由に表現することができるようにしたい。

可能な質問　3つの円に描かれたもののなかで，どの円に描かれたものが最も好きですか？　その理由は何ですか？　円と円のあいだにあるもの（あるいは，円と円をつなげるもの）はありますか（何ですか）？

発展・応用　患者のレベルに応じて，画用紙の色や大きさを選ばせることが可能。グループで制作する場合，模造紙を用いて，大中小の円の上に共同で作業する。

File No.21　タイトル：**思いどおりの穴**　　　　　　　　　　　　　　　　　　　　　　　　オリジナル

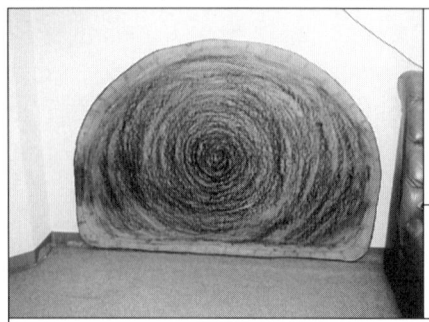

利点	映画「マルコビッチの穴」からのアイディア。部屋の隠れた部分に穴があいていて，その先はどこにつながっているのかを創造する奇想天外なワーク。穴はクライアントの創造性を刺激するとともに，実はクライアントの内面世界に通じる穴でもある。
注意点	真っ暗な穴に不安や恐怖心を抱くクライアントがいる。そのために穴の表現を工夫する必要がある。

制作方法　あらかじめ，穴（人が実際にもぐれるほどの大きさがよい）を描いたものをつくり，部屋の壁に貼り付け，その前にモノを置いたりポスターを貼るなどして隠しておく。その日セラピーでは「今日は皆さんにこの部屋の秘密を明かしたいと思います。実はここに不思議なトンネルがあいていたんです」と紹介する。トンネルの先を想像し，画用紙に描いてもらう。

可能な質問　そこへたどり着くにはどれくらいの時間がかかりますか？　またそこから，引き返すことは可能ですか？　トンネルの先へ行ってみたいですか？

発展・応用　トンネルに入る前の心構えや準備すること，携帯するものについて話しあう。あるいは，それらをテーマに絵を描く。

第 2 部　創造的アートセラピィのアートワーク

File No.22　タイトル：**つくり変えマシン**　　　　　　　　　　　　　　　　　　　　　オリジナル

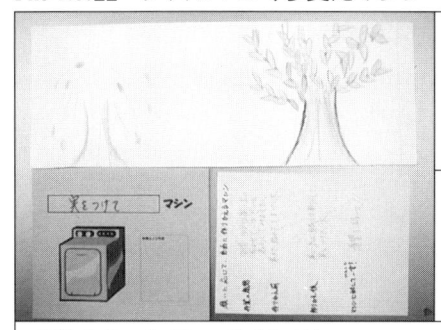

	利点　自分の思い通りにつくり変えられるマシンをテーマに，クライアントは変化させたい・手に入れたい事がらや想いなどを表現することができる。マシンの性能・特徴を語るなかで，比喩を使った治療的コミュニケーションが成立する。
	注意点　テーマ内容の理解のために，ある程度の認知レベルを必要とする。

制作方法　細長の画用紙（長くＡ４サイズの用紙を並べた際の大きさ）と表紙デザイン（つくり変えマシンのイラストや題名，特徴・性能を書き込める記入欄を含めたもの）を印刷したＡ４サイズの封筒を用意しておく。画用紙に色鉛筆あるいはマーカーでつくり変える前とつくり変えた後をイメージしたものを書き込み，封筒には題名などを記入する。

可能な質問　つくり変えるのに必要な時間はどれくらいですか？　時間のほかに必要とされるものはありますか？　このマシンにはどんな特徴や性能がありますか？　マシンに言葉をかけるとしたら，どんな言葉ですか？

発展・応用　マシンとの対話ロールプレイ（マシンを自分の前に置き，マシンについてひとこと語りかける）など。

File No.23　タイトル：**自分にあげたいもの**　　　　　　　　　　　　　　　　　　　　　オリジナル

	利点　「おまけ」が制作のなかに含まれていることは隠されており，自分自身にあげたいものについて絵を描き終わった段階でセラピストから知らされる。自己の客観視を支え，また「おまけ」の表現のなかに気づかなかった自分に対する発見が得られることがある。
	注意点　クライアントのなかにはテーマの意味が理解しづらくて混乱する人がいるかもしれない。その際は例示をするとよい。

制作方法　四つ切り画用紙を横長に置き，カッターを使って縦の長さをＡ４の長い辺と同じくするように短く切り，さらに横に長くする。左側から16cmの余白をつくるためにボールペンやマジックを使って区切り線を描く。余白中央，左側から 8 cmのところで折り曲げる。これをテンプレート（療材）として用意しておく。セッションにおいて，クライアントは，折り曲げられていない右側の大きな領域に自分自身にあげたいものの絵を描く。それを仕上げたクライアントはセラピストから「おまけ」と描かれたステッカーを渡され，折り曲げられた部分におまけのプレゼントとして欲しいものを想像して描く。

可能な質問　画用紙に描かれたこれらのものについて，どんなときそれを自分にあげたいですか？　また，「おまけ」として，描かれたものを見つめるなかで気づくことや発見することはありますか？

発展・応用　「自分へのプレゼント」とはどんな意味があるか？　グループ内でお互いの作品を見つめるなかで気づくこと・感じることについて意見を述べ合う。

File No.24　タイトル：**こころの栄養ドリンク**　　　　　　　　　　　　　　　　　　　　　オリジナル

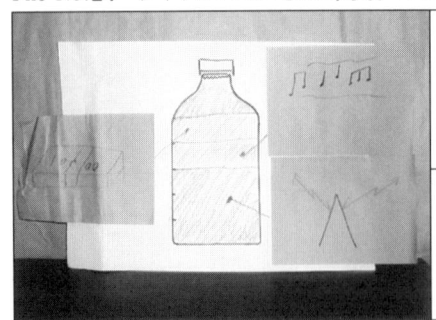

	利点　こころの栄養となる事がらを非言語的に表現することができる。ボトルにある目盛りは分析的思考を導くことを助け，またクライアントの内面世界や現実見当識の有無を知る手がかりになる。
	注意点　テーマ理解のためにある程度の認知機能レベルを必要とする。

制作方法　目盛りのついた薬びんのイラストを印刷した画用紙，10cm×15cmの色画用紙を用意しておく。こころの栄養に役立つモノや事がらを自由にイメージし，色画用紙にクレヨンや色鉛筆で描く。それらを画用紙に貼り付け，薬びんにこころの栄養ドリンクとその成分を表現する。

可能な質問　ドリンクを誰にあげたいですか？　そのドリンクを飲むとしたら，どんなときに飲みたいですか？　飲んだ後に期待する「ドリンク」の効果は？

発展・応用　折り紙ほか，さまざまな貼り付け材料を用いて制作することが可能。こころの栄養をテーマに描いたそれぞれの絵が隠れるテンプレートをつくることにより，クイズ形式を持ち込むことができる。

File No.25　タイトル：**芽・発芽させたい想い**　　　　　　　　　　　　　　　　　　　　　オリジナル

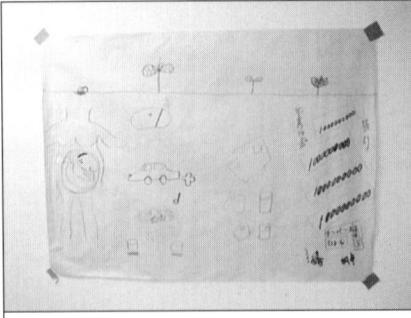

	利点　主題には，「誕生」「再生」「未来」などの象徴的意味が含まれている。クライアントは自己の抱えるさまざまな希望や不安を表現することができる。また地中には，発芽や成長のために必要と考えるものが表現される。
	注意点　想像性の乏しいクライアントは，地中に何かを表現することに難しさを感じるかもしれない。

制作方法　はじめに，模造紙の上から20〜30cmのところに地面の線を描く。そして地上には芽を描き，地中部分には自分が叶えたい想い・「芽を出させたい」願いをテーマに表現する。

可能な質問　「芽」に名前をつけるとしたら，何と呼びますか？　「芽」が成長するために必要なものは何ですか（または，「栄養」とするものは）？

発展・応用　模造紙によるグループ作品の形式，画用紙を用いた個人作品の形式を選ぶことができる。

第2部　創造的アートセラピィのアートワーク

File No.26　タイトル：**潜在可能性**　　　　　　　　　　　　　　　　　　　　　　　　　　　　オリジナル

利点	現在あまり使われていないと感じている自分の可能性や能力，魅力・特技などをテーマにし，自分自身を植物にたとえて描画するアートワーク。実践にあたって，イメージ療法で使われる技法がよきヒントとなる。セラピストはクライアントが自己実現した自分を想起し，それを非言語に表現することを助ける。
注意点	テーマ理解のためにある程度の認知レベルを必要とする。クライアントによってはテーマが限定的であることに不満をもつかもしれない。
制作方法	地面をつくるために茶色の色画用紙を貼り付けた画用紙（四つ切りサイズ）と，さまざまな色の画用紙で液肥（液体肥料）をイメージした型紙を用意しておく。「現在あまり使われていないと感じている自分の可能性や能力，魅力・特技は何でしょう？　いくつか挙げてみてください」。その内のいくつかを選んで液肥の型紙に書き込み，それを地面に刺すようにのりで貼り付ける。地面の上には潜在可能性を活性化させて成長する自分の姿を植物にたとえて，表現する。
可能な質問	作品に描かれた，この植物がもつ特徴や強さは何ですか？　この植物を見て気づくこと，発見することはありますか？
発展・応用	作品と対面しながらグループ内でロールプレイを行なったり，作品を題材に手紙や詩を書くなど。

File No.27　タイトル：**こころの栄養に満ちた人**　　　　　　　　　　　　　　　　　　　　　オリジナル

利点	はじめに具体例を示されたひと型の輪郭をクライアントおのおのに描いてもらい，「こころの栄養に満ちた人」という題材でさまざまなアイディアを付け加えていく。ひと型の輪郭により，作品制作への導入が容易になる。
注意点	ひと型の輪郭があることに不自由さを感じるクライアントがいるかもしれない。ひと型は選択的に用いることができる。
制作方法	好きな色のクレヨンで，画用紙にひと型を大きく描く（その際にセラピストがメンバーに見えるように具体例を示すとわかりやすい）。ワークのテーマが「こころの栄養に満ちた人」であることを伝え，ひと型に対してクレヨンを使って自由に描き加えながら作品を完成させる。
可能な質問	こころの栄養に満ちた人はどんなものや特徴をもっていますか？　どんな気持ちでいると想像しますか？　話しかけるとしたらどんな言葉ですか？
発展・応用	自分の作品や他のメンバーがつくった作品との対話ロールプレイなど。その際は，作品を壁に貼ったり，2ℓのペットボトル容器につけたりすることにより，絵をたてるとよい。

File No.28　タイトル：**ホットケーキ**　　　　　　　　　　　　　　　　　　　　　　　　　　　オリジナル

利点	「元気のもと」をテーマとし，ホットケーキを土台に絵を描く。デイケアでは調理プログラムと組んで行なうことができる。特別セッションとして，メンバーに刺激を与え，グループ内に活気をつくることができる。
注意点	調理器具等の設備が必要。ホットケーキに絵を描くために要する，さまざまなデコレーション材料など準備と費用を要する。ホットケーキは食べられる大きさにつくる。

制作方法　ホットケーキをつくる（食べきれるサイズで絵を描くスペースを大きくするために薄く焼き上げること）。ジャム，チョコシロップ，ホイップ，粉砂糖，その他デコレーションの食材を使って「元気のもと」をテーマにケーキに絵を描く（ジャムはお湯を少量足して粘性を弱めたのち，クッキング・ペーパーのうえに置いて三角形に折り曲げていくことでペンシルをつくると便利である）。

可能な質問　描いたものに対しての想いと食べてみての感想を聞かせてください。どんな人（あるいは人々）に食べさせたいですか？

発展・応用　ホットケーキのほか，クレープを用いて同様のことが可能と思われる。お茶やBGMを用意し，団らんの場を演出することができる。

File No.29　タイトル：**冬眠生活**　　　　　　　　　　　　　　　　　　　　　　　　　　　　オリジナル

利点	冬眠は多くの入院患者にとって現在の病院生活を意味することが多いため，冬眠を主題にした会話は現在の，または退院後の状況に対する患者の見方を反映させている。色画用紙を材料とし，はさみを使うなど作業内容が多彩で刺激に富む。あなぐらのスペースの大きさがしばしば患者の活動レベルを示している。
注意点	テーマ理解に必要な認知能力を要する。はさみの取り扱いに注意する。

制作方法　あらかじめ，茶色の画用紙の上部に緑色の画用紙を貼り合わせ，地表の芝生と地中をあらわすテンプレート（療材）を作成しておく。テーマと制作内容を説明した後，A3のコピー用紙をあなぐらの大きさに切り，療材の画用紙に貼る。あなぐらの内と外に対してクレヨンを使って自由に表現する。

可能な質問　冬眠の期間はどれくらいですか？　冬眠生活のために必要なもの（こと）は何ですか？冬眠生活を終えて最初にしたいことは何ですか？

発展・応用　茶色，黄緑や空色の模造紙を使ってグループ作業にすることが可能。また，冬眠する人物・動物の名前や性格を設定させることでロールプレイにすることができる。

第2部　創造的アートセラピィのアートワーク

File No.30　タイトル：**HOW MUCH?**　　　　　　　　　　　　　　　　　　　　　オリジナル

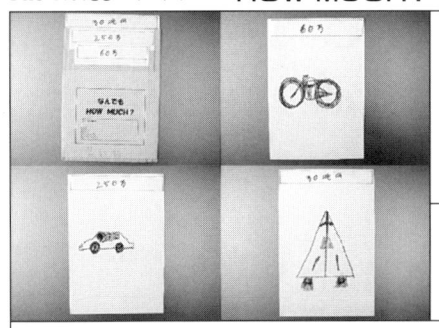

利点	認知レベルの低い対象者でもアイディアの浮かびやすいテーマである。大中小のカードの配列や価格設定に関しては患者の現実検討識をはかることができる。価格を当てるクイズ形式をグループに導入することによって，メンバーの絵の内容に対する関心を集める。
注意点	三枚のカードをすべて仕上げることに作業量の多さを感じる対象者には，2枚，もしくは1枚でも構わないことを伝える。

制作方法　B5版，B5版よりやや大きめ，A4版の3種の封筒をのりで貼り合わせ，その上から色紙（題名記入欄をつける）を貼る。またそれぞれの封筒に入れるカードを画用紙でつくる（カードには価格を書き込む欄を用意し，封筒からはみ出して見えるようにする）。このような療材に対して，クライアントは大中小のカードに絵とそのものの価格を書き込み，また作品全体に題名をつける。

可能な質問　あなたはどのカードに描かれたものが一番好きですか？　十分なお金をもっていたら，あなたはそれら（描かれているもの）を手に入れたいですか？　その理由は？

発展・応用　価格のみならず，大きさ，時間，距離，温度などさまざまなスケール（尺度）をテーマに3枚のカードをつくることもできる。また類似の作業テーマである「時計」（File No.2）とあわせて，「時かカネか？」というテーマのもとに対象者によって作業テーマを選択させる。

File No.31　タイトル：**日常イメージ**　　　　　　　　　　　　　　　　　　　　　オリジナル

利点	日常生活場面で見かけるもののイメージを使うため，発想が浮かびやすい。入院患者の場合，病院生活上のさまざまな事がらに関する想いがこの制作を通じて表面化される。
注意点	環境適応性や柔軟性に障害をもつ患者の場合，既成のイメージの上にクレヨンで書き加えることに抵抗を感じることがある。また，写真イメージをつくる際はプライバシーなどに考慮する必要がある。

制作方法　普段見慣れている施設内部や周辺をデジタルカメラで写し，適当な大きさにのばしたイメージのコピーを数種類用意しておく。これらのコピーのうち一枚をえらび，画用紙に貼り付け，その上からクレヨンで絵を描くことによって作品を完成させる。

可能な質問　普段見慣れているものや情景を作品のなかに見るときの印象はどうですか？　今までになかった，気づきや発見はありましたか？

発展・応用　デジタルカメラで写す日常イメージの代わりに，グループで自分の好きな風景写真や思い出の写真などを持ち寄り，カラー・コピーやスキャナー，パソコンを利用してイメージ材料をつくることができる。

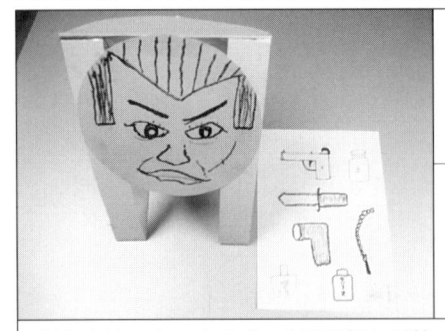

File No.32　タイトル：**リュックサックをもって**　　　　　　　　　　　　　　　　　　　　オリジナル

利点	一般的に顔の表情には対象者の情緒的側面が示され，リュックサックの中身については行動・考え・想い・大切な人々やものが具体的に，あるいは象徴的に表現される。
注意点	画用紙で顔のかたちを丸く切り抜いたり，腕（リュックのベルト）の制作など前もって準備をすることが必要であり，参加者が多い場合は作業時間も長いため不向き。

制作方法　Ａ４サイズの白画用紙と封筒，それらのサイズにあわせて色画用紙を円形（顔の部分）と半月形（リュックのふた）に切りぬいたもの，細長のボール紙（リュックのベルト部分）を用意しておく。クライアントはリュックを背負っている人の顔とリュックの中身を想像して描く。

可能な質問　年齢，職業，性格などに関して，リュックを背負っている人物はどんな人ですか？　何をしようとしていますか（している最中ですか）？　リュックの中身についてお聞かせください，など。

発展・応用　作品をグループの前に並べて，作品に話しかける形式でのロールプレイができる。また山登りをテーマに登ろうとする山の絵を描くこともできる（File No.39「山登り」参照）。

File No.33　タイトル：**イスと空間**　　　　　　　　　　　　　　　　　　　　　　　　　オリジナル

利点	簡単な工作と描画によって立体空間を扱うことのできるワークである。イスはしばしば制作者自身を象徴的に再現している。
注意点	立体的に組み立てることを想定して描画することに混乱するクライアントがいると思われる。

制作方法　壁を作成するために，のりしろ部分を用意した展開図が印刷されている画用紙と紙粘土（あるいは木粉粘土）を用意しておく。割り箸，楊枝，へらなどの道具を使いながらイスをつくり，画用紙にその背景となる景色をクレヨンや色鉛筆を使って描く。

可能な質問　このイスに自分が座っているとしたらどんな気持ちになりますか？　どんなことを考えますか？　イスに向かってひと言述べるとしたら，それはどんな言葉ですか？

発展・応用　作品のイス（あるいは情景）にまつわる簡単な紹介文，もしくはPRを考える。

第2部 創造的アートセラピィのアートワーク

File No.34　タイトル：**ひとみ**　　　　　　　　　　　　　　　　　　　　　　　　　オリジナル

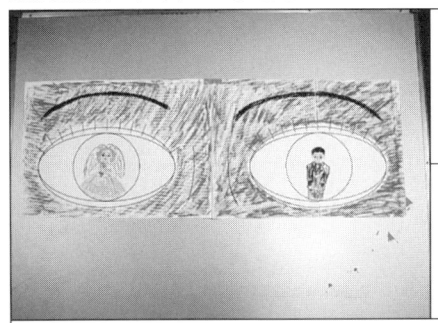

利点	ひとみは心とつながりがあり，その人の思いや考えが表現される。身近な題材を非日常的なサイズに変化させているところに面白さがある。
注意点	画用紙が大きいため，作業量の多さを感じるかもしれない。

制作方法　Ａ３サイズのコピー用紙２枚を利用して大きく目のかたちを描いたものを用意する。ひとみの部分を切り抜き，画用紙に貼りつける。同じものを２つつくり，つなげて目をつくる。目のまわりを自分の好きな色で塗り，まゆ毛を描くことによって，顔の一部を仕上げ，ひとみにはその人が見ているものを表現する。

可能な質問　ひとみに映っているものを見つめているときの気持ち，湧き起こる記憶や想いはどんなでしょうか？

発展・応用　作中に描かれた（ひとみをもつ）人物との対話ロールプレイなど。

File No.35　タイトル：**シール**　　　　　　　　　　　　　　　　　　　　　　　　　オリジナル

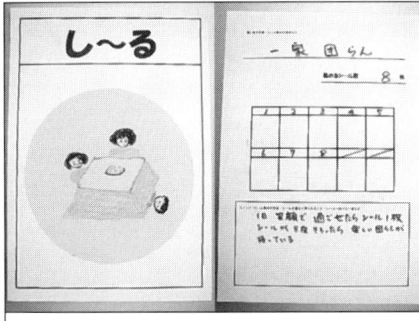

利点	目標カードや景品プレゼントなどのシール・デザインを考えるアートワーク。叶えたい夢や欲しいものを表現する機会が提供される。シールの必要枚数，またシールをもらう方法などにクライアントの想いが表現される。
注意点	テーマ理解のためにある程度の認知レベルを必要とする。

制作方法　台紙の表面にはシール見本を貼るスペース，裏面にはシール集めの理由となる言葉（願い事や目標など）を書き込む見出しスペースやシール欄，コメント欄をつくり，画用紙に印刷する。また色画用紙と丸い型紙を用意しておく。クライアントはシールとなる色画用紙を好きな形に切り抜き，デザイン（イラスト）を描いたものを台紙の表面に貼り，裏面にはシールに関する情報を記入する。

可能な質問　そのシールはどのようにしてもらえますか？　シールは何枚集めて，何がもらえますか？　シールに対してひと言？　など。

発展・応用　シールを小さくカラー・コピーし，お互いのシールをプレゼントしあう。

File No.36　タイトル：**パンフレット**　　　　　　　　　　　　　　　　　　　　　　　　　　オリジナル

利点	建物は比較的描きやすい対象物であり，描き手の生活習慣・関心事などが表現されることが多い。家屋の絵が描かれた場合，HTP検査の解釈を参照することができる。
注意点	作業量の多さを感じるクライアントがいるかもしれない。

制作方法　四つ切り画用紙を2枚重ね合わせてつくる。一枚目は施設パンフレットなどを参考に見出しスペースを設けながら表紙をつくり，裏面に施設の概観を描くようにする。二枚目には施設・建物の特徴，費用または価格，利用者の感想，PRを書くためのコラムをつくる。クライアントはこのような療材を使い，施設・建物の概観を描き，それを説明する。

可能な質問　建物・施設の特徴を教えてください。その建物の価格（もしくは施設使用料）はいくらですか？　PRするところは？　利用者の感想を聞かせてください。

発展・応用　その建物を舞台にした簡単なストーリーづくり。

File No.37　タイトル：**宝物自慢**　　　　　　　　　　　　　　　　　　　　　　　　　　オリジナル

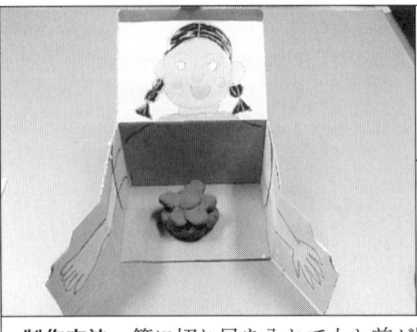

利点	粘土と描画制作をあわせた活動である。隠されている宝物を見せる仕掛けは関心を集めることができる。描かれる人物の表情にはしばしばクライアントの情緒面が投影される。
注意点	他の制作テーマに比べて，作業量が多く制作に比較的時間がかかる。ある程度の認知・機能レベルを要する。

制作方法　箱に切れ目を入れて上と前が開くことができるようにする（あき箱を使用する場合はジェッソ（地塗り剤）を塗り，表面に絵の具あるいはクレヨンで描くことができるようにする）。宝物あるいはそれを象徴するものを粘土で表現し，箱の中にしまう。箱の内側・あるいは外側には顔や頭，胴体，手をクレヨンと絵の具を使って描く。

可能な質問　見せている人物はその宝物をどのように思っていますか？　人に見せるときどんな気持ちがするのでしょう？

発展・応用　見せる人物が語りかける言葉やセリフを考える。箱を使ったアートワークには，ほかにFile No.55「ボックス・コラージュ」やFile No.70「閉じ込めたいもの」などがある。

第2部　創造的アートセラピィのアートワーク

File No.38　タイトル：**分別すると**　　　　　　　　　　　　　　　　　　　　　　　　　　　　　オリジナル

利点　ステッカーに示された言葉やマークを手がかりに表現されたもののなかに，クライアントの意識・無意識が表現されている。分類のしかたや種類等にもクライアントの内的世界が表現されていることが多く，また認知レベル・現実見当識のアセスメントになる。
注意点　ある程度の認知・機能レベルを必要とする。

制作方法　折り紙を半分に切ったものを用紙として，好き・嫌い，大・中・小，○・×・△など言葉を印刷したステッカーをつくる。四つ切り画用紙に横線だけを引き，用意しておく。クライアントは3枚のステッカーを選び，その言葉や記号が説明するところのイメージをクレヨンで描く。

可能な質問　分類をしていて，思ったこと・感じたこと・気づきなどはありましたか？　分類されたもののなかでどれが一番好き（嫌い）ですか？

発展・応用　分類ステッカーそのものをグループ内でつくりあって，集めたもののなかから自由に選ぶ。作業量の負担が増えるがメンバー間の交流をより促進させる効果がある。

File No.39　タイトル：**山登り**　　　　　　　　　　　　　　　　　　　　　　　　　　　　　　　オリジナル

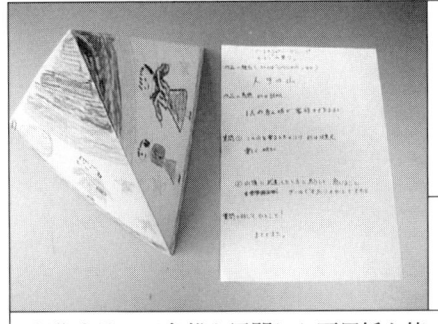

利点　山もしくは山登りをテーマに立体形となる画用紙の側面に絵を描いていく。裏面には頂上に登ったときの気持ちをイメージしたものやそこから見える事象を表現する。この制作テーマではクライアントが自分の目標やその過程を描いたものが見られる。
注意点　制作テーマの内容理解や作品制作のために，ある程度の認知レベル・機能レベルを必要とする。

制作方法　三角錐を展開した画用紙を使い，実在するものでも，空想でもかまわずに自分が思いつくものを表現する。その内側には，その山の頂上に登ったときに見るイメージ，あるいはそのときの気分を色や形で表現する。

可能な質問　その山登りに必要なこと（もの）や準備すること（もの）は何ですか？　山登りのコツはありますか？　山頂にたどり着いたとき，どんな気分や気持ちがするでしょう？

発展・応用　関連あるアートワークには，File No.32「リュックサックをもって」がある。

File No.40　タイトル：**本づくり**　　　　　　　　　　　　　　　　　　　　　　　オリジナル

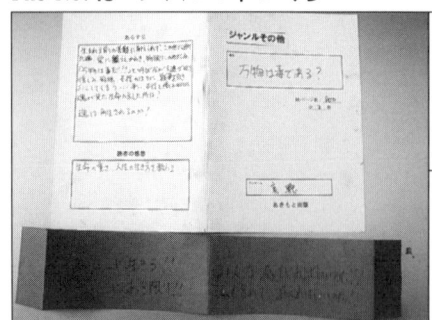

利点	物語の一部を想像しながら，自分の好きなものやことを題材に絵を描く。その本の題名・あらすじ・読者の感想・書評やPRなどを自由に考える。製本の過程を取り入れたワークであり，本の好きなクライアントに喜ばれる。
注意点	このワークを行なうクライアントは，ある程度の認知レベルおよび環境適応性や融通性を必要とする。

制作方法　本の表紙のレイアウト（表：ジャンル名，題名，作者ネーム名，巻数・ページ数　裏：あらすじ，読者の感想）を印刷した画用紙，さまざまなジャンル名が描かれたシール・ステッカー，そして細長の色画用紙（本のおびとなる）を用意しておく。クライアントは印刷面の裏にその本の挿絵を大きく描き，表には本のジャンルを示すステッカーをつけ，表紙のレイアウトに必要な情報を書き込む。

可能な質問　この本はどんな方に（またはどんなときに）読んでもらいたい本ですか？　この本に続編はありますか？　それは同じジャンルの本ですか？

発展・応用　絵にセリフを書き込むことにより，漫画の一場面として本を考えていくこともできる。

File No.41　タイトル：**フォーカス・シート**　　　　　　　　　　　　　　　　　　オリジナル

利点	クライアントが自由気ままに描いた絵に対して，フォーカス・シートを使って絵の一部をテーマに取り上げ，関連ある絵を描いてもらう。絵に示されたクライアントの世界に対して，物語を付け加えることができる。
注意点	「フォーカス・シート」の使い方に関しては見本を用意し，わかりやすく説明する必要がある。

制作方法　八つ切りサイズの画用紙2枚とクリアケースをそれと同じ大きさにカットしてつくった透明シートを人数分用意する。画用紙の1枚とシートの左上隅には目印をつけておき，2枚が合わせられるようにしておく。セラピィでは，目印のついた画用紙に自由に絵を描き，その上にシールをかぶせ，油性マジックで絵の一部分を丸で囲み，「拡大すると」「3年前」などの注釈を書き込み，その部分を題材にした絵をもう一枚の画用紙に描く。

可能な質問　絵のその部分にフォーカスをあてた理由は何ですか？　フォーカスをあてながら感じたこと・気づいたことはありますか？

発展・応用　はじめにクライアントが思うままに描く絵に関しては，「自分の世界」「理想の環境」「自分とそのまわりにあるもの」など，グループの種類やレベルに合わせてセラピスト側でテーマを決めることにより，グループ内で話し合う内容をより深めることができる。

第２部　創造的アートセラピィのアートワーク

C　創作過程におけるセラピィ

想像と創造へのチャレンジを目的にしたアートワーク		
42　カタチへのチャレンジ	46　紙コップ・紙皿アート	8　ガラス玉アート
43　名画へのチャレンジ	47　リサイクル・アート	10　曼荼羅アート
44　紙の上に乗って	3　葉っぱ	11　粘土なぐり描き法
45　樹木画	4　カタチ変えピクチャー	事例⑦　紙皿ステンドグラス（P.89）

実験性・ハプニングを体験するアートワーク		
48　粘土モノプリント	50　鉛筆版画	28　ホットケーキ
49　チョウチョ	51　スライド・アート	

身体イメージを取り入れたアートワーク		
52　身体イメージ壁画	54　フォト・セラピィ	9　手のひら樹木
53　手袋・手形アート	6　手足	

　想像と創造へのチャレンジを目的にしたアートワークは，クライアントの想像・創造性が引き出されるワークです。「**カタチへのチャレンジ**」「**紙の上に乗って**」など，カタチからイメージを想起させるワークと「**リサイクル・アート**」など非芸術材料に取り組むワークがあります。**実験性・ハプニングを体験するアートワーク**は，粘土や発泡ボードを使った版画（「**粘土モノプリント**」「**鉛筆版画**」）やスライドに食紅を使って絵を描く（「**スライド・アート**」）など，作品の仕上がりを予測することが難しく，思わぬ成功や失敗が起こるワークです。**身体イメージを取り入れたアートワーク**は，身体全体あるいは一部のカタチを作品に取り入れることにより，クライアントに身体感覚を取り戻す，また創造性を刺激するワークです。

File No.42　タイトル：**カタチへのチャレンジ**　　　　　　　　「なぐり描きゲーム」（Winnicott 1971）応用

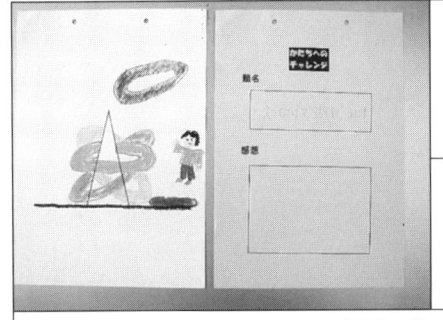

利点　同じ課題をグループのメンバーそれぞれが取り組むなかで，自分と他者に見られる想像性や個性の違いを再認識できる。メンバーによる，予想外の作品表現がグループの関心をあつめる。
注意点　環境適応に障害があったり，融通のきかない患者にとって困難であると思われる。

制作方法　Ａ４サイズのコピー用紙一枚一枚に丸や四角，台形などの図形を描き，また表紙のレイアウトには題名と感想を書き込む欄を用意しておく。それぞれの図形が描かれた紙に表紙をはさみ，上ひらきの紙ファイルにとじる。紙ファイルを反対側に折り曲げ，また硬めの紙を底に貼ることで三角形のスタンドをつくる。グループでわかちあうときは一枚一枚をめくるようにして作品を紹介する。

可能な質問　制作のなかでの気づきや発見などはありましたか？　他のメンバーの作品のなかに，自分にはない発想やユニークさを見つけることはできますか（どんなところですか）？

発展・応用　ウィニコットのスクイッグル法の要領で，クイズをつくったり，点数をつけることでゲーム性を豊かにすることが可能である（File No.88「カタチ変えゲーム」参照）。

File No.43　タイトル：**名画へのチャレンジ**　　　　　　　　　　　　　　　　　　　　　　　　　オリジナル

	利点　美術作品の絵葉書に修正液を使って空白をつくり，カラー印刷する。美術館鑑賞を取り入れたアートワークにすることが可能である。
	注意点　融通性に欠ける，または環境適応性に障害のあるクライアントは混乱するかもしれない。

制作方法　美術館の売店で売られている絵葉書や図録を購入し，それの一部分を修正液やシールを貼って隠す，あるいは吹き出し口を書き込み，それを拡大コピーする。グループのなかでは，その空白部分に絵や言葉（会話など）を書き込む。

可能な質問　作品制作の簡単だった点・難しかった点はどこですか？　もとになった美術作品についてはどんな印象を受けますか？　作品をつくりながら気づいたことや再発見したことはありましたか？

発展・応用　美術館の絵葉書に限らず，広告，雑誌，ポスター等のイメージについても同様に使うことができる。

File No.44　タイトル：**紙の上に乗って**　　　　　　　　　　　　　　　　　　　　　　　　　　オリジナル

	利点　紙の中央に乗ってそのまわりに絵を描くことは非日常的体験である。モチベーションを高め，創造性を刺激するアートワークであり，また，クライアントの身体的表現へと導くことができる。
	注意点　作業には広いスペースを要する。クレヨンで衣服を汚す恐れがある。

制作方法　各自，模造紙一枚が渡され，床に敷いて紙面中央に乗る。座った姿勢で自分の体の輪郭をクレヨンでかたどる。紙面中央に居ながら空いているスペースを絵やイラストを自由に描いて埋めていく。その後模造紙から離れて，体の輪郭部分（自分の居た位置）を取り込みながら，模造紙全体を使ってクレヨンで描いた作品を完成させる。

可能な質問　紙の中央に居ながら描く体験のなかで思ったことや感じたことは何ですか？　自分の体の輪郭をかたどった部分に描いたもの，あるいは模造紙全体に描いたものを見て気づきや発見はありますか？

発展・応用　File No.52「身体イメージ壁画」や模造紙を壁に貼り，それを背にして自分の体の輪郭をクレヨンでかたどり，絵の具で絵を描くアートワークなど。

第2部　創造的アートセラピィのアートワーク

File No.45　タイトル：**樹木画**　　　　　　　　　　　　　　　　　　　　　　　　　出典不明

利点　赤・青・黄の原色を使い，その配合によって緑・茶色をつくることを利用した制作テーマである。樹木は作者自身を投影している場合が多く，バウムテストやHTP検査の解釈が参考になる。

注意点　クレヨンよりも画材準備が手間取る。時間が限られている場合，絵の具は前もってパレットに載せた状態でクライアントに提供する。

制作方法　パレットには赤・青・黄の三色の絵の具のみを用意しておく。はじめに背景をつくるために，太い筆あるいはハケを使って画用紙に青・赤・黄の三色を横に三分割させて塗る。その後，木を描くのに必要な色である緑や茶をつくる方法をグループ内で話し合う。色を混ぜ，それらの色をつくることが可能であることをメンバーそれぞれが確認した後，3色の塗られた画用紙（すでに乾いている）のうえに木を描く。

可能な質問　この木はどんな種類の木ですか？　樹齢はどれ位ですか？　この木はどこにありますか？　この木は男性のように見えますか，女性のように見えますか？

発展・応用　出来上がった樹木画に対して，色の制限を設けず，絵を描き加える。あるいは，作品を利用しながらの物語づくりやロールプレイなど。

File No.46　タイトル：**紙コップ・紙皿アート**　　　　　　　　　　　　　　　　　　オリジナル

利点　市販の紙コップを使用して，テーマを自由にしたさまざまな想いを表現することができる。小さなメディア（媒体）に対してもデジタルカメラとテレビやモニターの使用により，グループ内で容易に作品紹介ができる。

注意点　描画できる領域が狭いため，ある程度の手先の器用さを要する。またクライアントによってはテーマが自由であることに混乱するかもしれない。

制作方法　大型テレビ，デジタルカメラとデジタルフォト・プロジェクター，紙コップを用意しておく。紙コップの口から底にむけて，上下左右にハサミをいれる。クライアントは紙コップの内側4面と底面に絵をかく。その後に紙コップの「閉じている」「開いている」ところをデジタルカメラで撮る。デジカメ写真をテレビ画面に映すことにより，作品を紹介する。

可能な質問　作品をさまざまな角度から見て思うことや気づくことはありますか？　中央に描かれたものとまわりに描かれたものにはどんな関連性がありますか？

発展・応用　グループで行なう場合，紙コップ中央（底の部分）に絵（またはメッセージ）を描き，切り込みの入った周囲（側面の部分）に他のメンバーによって絵を寄せ描くこともできる。

141

File No.47　タイトル：**リサイクル・アート**　　　　　　　　　　　　　　　　　　　　　　　オリジナル

	利点　資源のリサイクルにより，立体作品をつくることができる。材料をつぶしたり，曲げたりすることにより，ダイナミックな形態が可能となる。
	注意点　アクリル絵の具を重ね塗りする際，乾かすまでの時間を必要とするため，ヘアドライヤーがあると便利。アクリルは服に付着した際に落ちにくいため，要らないワイシャツ等を作業着にしたり，エプロンを用意するとよい。

制作方法　2リットルのペットボトルをカッターで二つに切り，底の方を使う。つくる前に容器をつぶすことにより，形態をダイナミックにすることができる（ただし，容器を立てることが可能な状態にしておくほうが塗る・展示するときに便利である）。アクリル絵の具を使って色を塗る。

可能な質問　作品の面白い点や気に入る（気に入らない）点はありますか？　作品をどの方向・角度から見るのが好きですか？　面と面には，何か特別なつながりや関連はありますか？

発展・応用　作品を写真に撮り，A4（またはB5）サイズの画用紙に貼りつける。写真の下に作品に対する想いや観る人へのメッセージを自由に書き入れることにより，新しい平面作品ができあがる。

File No.48　タイトル：**粘土モノプリント**　　　　　　　　　　　　　　　　　　　　　　　オリジナル

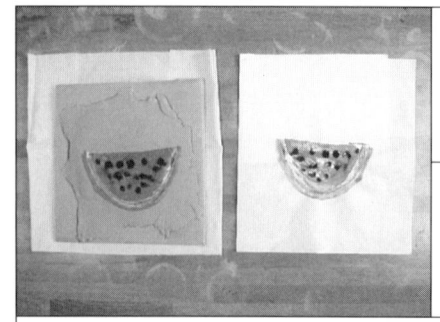

	利点　油粘土は彫りやすく，簡単に版画を制作することができる。また間違えて彫った部分の修正も容易である。
	注意点　1度プリントに使った粘土は汚れてしまい，再利用が困難。刷る際に圧力をかけすぎると，彫られた部分をつぶす恐れがある。

制作方法　油粘土を引き伸ばして平らな表面をつくる。ヘラや割り箸の先をとがらしたもの，楊枝などの道具を使って，粘土を彫る。ローラーを使って彫った面に版画用インクあるいはアクリル絵の具をつける。多色刷りにする際は一部に筆を用いる。紙を上からかぶせ，粘土をつぶさないようにバレンやティッシュ・ペーパーをまるめたものでこすり，刷り上げる。

可能な質問　版画制作の感想は？（どんなところが，簡単あるいは難しかったですか？）　刷り上がったプリントから伝わってくる情感，またはそれを見たときの印象はどうですか？

発展・応用　グループメンバーが7，8人以上の場合，模造紙にそれぞれの作品を集めて一枚の作品（壁画）にすると，メンバーによる自己洞察・他者理解を深め，またグループ全体の達成感がつくられる。

第 2 部　創造的アートセラピィのアートワーク

File No.49　タイトル：**チョウチョ**　　　　　　　　　　　　　　　　　　　　　　　出典：Liebmann（1986）

利点	版画同様，実験的な楽しさがある。インクの残ったカードどうしをあわせる「交配」のプロセスは他者との交流をつくる。他者との合作で得られる楽しさと，オリジナリティが消されることの喪失感について理解を深めることができる。
注意点	インクの乗り具合，刷り具合により，版画の出来栄えは異なる。成功の満足感や失敗の不満を表現できる雰囲気づくりとリーダーの配慮が大切である。

制作方法　2種類のチョウチョをつくる。画用紙（八つ切りサイズ）の半分の大きさで，カードをつくる。一枚のカードを半分に折り，片方にだけ，蝶の胴体，羽のカタチや模様になる部分の絵の具を塗りつける。もう片方でそれをはさみ，絵の具が印刷されるようにする。開いたものに触角をつけて仕上げる。作品を2つつくった後，上手にできたと思うものを残し，もう一枚は絵の具が乾燥する前に他のメンバーの蝶と重ね合わせて，模様を写す。これを交配によるチョウチョとして，オリジナルのものと同様，メンバー全員の作品を模造紙に貼り付ける。

可能な質問　2つの作品はうまくいきましたか，それとも失敗でしたか？　（例えば1－10の数字であらわすと）満足や不満の度合いはどの程度ですか？　オリジナルの作品群と交配による作品群を見て思うこと・感じることは何ですか？　比較して気づくことや感じることはありますか？

発展・応用　できあがったチョウチョを使ったグループ絵画やロールプレイなど（File No.84「絵の物語を読む」参照）。

File No.50　タイトル：**鉛筆版画**　　　　　　　　　　　　　　　　　　　　　　　　　　　　　　オリジナル

利点	木版やゴム版と異なり，刃物を使う必要がなく，また削りカスがないために，簡単に彫ることが可能。児童や高齢者にも利用できる。ただし，発泡スチロールを口に入れるおそれのあるクライアントには，注意を要する。
注意点	インクの乗り具合，刷り具合により，版画の出来栄えは異なる。成功の満足感や失敗の不満を表現できる雰囲気づくりとリーダーの配慮が大切である。

制作方法　発泡スチロールを材料とするカラー・ボードを材料に，直接に鉛筆で描きながら溝をつくっていく。あとは通常の木版画と同様，印刷用インク（なければアクリル絵の具）をローラーでつけてそのうえに紙を載せてバレンでこすり，印刷する。あらかじめ，版画はうまくいったり，いかなかったりすることも多いことを伝え，メンバーは率直な満足や不満をグループで話せる雰囲気をつくる。

可能な質問　作品はうまくいきましたか　それとも失敗でしたか？　満足度・不満度はどの程度ですか（例えば1－10の数字であらわすと……）？　原版と刷り上がった作品を比べての気づきや発見はありますか？

発展・応用　サイズを小さくして，ポストカードをつくる。ポストカードは交友関係をつくるかもしれない。実際に使用してみることで，普段会うことのない人々との交流をもつ。

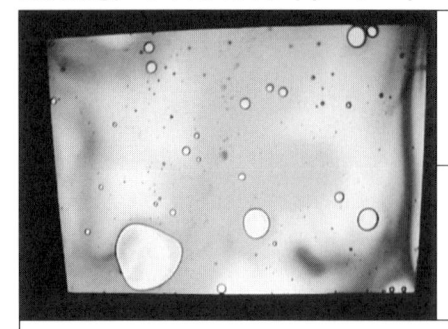

File No.51　タイトル：**スライド・アート**　　　　　　　　　　　　　　　　　　　　　　　出典不明

	利点　予想外の表現の面白さが得られる。投影に焦点をあて，ロールシャッハ理論などに目を向けることができる。
	注意点　赤色に対する心理的影響は大きく（赤色ショック），注意を要する。

制作方法　スライドのバインダーを開き，2枚に分かれたガラス面のうちの一枚に対して，その内側に透明の食器洗剤やのりなどを塗る。食用色素をスポイトでとり，塗ったところの上に線やカタチ，簡単なイラストを描く。それをもう一枚のガラス面ではさみ，映写機（プロジェクター）を使って映す。色が混ざったり，気泡が動くことによって，幻想的なイメージが再現される。

可能な質問　表現のなかに気づきや発見はありますか？　題名をつけるとしたら，どんな言葉ですか？　予想通りでしたか？　予想外でしたか？

発展・応用　塗料としての食用色素，媒体としての透明洗剤のほか，利用可能な材料があるように思われる。実験精神をグループに持ち込んで楽しむのがよい。

File No.52　タイトル：**身体イメージ壁画**　　　　　　　　　　　　　　　　　　　　　　　出典不明

	利点　身体イメージをつかったグループ壁画。身体イメージを使うことにより，表現の面白さや制作への取り組みやすさがある。療法的見地から，共同制作におけるグループ交流や協力関係・役割分析に関する洞察をクライアントに促すことができる。
	注意点　模造紙の上にからだを乗せるため，十分なスペースや作業しやすい服装などへの配慮が必要。

制作方法　数名でグループをつくる。作品のテーマや制作方法はグループのなかで決める。モデル役は模造紙の上でポーズをとり，他のメンバーがその人の身体の輪郭を取る。その輪郭を利用し，グループ共同でクレヨンやパステルを使いながら作品を仕上げる。

可能な質問　どの部分をあなたは制作しましたか？　全体を眺めての感想は？　まとまり，役割分担はどうでしたか？　制作していて疑問に感じることはありましたか？

発展・応用　全体で制作したものをカメラで写し，その画像を用いて絵葉書をつくる。

第2部　創造的アートセラピィのアートワーク

File No.53　タイトル：**手袋・手形アート**　　　　　　　　　　　　　　　　　　　　　　　　オリジナル

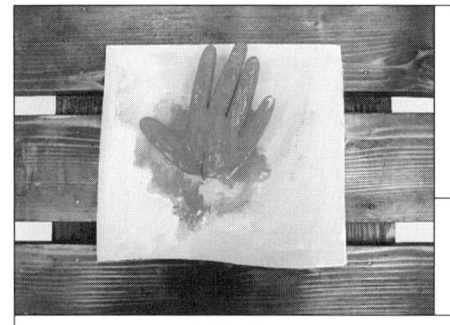

利点	数少ない立体作品のアートワーク。材料はクライアントの関心や興味をひきつける。手は自己の意志・能力・仕事・他者とのふれあいなどの象徴としての意味を含んでおり，作品表現のなかでクライアントのさまざまな想いが顕在化する。
注意点	空気を注入したビニール手袋をつくるのに手間取るかもしれない。アクリル絵の具を使うため，衣服をまもる作業着が必要。

制作方法　使い捨てのビニールの手袋をふくらませ，空気が漏れないように袋口を結わく。ダンボール紙（あるいは板）に布テープなどで固定する。アクリル絵の具で塗布する。

可能な質問　その「手」をあなたは欲しいと思いますか？　その「手」を使って，どんなことをしてみたいですか？　その手はあなたとの，またはほかの人との握手を求めていると思いますか？

発展・応用　グループセラピィのなかでは，出来上がった作品をグループの前に置き，希望者が自分のつくった，あるいは他者のつくった「手」との対話という形式でロールプレイを提案することができる。その際，つくられた作品の内容などに対する配慮が必要となる。

File No.54　タイトル：**フォト・セラピィ**　　　　　　　　　　　　　　　　　　　　　　　　出典不明

利点	自分を写した写真が絵の中に入り込むところに制作の面白さや刺激がある。自己の身体イメージから作品を描き進めることができるため，絵に対する苦手意識をもつ対象者が比較的制作しやすい。
注意点	顔以外の身体部分に関しても写真を撮られることに抵抗を示すクライアントがいる。

制作方法　他者の協力のもと，ポラロイドで自分自身の写真を撮る（顔を含めるかどうかはその人次第。自分の身体のどの部分を写真にしたいかを相手に伝える。ポーズを好む者はポーズをつける）。それを画用紙の好きなところに貼り付け，まわりをクレヨンや色鉛筆を使って自由に描きながら作品を完成させる。

可能な質問　絵のなかの人物について：1．何をしているところか？　2．何を考えているか？　3．どんな気持ちでいるか？　4．その人物を見て，あなたの感じること（感想）は何か？　など。

発展・応用　「粘土フォト・セラピィ」：画用紙ではなく，紙粘土で型づくったものの上に写真を貼り付けて，水彩絵の具で彩色する。あるいは，切り抜いた写真を部屋の好きなところに配置し，その背景を取り入れながら，デジタルカメラで撮影してモニター（テレビ）で見るアートワークなど。

D 自分を見つめる

自己の多面性を見つめるアートワーク		
55　ボックス・コラージュ	57　仮面	59　相手の好きなもの
56　自己表現カメラ	58　自分史	60　隠喩的肖像画

自己表現と洞察のアートワーク		
61　弁当箱アート	64　自分の○○○	53　手袋・手形アート
62　電化製品	65　私の事件・出来事	54　フォト・セラピィ
63　（心の中の）子ども	23　自分にあげたいもの	

葛藤や二面性を見つめるアートワーク		
66　こころのなかの2つのもの	68　天びん	70　閉じ込めたいもの
67　2つの世界	69　理想と現実	

集団・対人関係を見つめるアートワーク		
71　5人の世界	72　出逢い	事例③　お互いの想い（P.75）

　自己の多面性を見つめるアートワークは，自分自身について多面的に洞察を促すワークです。「ボックス・コラージュ」「自己表現カメラ」はその制作方法や材料によって，自分のさまざまな側面を表現する機会を提供します。「相手の好きなもの」「隠喩的肖像画」はグループ関係を利用するワークであり，自分がどのように他者から思われているのかを知ることで自分を洞察することができます。

　自己表現と洞察のアートワークは，さまざまな制作主題や材料によって，自分を見つめ，表現することに適しています。「電化製品」は作品テーマに自己が投影されるワークです。「弁当箱アート」はユニークな材料やテーマとともに，自分の抱える想いを表現することができます。

　葛藤や二面性を見つめるアートワークは，こころのなかに同時に抱える2つ以上の想いをテーマにしています。「こころのなかの2つのもの」「天びん」などは分けられた2面の画用紙のそれぞれに想いを表現します。「2つの世界」は「現実と理想」のワークのように直接ではないものの，現実と理想が表現されやすいワークです。「閉じ込めたいもの」は完全に閉じ込めてしまうことに対する不安や葛藤に対して，しばしば焦点があてられます。

　集団・対人関係を見つめるアートワークでは，集団の中での役割や他者との関わりについて抱えている想いを表現することができます。「お互いの想い」は二者間の共通した想いや異なった想いがテーマであり，「5人の世界」は集団・仲間との関わり方をテーマにしたワークです。

第2部　創造的アートセラピィのアートワーク

File No.55　タイトル：**ボックス・コラージュ**　　　　　　　　　　　　　　　　　　　出典不明

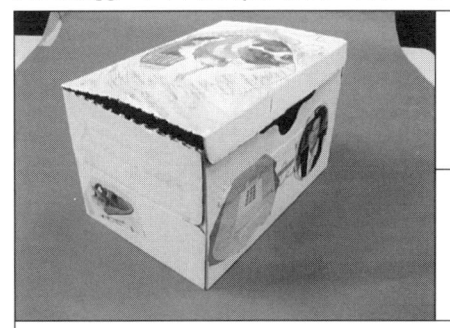

	利点　自己のもつ多面性を表現できる。またクライアントの抱える内側と外側の問題，閉じ込めておきたい事がらなどの表現が導かれる。箱は，立体的な材料として色を塗ったり，飾り付けることができる。
	注意点　大きすぎず，また小さすぎない箱が必要。目安の大きさは1つの面に対して切抜きを2つ，3つ貼ることができるくらい。地を無地にするため，ジェッソ（地塗り剤）を使うとよい。

制作方法　空き箱にジェッソ（地塗り剤）をぬり，表面にクレヨンや絵の具で彩色できるようにする。「箱をつかって自分を表現する」をテーマに，雑誌・広告などの切抜きを自由に箱に貼り付ける（内側・外側の両面に対して貼り付けることが可能）。クレヨンや絵の具，リボンやラメを補足的に用いる。

可能な質問　多面体である作品のなかで，お気に入りの面はどこですか？　理由は？　また，ひと言いたいところは？　箱は閉じておきたいですか，それとも開いておきたいですか？

発展・応用　大きな箱を用いて，家族・グループで制作する。コラージュ以外にも，箱に対して自由に絵を描かせるアートワークが可能である。

File No.56　タイトル：**自己表現カメラ**　　　　　　　　　　　　　　　　　　　　オリジナル

	利点　自分と関わりのある題材のなかから，自分でテーマを決めて多面的に取り組むことができ，自己洞察に役立つ。また，写真一枚一枚の「つながり」について考察することで発見や気づきを得ることができる。
	注意点　作業量の多さを感じる対象者や一枚のカード制作に時間を要する対象者は，枚数を減らす必要がある。絵を封筒にしまいこむため，クレヨンは絵を汚しやすく適さない。

制作方法　B5サイズ用の封筒には，カメラのイラストとともに副題（サブタイトル）と書き込む欄が印刷されている。画用紙でつくったカード（写真）はB5サイズよりも横長に大きくして，左側に見出しを書き込むスペースが用意されている。制作のときは3枚ないし4枚のカードに対して，自分に関するさまざまなこと（趣味・好きなもの・思い出などなど）のイラストやイメージを書き，封筒には副題を書く。

可能な質問　一番お気に入りの「写真」はどれですか？　それぞれの「写真」を撮るとき，どんな気持ちがすると思いますか？　「写真」どうしのつながりや関連について，どう思いますか？

発展・応用　雑誌などの切抜き（コラージュ）制作を組み入れると，絵が苦手と感じる対象者にも受け入れられやすい。少人数グループで行なう場合，個々のグループが「写真」の題材となる。

File No.57　タイトル：**仮面**　　　　　　　　　　　　　　　　　　　　　　　　　　　出典不明

利点　仮面にはしばしば，自分自身の願望や悩み，不安や感情が投影されている。作品はクライアントが自分を見つめ，セラピストとコミュニケーションをとるための治療的道具となる。

注意点　テーマ理解のためにある程度の認知・機能レベルを必要とする。

制作方法　はじめに，画用紙にクレヨンで仮面のフォーム（大きな卵型の輪郭に目のくぼみを付け加えただけのもの）を描く。仮面には，その人物の性格・人がら・特技・能力・趣味・好きなものなどをあらわした抽象イメージやイラスト（象徴）を付け加えていく。

可能な質問　あなたはこの仮面の人物を好きですか？　どんなところが好き（嫌い）ですか？　逆に仮面の人物はあなたのことを好きだと思いますか？　仮面の人物に期待することは何ですか？　仮面の人物に向かって話しかけるとしたら，どんな言葉ですか？

発展・応用　対話ロールプレイ（作品をグループの前に置き，それらに向かってセラピストあるいはグループメンバーが話しかける。制作者は話し手の背後に位置し，それらの言葉に答える）。

File No.58　タイトル：**自分史**　　　　　　　　　　　　　　　　　　　　　　　　　出典：Liebmann（1986）

利点　自分の今までの人生を線で表現し，そのまわりには思い思いの出来事やそのイメージを自由に表現することができる。非言語による表現は抑圧されがちな自分の人生に対する想いや感情を表出・解放させることを助ける。また，人生をテーマに扱う点でクライアントの自己洞察を深めることに役立つ。

注意点　洞察指向のアプローチであり，高い認知レベルや現実見当識を必要とする。

制作方法　八つ切りサイズの画用紙を横につなぎ合わせ，自分の誕生から現在・未来までを一本の線であらわす。線の周辺にはその当時を振り返ってのイメージや出来事などを絵で表現する。

可能な質問　作品全体を見て思うことや感じることはありますか？　生きてきた道をあらわす線に特徴やパターンを含めた，気づきや発見はありますか？

発展・応用　から箱を使い，その側面に線を描く。また絵を描くかわりに，雑誌の切抜き等で表現することも可能（File No.55「ボックス・コラージュ」参照）。

第2部　創造的アートセラピィのアートワーク

File No.59　タイトル：**相手の好きなもの**　　　　　　　　　　　　　　　　　　出典：Yalom（1983）

利点　切抜きを選ぶ作業だけであるから，絵を描くことに抵抗感や苦手意識をもつクライアントに受け入れられやすい。
注意点　力動的なグループ交流のなかで，メンバー間の誤解や衝突に対して適切に対処するセラピストの能力が必要とされる。

制作方法　雑誌や広告にある写真やイラストを切り抜き，集めておく（人物，モノ，風景を問わず，多種多様であることが望ましい）。セッションでは，メンバーのひとりひとりが用紙（B5サイズ程度の大きさ）を受け取り，その一枚一枚の隅に他のメンバーの名前を書いた後，切抜きのなかから，そのメンバーが好きなもの（あるいは喜ぶもの）を想像してひとつ選び，用紙にのり付けする。メンバーどうしで，それが本当に相手の好きなものかどうかを確認しあう（この際に，メンバー全員に○×△を印刷したカードを渡しておくと，意思表示がしやすくなる）。

可能な質問　他のメンバーが選んだ切抜き（イメージ）を見て思うこと・気づきはありますか？　それらのなかで最も嬉しいものは何ですか？

発展・応用　クライアントによっては，「嫌いなもの」に関しても同様のプロセスで，このワークが可能かもしれない。

File No.60　タイトル：**隠喩的肖像画**　　　　　　　　　　　　　　　　　　出典：Liebmann（1986）

利点　他者から自分がどのように見られているか（思われているか）をテーマとするなかで，自分自身を見つめることができる。また投影やセラピスト・クライアント間の転移（逆転移）関係を扱う可能性がある。
注意点　力動的なグループ交流のなかで，メンバー間の誤解や衝突に対して適切に対処するセラピストの能力が必要とされる。

制作方法　八つ切りサイズの画用紙を半分に切ったものを，メンバーひとりひとりに対して，メンバーの人数から1引いた数だけ配る。受け取ったメンバーはそれぞれの画用紙の隅に小さく，番号をつける。クレヨンを使って，画用紙一枚一枚に他のメンバーのイメージ（その人の顔や姿を描写するのではなく，その人の印象を色や線で抽象的に，または連想する他のものに置き換えたもの）を描く。

可能な質問　他のメンバーが描いたあなたの肖像画をみて，気づきや発見はありますか（カードどうしの共通点はありますか）？　もし，あなた自身で自分の隠喩的肖像画を描いたとしたならば，他の人によって描かれたカードのなかでどれが最も近いと思いますか？

発展・応用　自分自身の隠喩的肖像画を描いてみる。グループメンバーによって描かれた肖像画と比較し，グループ内で感想を述べあう。

File No.61　タイトル：**弁当箱アート**　　　　　　　　　　　　　　　　　　　　　　　　　　　　オリジナル

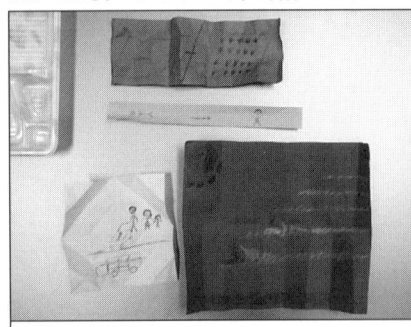

利点	弁当箱に自分の想いを詰め込む作業は遊びの要素を多く含む。箱そのものの意味や描かれたそれぞれの要素を結びつけている想いを考察することによって，自分や自分を取り巻く環境に対する気づきや発見が得られる。
注意点	折り紙作業があり，ある程度の理解力や手先の器用さを要する。「弁当箱」の概念にとらわれてしまい，自由な発想が浮かばないクライアントがいる。

制作方法　弁当箱容器（100円ショップなどで売られるもの，あるいは使用済み容器を集めておく）と色画用紙や折り紙（さまざまな大きさに切っておく）を用意しておく。弁当箱に収める色紙それぞれに，自分自身の今の想いなどをテーマに絵やデザインを描く。

可能な質問　一番好きなもの（嫌いなもの）はどれですか？　それぞれを食べてみたときの食べごこち，味はどんなですか？

発展・応用　ジェッソで白くすることにより，弁当箱容器そのものをデザイン・装飾することが可能である。

File No.62　タイトル：**電化製品**　　　　　　　　　　　　　　　　　　　　　　　　　　　　　オリジナル

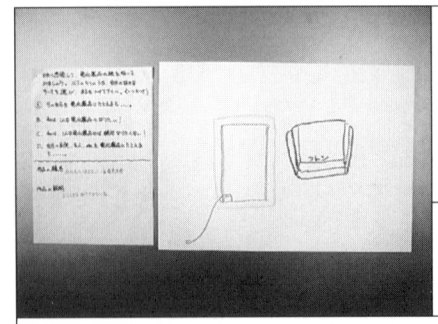

利点	電化製品は常に私たちにとって身近にあり，そのほとんどが幾何学的な形態であるために描きやすい。クライアントは話せなかった・気づかなかった自分の想いや考えをその機能や特性に置き換えた隠喩的表現によって伝えることができる。
注意点	テーマを理解するために，ある程度の柔軟性・認知能力を要する。

制作方法　実際にあるもの，空想のもの，どちらでもかまわない。以下の4つのうち，自分の好きなテーマを選んで電化製品の絵を描くことを提案する。
A　今の自分を電化製品にたとえると…。B　私はこんな電化製品になりたい。
C　私はこんな電化製品には絶対なりたくない。D　自分の家族，友人などを電化製品にたとえると…。

可能な質問　電化製品の名前・題名は何ですか？　作品についてご説明ください，など。

発展・応用　電化製品以外にも，動物や食べ物など，さまざまな種類と特性があってよく知られている題材を使って，自分，または他者をあらわすアートワークをつくることが可能。

第 2 部　創造的アートセラピィのアートワーク

File No.63　タイトル：(こころのなかの) 子ども　　　　　　　　　　　　　　　　　　　　　　オリジナル

利点	「自分のなかの子どもっぽいところ」「子どものころの思い出」をテーマに絵を描く。描画することで想いを外在化させ、客観視することでクライアントの自己洞察を促す。クライアントの自我機能が焦点となることが多い。
注意点	洞察指向であるため、グループで行なう場合はグループのレベルや性質に関する検討を必要とする。

制作方法　クレヨン、色鉛筆あるいは絵の具で絵を描く。テーマについて次のように提案する：「自分のこころのなかにいる『子ども』をテーマに絵を描いてみましょう。自分のなかの子どもっぽいところや幼いころの思い出、童心、子どものころの夢など、自分自身と子どもに関することであれば自由に考えてくださって構いません」。テーマに混乱するクライアントに対しては「子どものころの思い出」を提案することが望ましい。

可能な質問　その「子ども」はどんな気持ちでいますか？　その子どもに語りかけるとしたら、どんな言葉ですか？　など

発展・応用　「こころのなかの大人・あるいは自分で大人と感じるところ」も描かせることにより、両者を対峙させて自己洞察を深める。

File No.64　タイトル：**自分の○○○**　　　　　　　　　　　　　　　　　　　　　　　　　　　オリジナル

利点	「自分で質問をつくり、形式のそれに答える」ウォーミング・アップ・エクササイズの後に、自分の○○○という題材で作品を制作する。自分を表現することを促す制作テーマである。
注意点	ウォーミング・アップではグループ交流を促進させながら、緊張をほぐす雰囲気をつくることが大切である。

制作方法　ウォーミング・アップ（導入）のワークとして、「質問：自分の＿＿＿＿は何ですか？　答え：＿＿＿＿」と書かれた紙を配り、下線部を考えてもらうことで絵の題材を提供する。絵はクレヨンや水彩絵の具などで描くことができる。

可能な質問　作品に表現されている事がらのなかで今後こうなったらいいなと期待するところはありますか？　描かれた絵の内容に関連して、自分自身に対する励ましとなる言葉はどんな言葉ですか？

発展・応用　グループ内でお互いの作品で表現されたもののなかで良い点を見つけあう。その際は、決して作品そのものの上手下手や技術的内容（配色・構成など）には触れないことをルールとすることが大切である。

151

File No.65　タイトル：**私の事件・出来事**　　　　　　　　　　　　　　　　　　　　　　　　オリジナル

利点	新聞や雑誌のフォーマットを模倣して，自分の想いや出来事を表現する。現在・過去・未来を問わないので，クライアントが願望や思い出などを自由に表現することができる。遊び要素があり，グループに活気をつくりやすい。
注意点	クライアントのなかにはフォーマットに混乱してしまい，創作意欲を萎縮させる人がいると思われる。セラピストのサポートや勇気づけを必要とする。

制作方法　4つ切り画用紙をコピー可能なA3サイズの大きさに切る。新聞レイアウトを考案し，A3サイズのコピー用紙に描く（なるべく絵を描くところとなるスペースは大きく，見出しスペースも用意する）。クライアントは自分の身近な事件・出来事をイメージ部分と見出し部分を使って表現する。

可能な質問　その新聞・雑誌はいつ頃出版（印刷）されたものですか？　読者からはどんな反応があると思いますか（期待しますか）？

発展・応用　模造紙を使ってサイズを大きくし，グループ共同制作にする。

File No.66　タイトル：**こころのなかの2つのもの**　　　　　　　　　　　　　　　　　　　　オリジナル

利点	テーマを通じて，クライアントが抱える葛藤が表出されやすい。非言語表現を再度見つめるなかで自己に対する，または悩みとする問題に対する洞察を深めることができる。
注意点	洞察指向アプローチであり，高い意識・機能レベルを必要とする。テーマがわかりづらい，漠然としていると感じる対象者も多いため，初期のセッションでは向かない。

制作方法　八つ切りサイズの画用紙を2つに折り，クレヨン，色鉛筆，マジックを使って表現する。クライアントに対して「こころのなかの2つのもの（こと）がテーマです。画用紙の右と左，あるいは画用紙を縦に使って上と下に表現してみましょう」と提案する。

可能な質問　左右どちらのイメージが好き（嫌い）ですか？　2つのイメージの好き・嫌いなところ・プラス・マイナス点はどこですか？　2つのイメージに「つながり」はありますか？

発展・応用　表と裏をテーマにした課題では，しばしば慎重・臆病，世話好き・おせっかいなど物事の良し悪しがそのときの状況や程度，人の受け取り方によって変わることが指摘される。無料で配布される「うちわ」を集めておくと，このアートワークのユニークな療材となる。

第2部　創造的アートセラピィのアートワーク

File No.67　タイトル：**2つの世界**　　　　　　　　　　　　　　　　　　　　　　オリジナル

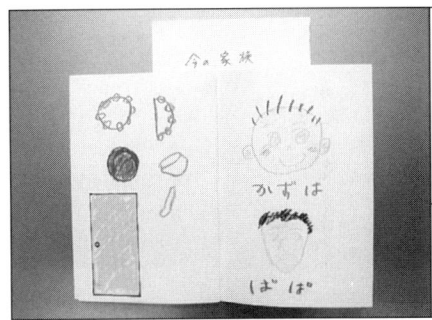

利点	扉を通じてひとつの世界から別の世界に行くことができる設定により，現実と理想の世界や自分と親密な他者（家族など）との関係を表現することができる。作品表現にみられる隠喩や象徴を用いて，治療的コミュニケーションを深めることができる。
注意点	環境適応性・融通性に障害をもつクライアントは制作テーマに関して混乱するかもしれない。

制作方法　とびらのイラストを半分に切った画用紙の両面に印刷し，それを別の画用紙一枚で挟み，本のようにホチキスで留める。これをテンプレート（療材）とし，クライアントは扉を通じてひとつの世界からもうひとつの世界へ自由に移動できる想定（ドラえもんの秘密道具「どこでもドア」を例にすると理解されやすい）のもと，テンプレートの見開きに絵を描く。

可能な質問　2つのそれぞれの世界にいるとき，どんな気分や気持ちがしますか？　扉を通り抜けることは簡単ですか（かぎはかかっていますか）？

発展・応用　模造紙を使って，療材を大きくすれば，グループ制作が可能となる。

File No.68　タイトル：**天びん**　　　　　　　　　　　　　　　　　　　　　　オリジナル

利点	天びんは二つの事がらを対峙させるため，クライアントのもつ心理的葛藤が表現されることがある。また天びんの針はクライアントの価値観および現実見当識を示すことが多く，表情は情緒的側面を推測する手がかりとなる。
注意点	クライアントによっては，天秤に載せる事がらを絵で表現することにフラストレーションやストレスを感じる。

制作方法　画用紙にひとの頭と胸部（タイトルを入れるスペースをつける）の輪郭が描かれたもの，また二つ折りにした画用紙の左右に皿のある天びんが描かれたものを用意する。クライアントは顔の表情や天びんに載せられているもの，またどちらが重いかを示す針の傾きなどを表現する。

可能な質問　天びんに載せている人はどんな気持ちでいますか？　その人にひと言伝えるとしたらどんな言葉ですか？

発展・応用　天びんをもつ人物とのロールプレイ（セリフ・会話つくり）などが考えられる。

File No.69　タイトル：**理想と現実**　　　　　　　　　　　　　　　　　　　　　　　　　　　オリジナル

	利点　画用紙を二つに折り，現実・理想（例えば，今の自分とこうなりたい自分など）を自由に表現する。クライアントが抱える葛藤が表現されることが多く，セラピストとの間に作品を介在させ，象徴や隠喩を用いたコミュニケーションをつくることができる。
	注意点　深い自己洞察を促すアートワークであり，クライアントの認知・機能レベルや治療目的，精神状態等に対する考慮が必要である。

制作方法　八つ切りサイズの画用紙を二つに折り，クレヨン，色鉛筆，マジックを使って表現する。提案のしかたは「理想と現実がテーマです。画用紙の右と左，あるいは画用紙を縦に使って上と下に表現してみましょう」。

可能な質問　左右の絵において特徴的なところはどこですか？　左右の絵の異なるところ，変化はどのようにして起こりますか？　など。

発展・応用　粘土やコラージュ等を代わりに用いることも可能。

File No.70　タイトル：**閉じ込めたいもの**　　　　　　　　　　　　　　　　　　　　　　　　　出典不明

	利点　閉じ込めたい事がらを表現し，それを箱のなかに閉じ込める。このアートワークにより，身体的・心理的苦痛を外在化させることができ，また願望・希望の想いを自由に表現することが許可される。隠喩を用いた治療的コミュニケーションが提供される。
	注意点　制作テーマ内容を理解するための認知・機能レベルを必要とする。

制作方法　Ａ４からＢ４くらいの画用紙を用い，「閉じ込めてしまいたいもの」をテーマに絵を描く（この絵はその人だけの秘密でグループでは紹介されないことを前もって伝えておくとよい）。それを小さく折って箱のなかに入れてテープで密封した後に白の包装紙で包む。その上から「閉じ込められた後の世界」のイメージを自由に想起して描く。

可能な質問　最初に描いたものを閉じ込めたとき，どんな気持ちがしましたか？　閉じ込めた後の世界を描いてみて，感じたことや気づきはありましたか？

発展・応用　箱の代わりに封筒を利用することができる。「平安のおまじない」の言葉をグループで考案し，セッション終了時に「おわりの儀式」として用いるとよい。

第 2 部　創造的アートセラピィのアートワーク

File No.71　タイトル：**5人の世界**　　オリジナル

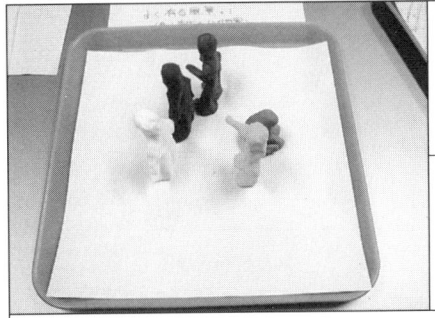

利点	可塑性のある粘土，およびクレヨンを使って，5人が何かしているところを表現させる。対人関係，家族などのテーマを取り扱うことができる。
注意点	細かい動作やジェスチャーをつくる際はある程度の手先の器用さを要する。
制作方法	5色の粘土を用意し，それぞれ，およそ縦8cm横3cm厚さ2cmの大きさに切る。人型をつくるため，それらの切断された粘土に対し，足の部分，腕の部分を区別する切れ目3ヶ所を入れ，首の部分は粘土をつまむことによってくびれをつくる。色の異なる5体を濡れティッシュとともに，小さなビニール袋に入れる。セッションではメンバーひとりひとりに白い紙を敷いたトレーとセットになった人型の粘土を配り，5体すべてを使うことを条件に，粘土にポーズをつけながらトレーのなかに配置する。下敷きの紙にクレヨンで描くことも可能である。
可能な質問	5人はどのような場面（時や場所）にいますか？　それぞれは，何をしているところですか？　ひとりひとりにどんな言葉を話しかけることができますか？
発展・応用	空白の顔が印刷されたシールを用いたアートワーク。それぞれに表情を描き，画用紙に貼り付けて絵を完成させる。

File No.72　タイトル：**出逢い**　　オリジナル

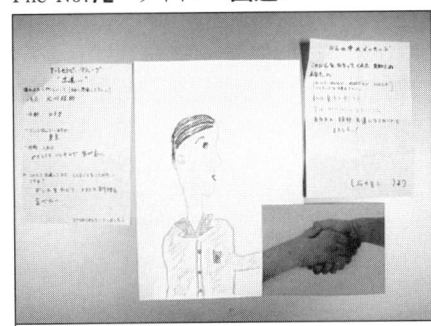

利点	空ビンのなかに見知らぬ人との出逢いをつくるメッセージを入れる想定で手紙を書く演習の後，その受け取り手との対面を想像して絵を描くアートワーク。どんな相手と出逢い，どんなことをしたいか，また相手に対して自分をどのように表現したいかについて，理解を深めることができる。
注意点	対人恐怖，その他の問題を抱えるが故にテーマ趣旨に違和感をもつクライアントがいるかもしれない。
制作方法	ペットボトル（底に切り口がある），握手する手のイメージを色画用紙にコピーしたもの，画用紙を用意しておく。はじめに，見知らぬ人との出逢いをつくるためにびんのなかに手紙を入れて海に流す想定を説明し，その手紙の文面を考案してもらう。つぎに握手する手のイメージを画用紙の好きなところにのりで貼り付け，自分が出逢う人物の絵を描く。またその絵に描かれた人物の名前などを考案する。
可能な質問	ビンのなかのメッセージについての質問（あいさつの言葉，よびかけ，自己紹介文など）と出逢うことができた人物についての質問（名前・年齢・性格・人がら・出逢ってどんなことがしてみたいか）など。
発展・応用	出逢いから始まるストーリーを文章にする。

E　こころとこころのふれあいづくり

いたわりと励まし，こころのふれあうアートワーク		
73　エネルギー交換	75　今後の抱負・プレゼント	
74　励ましレター	76　トレーニング	

ペアでつくるアートワーク		
77　ウェルカム・プレート	事例⑧　視覚会話法（P.92）	事例⑨　フラフープ絵画（P.97）

　いたわりと励まし，こころのふれあうアートワークは，グループ内でのこころのやりとり，思いやりをつくるワークです。**「エネルギー交換」**はグループの他のメンバーにエネルギーを与える，あるいは受け取ることをテーマにし，やりとりのなかで感じられた気持ちをわかちあうことができます。**「励ましレター」**は隠された言葉を浮かび上がらせる面白さ，言葉を受け取ったときの気持ちや感想を伝えあうアートワークです。**「今後の抱負・プレゼント」**は運動性やグループ交流を多くするダイナミクスをもち，ゲーム感覚を含んでいます。**ペアでつくるアートワーク**は，グループメンバーと組み，交流をもつアートワークです。**「ウェルカム・プレート」**は個人個人で制作した後，その作品を用いて対話やロールプレイを行ないます。**「視覚会話法」「フラフープ絵画」**は，言葉以外のコミュニケーション手段を提供することができます。

File No.73　タイトル：**エネルギー交換**　　　　　　　　　　　　　　　　　　　　　　　　　**オリジナル**

利点　非言語による他者との交流，相互協力を促進させるテーマ内容である。前向きにはたらくエネルギーのやり取りのなかで，温かさや勇気づけられるといった感想を述べるクライアントも少なくない。

注意点　テーマ理解のために，ある程度の認知レベルを必要とする。

制作方法　左右上部に名刺サイズのポケット（透明ビニールの小物袋があればそれを使う）と中心に四角の枠を設けた四つ切りサイズの画用紙，また紙テープの両端に名刺より小さめに折り曲げた色画用紙にIN／OUTの表示と番号を書いたものを取り付けたもの（コード）を用意しておく。はじめにウォーミング・アップとして，「前向きな」「プラスとなる」エネルギーを連想する言葉（例えば，勇気，愛情など）を出し合う。次に，それぞれがグループに出されたエネルギーとなる言葉のうちひとつを選び，それを題材に中央四角内に収まるように絵を描く。お互いが描いた絵をグループで紹介した後に，グループのひとりと紙テープコードをつなぎあい，相手が描いた絵について気に入った部分を真似たイラストやアイディアを得て思い浮かんだものを四角外側の余白に描く。

可能な質問　相手から「エネルギー」を受け取る前後の絵の変化，または自分が与えた「エネルギー」による他者の絵の変化についてどのように感じますか？　気づきや発見はありますか？

発展・応用　「エネルギー」のほかに「大切なもの」「優しさ」を主題にグループ内で表現し合い，分配・交換などの交流を行なうアートワークをつくることも可能である。

第 2 部　創造的アートセラピィのアートワーク

File No.74　タイトル：**励ましレター**　　　　　　　　　　　　　　　　　　　　　　　　　　オリジナル

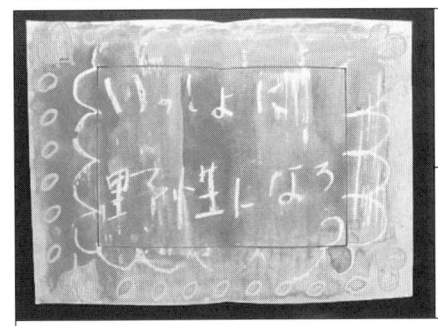

利点	ろうそくで書かれた「隠し言葉」をローソクで浮かび上がらせるゲーム性に豊んだアートワーク。励ましメッセージをテーマにすることで，グループ内に肯定的な他者交流を促進させることができる。
注意点	描画の部分が限定的で，言語的メッセージの下位になりやすい。励ましの言葉が思いつかないときは自分の好きな言葉や座右の銘などを代わりに書いてもよいことを伝える。

制作方法　八つ切りサイズの画用紙を二つに折り，内側には幅5〜10cm幅の四角枠をマジックで書き，外側には表紙レイアウトをつくる（表面は表題「励ましレター」と手紙の送り先を書く欄，裏面は手紙の差出人の名前を書く欄をつくる）。これを印刷してテンプレートとする。セラピィではこのテンプレートを使って，メンバーが枠外に好きな絵や模様を描き，枠内にはろうそくでメッセージを言葉で書く。手紙を配り，受け取ったメッセージを水彩絵の具で浮かび上がらせる。

可能な質問　「隠し言葉」を浮かび上がらせているときに思ったこと・気づいたことはありますか？メッセージを受け取ったとき，どんな気持ちになりましたか？

発展・応用　メンバー全員の「励ましレター」を集めて本をつくる。また，大きな紙を用いて，グループ共同で行なうアート制作に変えることもできる。その際は，中央に四角枠を設けた紙に対して，メンバー各自で枠内の隠し言葉と枠外の絵やデザインを描き込み，最後にメンバーが協力して紙全体に水彩絵の具を塗布する。

File No.75　タイトル：**今後の抱負・プレゼント**　　　　　　　　　　　　　　　　　　　　　オリジナル

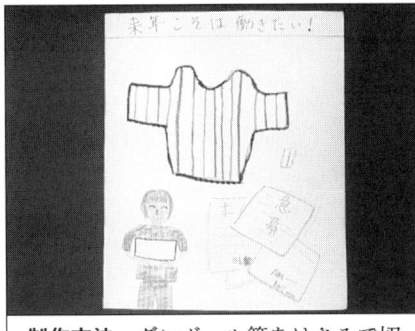

利点	自分の抱負や希望を書いた画用紙を画板と一緒に背負って歩きまわり，他のメンバーから絵を受けとるアートワーク。ゲーム感覚の面白さや助け合いの気持ちを伴っている。
注意点	テーマ理解のためにある程度の認知能力を要する。グループ人数は5人以上が望ましい。

制作方法　ダンボール箱をはさみで切って，四つ切りサイズの画用紙よりもひとまわり大きめに盤をつくり，穴を四隅に開けてひもを通す。ひもを首にかけてこの盤を背負い，腹のへそあたりでひもを結わくことで，このワークで使う特別な画板が出来上がる。セラピィではメンバーに画用紙（四つ切りサイズか，やや小さいもの）を配り，自分の今の希望（または今年や来年の抱負）を言葉で書き，画板につけて背負う。はじめはメンバーが輪となって，前にいる人が背負う画用紙に対して，その人の希望や抱負から思いついたものを描く。その後，メンバーは自由に歩きまわり，お互いの画用紙に絵をプレゼントする。

可能な質問　他のメンバーから受け取ったものを見て，どんな感想をもちますか？　受け取ったものについて，送り主から聞いてみたいことはありますか？

発展・応用　グループメンバーがその人のために心を込めて描いたものであるから，作品を撮った写真をクライアントにプレゼントするとよい。

File No.76　タイトル：**トレーニング**　　　　　　　　　　　　　　　　　　　　　　　　　　　　オリジナル

	利点　趣味や特技，修得したいと思っている事がらに関してグループ内で気持ちを共有することができる。トレーニング修了後の自分をイメージし描画する作業は，自己実現の想起に近づけることができる。
	注意点　制作の3ステップを理解するために，ある程度の認知レベルを必要とする。

制作方法　クライアントは自分が修行や訓練を受けているところ，または好きなことや仕事をしている様子をテーマに絵を描いて，それらの絵から訓練所・教室・学校などを発想し，「看板」を仕上げる。そこで行なわれるプログラムの内容およびPRを考案してグループ内で紹介しあったあとで，他メンバーがつくった施設も含め，どれかひとつの施設を卒業した自分を想像して，もう一枚絵を描く。

可能な質問　技能をマスター（修了）した自分の姿を描いてみて思ったこと，感じたことはありますか？

発展・応用　マスターした自分の姿を描いた絵との対話ロールプレイなど。

File No.77　タイトル：**ウェルカム・プレート**　　　　　　　　　　　　　　　　　　　　　　　オリジナル

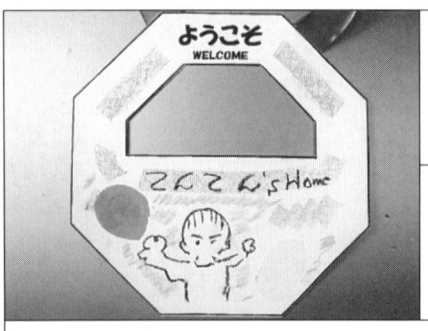

	利点　自分の名前やニックネームを書き込んだ作品を使って，グループ内で自己紹介をしたり，他者とのコミュニケーションをつくることができる。
	注意点　対人交流を苦手とするクライアントによっては，制作テーマやその後のパートナーとの交流に抵抗を感じるかもしれない。

制作方法　市販されているウェルカム・プレート（玄関やドアにつける西洋風のプレート）を参考にレイアウトをつくり，画用紙に印刷する。セッションでは折り紙，色紙，クレヨンを用いて自分のオリジナル・プレートをつくる。首に通せるほどのやや長めのリボンをとりつける。プレートの裏にプレートに表現されているものや事がらの説明・制作の感想などを書き込む。ペアをつくり向かいあいながら，プレートの感想や特徴についてパートナーに話す。

可能な質問　プレートづくりの感想，あなたのプレートの特徴はどんなところですか？　今住んでいる家に使ってみたいですか？　相手のプレートのどんなところについて良いと感じましたか（親しみを感じましたか）？

発展・応用　2人で主人と客の役にわかれて，ロールプレイを行なう。客が主人の家を訪問，プレートをほめる，主人はプレートを説明するなどの設定が考えられる。

第2部 創造的アートセラピィのアートワーク

F グループ活動

信頼と協力について理解を深めるアートワーク		
78 ぐるぐる絵画 79 カーテン幕 80 制作キット	81 工房 事例⑩ 物語フィルム（P.98） 事例⑪ 島（P.99）	52 身体イメージ壁画

グループのなかの自分と他者を知るアートワーク		
82 世界にひとつだけの花 83 たんぽぽ	84 絵の物語を読む 85 ドーナッツ絵画	86 航海

　信頼と協力について理解を深めるアートワークは，グループでひとつの作品をつくる体験を通じて，グループが形成し，発展するために必要な信頼や協力，役割分担をテーマにしたワークです。いっぽう，**グループのなかの自分と他者を知るアートワーク**も同じく共同制作を含むが，グループのなかの個人がより強調されるワークであり，メンバーの個性を受け入れるグループのありかたが大切にされます。これらのアートワークのなかには，「**ドーナッツ絵画**」や「**物語フィルム**」のように，個々に制作した作品を用いてグループ全体の作品に仕上げるものと，「**ぐるぐる絵画**」「**島**」「**カーテン幕**」のように，グループメンバーが同時にひとつの作品に取り組むものがあります。いずれのワークも，グループの形成に欠かせない，凝集性（まとまり）を高めることに役立ちます。

File No.78　タイトル：ぐるぐる絵画　　　　　　　　　　　　　　　　　　　　オリジナル

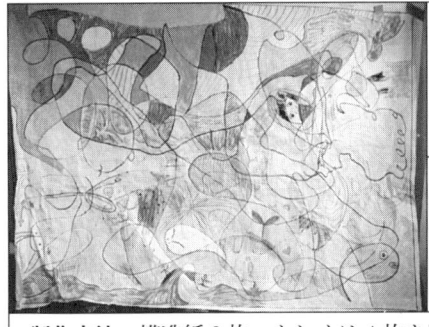

利点　「なぐり描き作業」（P.45）をグループに応用したアートワーク。絵を描くことを苦手と感じるクライアントにとって，ぐるぐる線に塗り絵をするだけでも制作できるために取り組みやすい。

注意点　十分な作業スペースを必要とする。メンバーどうしが自由に描く場所を移動できるようにセラピストは，あらかじめ，「できれば遠征してみましょう！」と声をかけておくとよい。

制作方法　模造紙3枚，もしくは4枚を貼り合わせ，1.5〜2cm幅の枠を黒マジックで書き加える。セッションではメンバーひとりひとりがマジックをもち，他のメンバーの線と交わりながらぐるぐる線（あまり意図をもたずに，なぐり描いたもの）を描く。黒枠からはみ出さないことをルールとする。そののちに，クレヨンを使って色を塗ったり，あるいはぐるぐる線に描かれた形態を使って絵を描く。

可能な質問　全体作品を見て，気づくこと・発見することはありますか（新しく見えてくる形態・絵などは）？　自分の制作した部分について共通した特徴などはありますか？

発展・応用　大きなダンボールの表面に模造紙を貼り付けて，同様の手法で制作する。

File No.79　タイトル：**カーテン幕**　　　　　　　　　　　　　　　　　　　　　　　　オリジナル

利点	生地にアクリル絵の具で制作するために保存性に優れる。またカーテンにマジックテープで取り付けることにより，簡単に取り外せる室内装飾として使用することも可能である。
注意点	アクリル絵の具を使う際はエプロンや作業着で，衣服に絵の具がつかないようにする。万が一，ついてしまった場合は水を含ませたタオルで素早くふき取る。

制作方法　カーテンを使用する窓やとびらの大きさを測り，それに合った大きさの生地を購入する。生地を床に敷いたビニールシートの上にのせ，グループメンバーはそのまわりを取り囲む。ひとりひとり，生地いっぱいにチャコール（木炭）でぐるぐる線（無意識に手を動かしてつくる線）を描く。ぐるぐる線をイメージ想起のために使っても使わなくてもかまわないので，思いついたイメージをアクリル絵の具で描く。

可能な質問　このカーテンをどんなとき，どんな目的で利用することができると思いますか？　カーテンを見て思うこと・感じることは何ですか？

発展・応用　カーテンを幕にして，即興の劇やパフォーマンス（例えば，絵を用いたサイコドラマやFile No.96「パフォーマンス視覚会話」など）。

File No.80　タイトル：**制作キット**　　　　　　　　　　　　　　　　　　　　出典：Liebmann（1986）

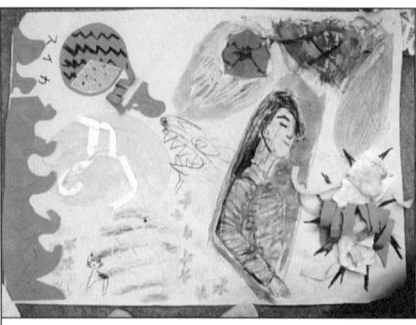

利点	材料・道具の種類や数量が限定されているために，テーマや表現内容についての話し合い，メンバー間の道具の貸し借り，役割分担などを促進させるアートワークである。
注意点	セラピィ初参加のクライアントには混乱や戸惑いが生じやすいと思われる。

制作方法　4人あるいは5人でグループをつくる。模造紙一枚，四つ切り色画用紙2枚，紙テープ1m，クレヨン一箱，バケツ，ペットボトルに入った水，パレット，絵の具（3色），はさみ，筆，のりを等しく入れたダンボールの箱（材料セット）を各グループに配る。材料使用に関して，必ず模造紙を使うこと以外の制限はなしとする。時間内にグループで協力して作品を仕上げる。

可能な質問　制作作業はうまくいきましたか？　制作プロセスをふりかえって，どのように思いますか？　作品全体から，グループの役割分担について気づくこと・思うことは何ですか？

発展・応用　役割分担をテーマにしたアートワークには，他にFile No.81「工房」がある。

第 2 部　創造的アートセラピィのアートワーク

File No.81　タイトル：**工房**　　　　　　　　　　　　　　　　　　　　　　　　　　　　　　　オリジナル

利点	グループ・メンバーひとりひとりが絵の一部分を描く「職人」になり，作品を仕上げるアートワーク。役割分担や協調関係のなかでクライアントのソーシャル・スキルの向上を援助し，気持ちのわかちあいによる自己理解・他者理解を深める場を提供する。
注意点	アートセラピィ経験者の集まるグループで行なうことが望ましい。職人の分類はグループ内の人数に応じて変える必要がある。

制作方法　4人あるいは5人で小グループをつくる。グループ内で「人物・動物描き職人」「背景描き職人」「建物描き職人」「乗り物描き職人」など絵画制作のある部分を担当する役割を決める。メンバーそれぞれが画用紙をもち，自分の役割部分を仕上げ，他のメンバーに「依頼」する。メンバー全員が加担することで一枚の作品が完成する。

可能な質問　自分がはじめに着手した画用紙が他の職人の手を渡って一枚の絵に仕上がるプロセスについて，どのように感じましたか？　驚きや不思議に感じたことはありましたか？　作品について仲間の職人に質問してみたいことはありますか？

発展・応用　「グループ視覚会話」：メンバーひとりひとりが異なった色のクレヨンを選び，絵の内容について一切の指示を与え合うことなく，グループのなかで画用紙をまわして絵を完成させる。アートワーク事例⑧「視覚会話法」（P.92）参照。

File No.82　タイトル：**世界にひとつだけの花**　　　　　　　　　　　　　　　　　　　　　　　オリジナル

利点	雑誌の切抜きのなかから，自分の好きなものを選んで花びらの型紙に入れ込み，花の絵をつくるアートワーク。自分らしさの再認識につながり，グループメンバーとのわかちあいを通じて自己理解・他者理解を深めることに役立つ。
注意点	切り抜きを載せるため，花びら一つ一つを大きくつくる必要があり，模造紙を使ったグループ作品に仕上げる際に十分なスペースを要する。

制作方法　画用紙（四つ切りサイズ）に4つの花弁とそれらをつなぐ同じくらいの大きさをもつ中央部分で構成される花の型を大きく描き，切りとる。セッションではメンバーそれぞれが，コラージュ用に集められた雑誌や広告の切抜きの箱から，自己紹介（趣味，好きなもの，特技）に関係するイメージの切抜きを選び出して，花弁や花の中央部分に貼り付ける。また余白部分に対して，クレヨンを使って花らしく仕上げる。ひとりひとりが自分の選んだ切抜きと自己紹介の後，模造紙にそれを貼り付け，世界にひとつしかない，自分をテーマにした植物全体をクレヨンを使って描く。

可能な質問　花に見られる個性はどんなところにあると感じますか？　この花が必要としているものは何ですか？　花にどんなことを期待しますか？　など。

発展・応用　題名は，同名のヒット曲にちなんでつけられている。コラージュにする代わりに，花びらにクレヨンで絵を描くことができる。また花の中央の部分に顔を描くようにすると，クライアントの感情表現をひきだすことになる。

File No.83　タイトル：**たんぽぽ**　　　　　　　　　　　　　　　　　　　　　　　　　　　　オリジナル

利点	タンポポの綿毛を題材にして，自分の描いた絵を部屋の好きな場所に運んで貼り付けるアートワーク。作品の内容のみならず，貼り付けた場所にもクライアントの心理があらわれている。
注意点	綿毛の行く末を想像したものを，絵で表現することに難しさを感じるクライアントがいるかもしれない。

制作方法　画用紙をＡ４サイズに切り，表面に綿毛のイラストを印刷する。裏面の左右の縁に両面テープを貼っておく。セッションでは，綿毛のイラストにクレヨンで加筆してオリジナルの綿毛をつくり，その行く末をイメージしたものを裏面に描く。早く描き終わった人は，模造紙にグループで用いるタンポポの絵を描く。その際，綿帽子の部分はＡ４サイズ用の封筒をのりで貼り付ける。メンバー全員が描いた絵を集めてかきまぜたのち，封筒に収める。セラピストがそこから一枚一枚取り，メンバーの作品を紹介する。紹介の後にメンバーは自分の作品を部屋の好きな場所に貼り付ける。

可能な質問　その綿毛が親元を離れるとき，また旅をしているとき，どんな気持ちでいますか？　綿毛が旅をするために必要としているもの，旅を成功させるコツや秘訣は何ですか？

発展・応用　綿毛についての簡単なストーリーや四コマ漫画づくりをする。

File No.84　タイトル：**絵の物語を読む**　　　　　　　　　　　　　　　　　　　　　　　　　オリジナル

利点	自分の描いた動物・植物を用いて他者とコミュニケーションをもつことにより，抑圧していた感情や想いの表出を助けたり，グループ・ダイナミクスのなかでの自己理解・他者理解を助ける。
注意点	グループメンバーそれぞれの意識・機能レベルがある程度統一されていることが望ましい。

制作方法　Ａ４サイズの色画用紙を横に置き，左から10cmのところで縦に折り曲げ，はさみで切る。２つに切った色画用紙の大きい方にクレヨンで動物（ただし人間や架空の動物も含める）を描き，余白部分を切りおとす。大きな模造紙を用意し，グループ内で相談しながらメンバーが色画用紙に描いた動物を模造紙に貼り，共同で一枚の絵を完成させる。手元に残っている色画用紙を半分に切り，一枚に自分の描いた動物について名前・年齢・人柄などを描いて模造紙に貼る。もう一枚には絵のなかでその動物が言うセリフ（言葉）をグループに内緒で考え，書く。作品紹介の際にグループ内でそれぞれの動物がもつセリフを当てあう。

可能な質問　セリフを考えるとき，どんなことを思いましたか？　まわりのグループメンバーのセリフについてはどう思いますか（予想できましたか）？

発展・応用　意識・機能レベルの高いグループの場合，メンバー内であらかじめ話し合い，絵のテーマを決定したのちに構成要素（登場人物）をそれぞれが制作する。

第2部 創造的アートセラピィのアートワーク

File No.85　タイトル：**ドーナッツ絵画**　　　　　　　　　　　　　　　　　　　　オリジナル

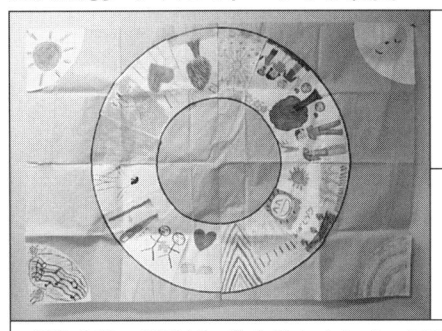

	利点　大きな輪をメンバーの人数で等分し，メンバーおのおのが自分の表現したいものを描くアートワーク。個性が再認識され，輪というメタファーを用いてひとりひとりがグループの重要な一員として属していることが強調される。
	注意点　人数によっては輪を等分することが難しくなる。その際は模造紙の隅に貼り付ける4分割された中心円を数に加えて調整するとよい。

制作方法　模造紙2枚を貼りあわせ，画鋲をつけたひもをコンパスにして大きなリング（輪）つくる。くりぬいた円形も取っておく（四分割し，四隅に飾る）。セッションの際は，リングをグループ人数で等分し，メンバー個々が自由なテーマのもと，分割された模造紙に絵を描いたのちに輪を復元させる。

可能な質問　自分の描いたものを作品全体に加えるなかで気づきや発見はありますか？　作品に描かれた輪の内側（中心）にあるものは何であると考えますか？

発展・応用　作品に描かれた輪の内側にあるものをグループメンバーそれぞれが想像して絵を描く。

File No.86　タイトル：**航海**　　　　　　　　　　　　　　　　　　　　　　　　オリジナル

	利点　航海をテーマに船と内部に積んでいるものを表現するアートワーク。出来上がった作品にはクライアントの大切にしているものの表現やロマンに満ちた想像性が見つけられる。また，グループで一枚の絵をつくる作業は，クライアントの自立性と協調性をはぐくむ。
	注意点　船をすべて貼り付けるために十分なスペースを確保する。個々の作品は比較的小さいため，グループ内でわかちあうときは模造紙から作品を取り外し可能にするなどの工夫が必要である。

制作方法　画用紙にコンパスで円を描き，切り抜く。半分に折り，その円弧の部分を船底として利用しながら船の絵をクレヨンで描く。また折り曲げた円の内側にはその船が積んでいるものや乗っている人を描く。大きな模造紙に個々の作品を貼り付け，絵の具を使って大きな絵を仕上げる。メンバー個々の作品について船の説明とともに積んでいるものをグループ内で紹介しあう。

可能な質問　この船はどこへ行きますか？　航海何日目で目的地まであとどれくらいかかりますか？　目的地に着いたら最初にしたいことは何ですか？

発展・応用　船の行き先を想像して絵を描く。また模造紙に貼られた船舶それぞれがひと言のメッセージを述べていると仮定し，その内容を考えるなど。

G　ゲーム・ロールプレイ・パフォーマンス

ゲームを取り入れたアートワーク		
87　気持ち当てゲーム	90　ビンゴ・ゲーム	84　絵の物語を読む
88　カタチ変えゲーム	91　すごろく	
89　曲イメージ当てクイズ	92　双子ゲーム	

ロールプレイやパフォーマンスを取り入れたアートワーク		
93　粘土ロールプレイ	96　パフォーマンス視覚会話	99　紙袋パペット
94　吹き出しアート	97　店	100　パーティ
95　ストレス君	98　コスチューム	事例②　デイケア通貨（p.70）

　ゲームを取り入れたアートワークは，自然ななりゆきによって，グループメンバーどうしの活発な交流をつくり，また関心を集めるワークです。「ビンゴ・ゲーム」「すごろく」「双子ゲーム」（トランプの神経衰弱ゲームを応用したもの）には既存のゲーム形式にアート制作を取り入れる手法が使われています。「**気持ち当てゲーム**」「**曲イメージ当てゲーム**」「**カタチ変えゲーム**」「**絵の物語を読む**」は，メンバーどうしがお互いのつくった作品について答えを当てあうゲームです。**ロールプレイやパフォーマンスを取り入れたアートワーク**は，即興のセリフや演技，ジェスチャーなどの表現活動が含まれています。「**パフォーマンス視覚会話**」は，クライアントにアート制作と，身体表現の機会を提供します。

File No.87　タイトル：**気持ち当てゲーム**　　　　　　　　　　　　　　　　　　　オリジナル

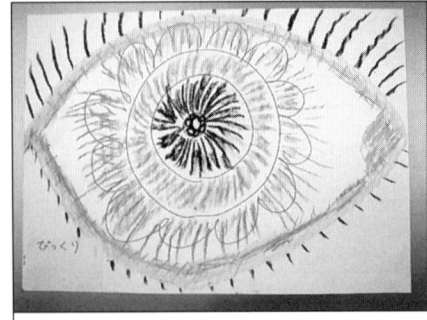

利点　ゲーム・遊びがもたらす非脅威的な環境を利用した感情表現のアートワーク。メニューに載せられたさまざまな感情をあらわす言葉のなかから１つを選んで絵に表現し，他のメンバーがその言葉を当てあう。抑圧している感情を安全に解放させる手助けとなる。

注意点　ゲームを面白くするためにはある程度の人数を要する。

制作方法　セラピストは，「びっくり」「フン」「おろおろ」など，感情をあらわす擬態語・擬声語の集まったメニュー表を作成し，クライアントはそのうちのひとつ，あるいはメニューにない感情をえらび，その感情を色やカタチなどのイメージで表現する。題材にした感情が何であるかを，別紙（大きめのシール）に明記しておく。グループ内で，お互いの作品を見ながら，表現された感情を当てあう。

可能な質問　ゲームを興じるなかでの気づきや発見はありましたか？　当てられる・当てるではどちらのほうが難しかったですか？

発展・応用　ゲームは個人戦からチーム戦に変えることが可能である。

第 2 部　創造的アートセラピィのアートワーク

File No.88　タイトル：**カタチ変えゲーム**　　　　　　　　　　　　　　　　オリジナル

利点	匿名の作品のなかから誰がどれを描いたか当てるゲーム。自分の描画にあるスタイルや特徴を隠そうとする，あるいは他人の描画に作者がわかる手がかりを探そうとするなかで，自分らしさの発見や他者理解を深めることができる。
注意点	ゲームを面白くするため，6名以上のグループであることが望ましい。ルール理解のためにはある程度の認知レベルを必要とする。

制作方法　B6サイズの紙の真ん中に，イメージが想起しやすい形態（ありふれず，また複雑すぎないもの）を数種類，マーカーで描き，人数分印刷する。3人あるいは4人によるチームをつくり，チームどうし対抗させる。ひとりひとりが同じ太さ・色のボールペンをもち，印刷された形に線を加えることで，絵をつくる。その際のルールとして，絵が抽象的ではなく，具体的な何かであることが誰にでもわかるように表現しなければならない。描いているところを見られないようにし，絵を描いたカードをチーム内で集めてかき混ぜた後，相手チームに渡す。相手チームはその絵を見てチームの誰がどれを描いたかを当てる。いくつ当てたかを点数にして勝敗を決める。

可能な質問　ゲームの面白かったところや難しかったところ，感想はありますか？　また作戦やコツはどんなところにあると考えますか？

発展・応用　既成の線や形を利用して絵を描く手法には，「スクイッグル・ゲーム」（P.92），「カタチ変えピクチャー」（File No.4），「カタチへのチャレンジ」（File No.42）などがある。

File No.89　タイトル：**曲イメージ当てクイズ**　　　　　　　　　　　　　　　オリジナル

利点	曲のイメージを絵にあらわす作業は同時に感情について表現する機会を提供する。ゲーム活動には遊び要素を含んでいるため，クライアントにとって脅威とならず，創作・表現活動に参加することができる。
注意点	このテーマに関する創作活動に困難を感じるクライアントがいるかもしれない。

制作方法　陽気な曲，悲しげな曲，リラックスさせるような曲など，3種類の曲を用意しておく。他のメンバーに見られないように3枚の画用紙にそれぞれの曲のイメージをクレヨンで表現する（または，その曲を聞いて思い出すものを具体的に書いてもよい）。グループのメンバーどうしで，それら3枚がどの曲について描かれたかを当てあう。

可能な質問　曲をクレヨンで表現するときに感じたことは何ですか？　他のメンバーによって描かれた絵を見て何を感じましたか？　お互いの描いたものを当てあうときのコツは何でしたか？

発展・応用　既成の曲ではなく，楽器を用いて即興で演奏したものを録音し，それらのイメージをクレヨンで画用紙に描いて当てあうこともできる。

File No.90　タイトル：**ビンゴ・ゲーム**　　　　　　　　　　　　　　　　　　　　　　　　オリジナル

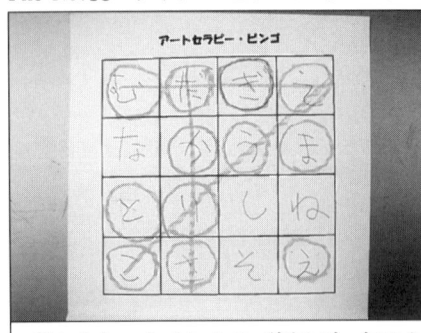

	利点　ゲームをしながら，好きなもの，嫌いなもの，ひと言いいたいものを表現できる。同時に，「好き」「嫌い」の表現活動はアサーション（断言・主張）を促す訓練になる。
	注意点　メンバーの人数にあわせ，ビンゴ・ゲームのマス数や使用する画用紙の枚数などを調整する必要がある。
	制作方法　3枚の画用紙に「好きなもの」「嫌いなもの」「ひと言いいたいもの」の絵をクレヨンで描き，裏に何を描いたか（題名）を描く。題名をつける際は3つの題名の頭文字が

重ならないようにする（例えば，好きなもの：バナナ　嫌いなもの：バス　の場合，一方の題名を「黄色いバナナ」あるいは「混み合うバス」に変えるなど）。ゲーム用紙の16マスのなかに53の仮名文字のなかから好きなものを適当に入れていく（「ん」は入れない）。グループのなかで絵を紹介しあい，題名の頭文字にある仮名がマスのなかに書かれてあれば，丸をつける（濁音のある・なしは関係なし）。すでにその仮名が他のメンバーによって言われていた場合，自分の好きな仮名を代わりとすることができる。先に○が一列揃えば勝ち。

可能な質問　自分が制作した3枚の絵を見比べて思うこと・感じることはありますか？　他のメンバーの絵とあわせて，「好きなもの」「嫌いなもの」「ひと言いいたいもの」で分類した際に，見つけられる共通点や感じることはありますか？

発展・応用　絵を描く代わりに，雑誌などから切り抜いた写真やイラストを用いることができる（File No.5「好き・嫌い・ひと言」参照）。

File No.91　タイトル：**すごろく**　　　　　　　　　　　　　　　　　　　　　　　　　　オリジナル

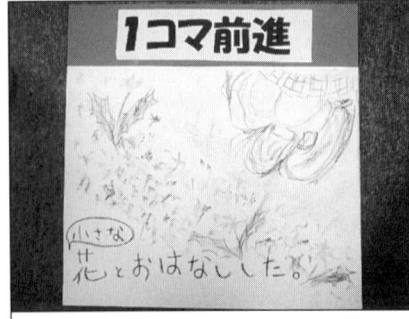

	利点　グループで運・不運の出来事を題材に絵を描き，すごろくの道程にして遊ぶアートワーク。すごろくは運によって勝敗が決まるゲームであり，プレーヤー間の認知レベルに左右されない平等性をもつ。
	注意点　すごろくの指示に関連して絵を描くことに困難を感じるクライアントがいる。「一回休み」「ボーナス」などはその理由となる出来事を見つけやすい。

制作方法　あらかじめ，細長い紙にすごろくの指示となるもの（一回休み，2コマ進む，後退するなど）を書いたステッカー，また正方形に切った画用紙（残りの紙でコマをつくる）を用意しておく。メンバーはくじ引きでステッカーを選び（交換可），その指示の理由となるところの出来事・行動を想像し，それにちなんだ絵を描く。さいころもつくり，1から6の目を設けずに1から3までに限定する。

可能な質問　ゲームの感想はいかがでしたか？　グループメンバーがつくったすごろくの1コマ1コマについてどんな感想をもちましたか？

発展・応用　ステッカー部分ははじめに伏せておき，最初にそのコマにとまったときにめくるようにするとより盛り上がるゲームになるかもしれない。

第2部　創造的アートセラピィのアートワーク

File No.92　タイトル：**双子ゲーム**　　　　　　　　　　　　　　　　　　　　　　オリジナル

利点	双子の表情を描くことによって，感情ができるアートワーク。ゲームは楽しませるのみならず，創作の緊張をやわらげ，創造性の刺激に役立つ。
注意点	メンバー間に認知レベルの差がある場合，神経衰弱ゲームは適当ではない。その場合，ラッキー皿（めくるだけで得点となる），ペナルティ皿（持ち皿没収）などをつくり，運の要素を強めるとよい。

制作方法　画用紙に紙皿に合う円形と「なまえ」「どうしてそんな表情をしているのか」を言葉で記入するスペースを印刷する。セッションではメンバーそれぞれに印刷された2枚の画用紙を配り，双子の顔を描く。双子は一卵性と二卵性があるので必ずしもそっくりである必要がないことはメンバーに伝えておくとよい。制作し終わったら，画用紙を切り取り，紙皿にのりで貼り付ける。あとは皿を裏にしてかきまぜ，神経衰弱ゲーム同様，双子を見つけあって遊ぶ。

可能な質問　（メンバー全員の作品をグループ中央に並べて）お互いの作品を見比べて，あるいは作品全体を見て，思うこと・感じることはありましたか？　ゲームの感想はどうでしたか？　もっとゲームを面白くする方法は？

発展・応用　「○○君・さんの好きなの・嫌いなもの」：メンバーそれぞれが好きなもの・嫌いなものをテーマに絵を描き，紙皿に貼り付ける。方法は神経衰弱ゲームと同じ。同じ人の好きなもの・嫌いなものの皿を見つけ出したらゲット！

File No.93　タイトル：**粘土ロールプレイ**　　　　　　　　　　　　　　　　　　　オリジナル

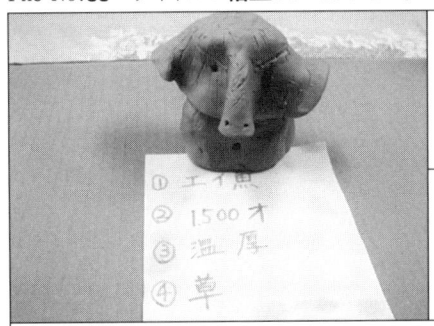

利点	すでに輪郭の出来上がっている粘土の雛型を変形することにより，塑像ができる。出来上がった作品を使って，対話形式のロールプレイを行なうことにより，クライアントの内的世界とのコミュニケーションが可能となる。
注意点	粘土を塑造するとき，ある程度の手先の力を必要する。あらかじめドライヤー等で温めておくと粘土がやわらかくなるため，塑造が容易になる。

制作方法　ペットボトルの底部を切って，高さをそろえる。その上に油粘土を貼り付け，雛型をつくる。セッションではこの雛型をクライアントに配る。クライアントはそれに粘土を付け加えたり，またヘラや割り箸で削ったりして，動物（人間を含む）や想像上の生き物を制作する。できあがった塑像の名前・年齢・性格・好きな食べ物を紙に描く。ロールプレイでは，セラピスト（あるいは他のメンバー）が塑像に話しかけ，制作者は話しかける人の背後にいながら，応答する。

可能な質問　塑造した人物について：名前，年齢，性格，人がら，好きなもの・嫌いなものを自由に創造して設定してみてください，など。

発展・応用　紙皿でつくった仮面，画用紙に描いた人物をペットボトルに貼り付けて立たせる方法やてるてる坊主なども，ロールプレイに活用することができる。

File No.94 　タイトル：**吹き出しアート**　　　　　　　　　　　　　　　　　　　　　　　　オリジナル

利点	クライアントに，自分の描いた絵に対して，吹き出しをつけてもらい，そのセリフを考えさせるアートワーク。作品に表現されたクライアントの世界に物語をもたせることができる。
注意点	クライアントにとって，アドリブで対話を考えることが難しい場合には紙面に考えたセリフを書かせる作業をさせるとよい。

制作方法	はじめに，画用紙上に2つ以上の要素を含めた絵を描くことを提案する（「2つ以上の要素を含む」とは，ひとつのかたまり（例えば，自画像のみ，花一輪の絵）で描かないことであると説明する）。描き終わったら，吹き出しマークの描かれたふせんを絵のなかにある要素につけて，要素間での会話を考案してみることを提案する。
可能な質問	対話を考える作業を通じて，自分の描いたものに対する気づきや発見はありましたか？
発展・応用	ロールプレイや絵を用いたサイコドラマ（アート・サイコドラマ）などが応用できる。

File No.95 　タイトル：**ストレス君**　　　　　　　　　　　　　　　　　　　　　　　　　オリジナル

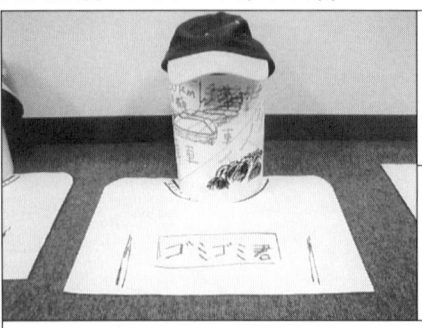

利点	ストレスを擬人化させた対話ロールプレイのなかで，クライアントの洞察を助ける。苦しみ・悩みの原因を外在化させ，客観視することにつながる。
注意点	ロールプレイと洞察指向のワークであり，セラピストの豊富な経験と高い技量を必要とする。

制作方法	横に長くするために縦を10cmほど切った，四つ切りサイズの画用紙，さまざまな種類の帽子，人物の胴体（胸に名前を描くスペースを設ける）をかたどったイラストが印刷されたA3サイズの用紙を用意しておく。セッションでは，はじめに，メンバーそれぞれが「ストレスを感じさせるもの」の絵を画用紙に描く。次に，それを筒状にまるめて胴体の紙の上に置き，帽子をかぶせる。ロールプレイを行なう際は，セラピスト・もしくはグループのメンバーが他者の作品に向けて話しかけ，その制作者は，話し手の後ろに位置しながら，それらの言葉に対して応答する。
可能な質問	（ロールプレイのなかで）「あなたはどんなストレスですか？」「いつストレスをつくるんですか？」「あなたとうまくやっていきたい（つきあっていきたい）。どうしたらいいでしょうか？」
発展・応用	ストレスの代わりに夢・願望あるいは目標とすることをテーマに絵を描き，擬人化したロールプレイを行なう。

第2部　創造的アートセラピィのアートワーク

File No.96　タイトル：**パフォーマンス視覚会話**　　　　　　　　「視覚会話法」（Liebmann 1986）応用

利点	絵画の制作過程をパフォーマンス化させたもの。お面をつけ，音楽のなかで絵を描くことにより，ふりつけなども含めた，クライアントの幅広い表現を促すことができる。ダンスや運動的表現（ムーブメント）は情緒の解放に役立つ。
注意点	パフォーマンスに対して，拒否的になるクライアントがいるかもしれない。

制作方法	グループ内でペアをつくり，2人1組のうち1人がパフォーマーとなる。部屋の最も見えやすい壁（もしくは黒板やホワイトボード）に張られた大きな模造紙に共同で絵を描く。パフォーマーは用意されたお面をつけ，BGMのなかで大げさな身振り・ダンスも入れながら，パートナーと交代で絵を描きすすめる。残りのペアは観客となり，場を盛り上げる。
可能な質問	制作しているときはどんな気分でしたか（何か気づくこと・感じることはありましたか）？　できあがった作品について思うこと・感じることは何ですか？　パートナーの描いたところでわからなかったところ，疑問におもったところ，おもしろいと感じたところはありましたか？
発展・応用	アートワーク事例⑧「視覚会話法」（P.92）参照。数名のグループで，同様の方法でパフォーマンスをまじえた絵画制作を行なう。BGMの代わりに楽器を用いるなど。

File No.97　タイトル：**店**　　　　　　　　　　　　　　　　　　　　　　　　　　オリジナル

利点	客と店員によるコミュニケーションを題材にしたロールプレイは多くのクライアントにとってやりやすい。日常生活の社会技術（ソーシャル・スキル）を学習する機会を提供する。
注意点	ロールプレイのなかでアドリブによるコミュニケーションが困難なクライアントには台本をつくり，セリフの空欄部分に適切な言葉を埋めながら，演じるようにする。
制作方法	メンバーそれぞれが自由に想像しながら，模造紙に店の看板，店員の姿やテーブルにならべられた商品の絵を描く。作品を使ってロールプレイを行なう際は，その制作者は店員の役を演じ，他のメンバーが客の役を演じながら，作品に描かれた商品について尋ねる。メンバー全員が客・店員の双方を演じた後に，感想を述べあう。

可能な質問	客として店員として演技した感想はいかがでしたか？　客との応答のなかで，自分の「店」「商品」について気づいたこと・感じたことはありましたか？
発展・応用	アートワーク事例②「デイケア通貨」（表3-5 P.70）と連携し，通貨をつくったり，サービス（肩たたきや相手の良い点をほめるなど）を提供するなど。

169

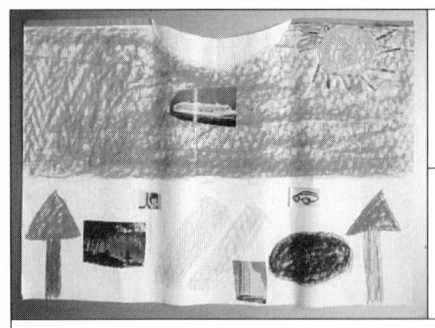

File No.98　タイトル:**コスチューム**　　　　　　　　　　　　　　　　　　　　　　　　　オリジナル

利点	ペアをつくり，パートナーの希望を訊き合いながら作品をつくる作業のなかで奉仕と感謝に基づく温かい対人交流をつくることができる。大きな紙を使って取り組み，身体的な表現が含まれる活動である。
注意点	模造紙を扱う上で，出来上がった作品をグループで紹介し合う際に室内を立ち回ることがあるので広い部屋を必要とする。

制作方法　模造紙を中央で二つに折り，折り目の部分を補強するようにガムテープを張る（ちょうど，ガムテープも紙の折り目で曲げるようにする）。襟部分をまずは，背中側にあわせて半月型にはさみで切り，つぎに前襟部分を切る。ここまで作成したものをセッション前に用意しておく。セッションではクライアントがクレヨン，色画用紙，雑誌の切り抜きを使って，コスチュームを作成する。メンバーはペアをつくり，お互いの要望を聞いたり，手伝ったりしながら，相手のために服をつくる。作品紹介の際は，相手にその作品を着てもらい，モデルのように部屋を歩き回る発表会を行なう。

可能な質問　相手につくってもらった服を見て，思ったこと・感じたことは何ですか？　つくるときは，相手についてどんなことを考えながらつくりましたか？

発展・応用　アートワーク事例⑧「視覚会話法」（表3-20 P.92）を用いて，二人で一緒にお互いのコスチュームをつくる。

File No.99　タイトル:**紙袋パペット**　　　　　　　　　　　　　　　　　　　　　　　　　出典不明

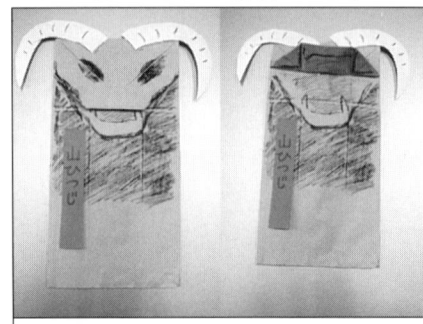

利点	紙袋を使って手軽にパペットをつくることのできるアートワーク。パペット（象徴・架空の設定）を用いた自己表現の機会を提供できる。
注意点	象徴を用いて他者とコミュニケーションをとることに困難を感じるクライアントがいるかもしれない。

制作方法　紙袋にクレヨンで色をつけ，色画用紙や折り紙を材料に動物のパペットをつくる。自分との関わりが今までにない動物であることが条件であり，想像上の生物でもかまわない。パペット会話：グループ内でペアをつくり，お互いのパペットを紹介したのち，「実は悩み事があって……」と悩み事を相談したり，それに応答する設定で役割を交代しながらロールプレイを行なう。終了後に，グループ全体のなかで，ペアごとに相談した悩み事や出されたアドバイスをわかちあう。

可能な質問　ロールプレイの感想はどうでしたか？　難しかった点や気づき・発見はありましたか？

発展・応用　「悩み事」を会話のテーマにする代わりに，最近楽しかったこと，あるいは自慢話でもよい。

第2部　創造的アートセラピィのアートワーク

File No.100　タイトル：**パーティ**　　　　　　　　　　　　　　　　　　　　　　オリジナル

	利点　メンバー間の親和的関係，グループ全体に楽しい雰囲気をつくることができる。
	注意点　パーティの雰囲気に違和感をもつクライアントがいるかもしれない。

制作方法　はじめ，メンバーにパーティの招待状を配る。そこにはパーティの場所や日時とともに，「何かひとつみんなを喜ばせるものを持ち寄りましょう」と書かれてある。画用紙にグループを喜ばせるものの絵を描き，プレゼント用の封筒に入れる。パーティの設定でロールプレイを行ないながら，乾杯と食事のあと，みなが持ち寄ったプレゼントを紹介しあう。

可能な質問　グループ皆で持ち寄ったプレゼントをながめて，思うこと・感じること・気づき・発見はありますか？　そのなかに自分がかつて人に贈ったことのあるプレゼントはありましたか？　みなさんは，今までにどんなパーティに参加したことがありますか？　パーティについての思い出・経験談は？

発展・応用　パーティで持ち寄るものの絵を描く代わりに，パーティで催される「プレゼント交換」で持ち寄るものを絵で描く，など。

付録A

> アートセラピィ・グループ　評価表　　氏名・匿名希望 _____
> 今日の日付　　平成　　年　　月　　日

1. 今日のアートセラピィのテーマ，もしくは，作品制作に，あなたは興味がありましたか？
   - A．とても興味があった　　B．それなりに興味があった
   - C．まあまあ興味があった　　D．あまり興味がなかった
   - E．まったく興味がなかった

2. 今日のアートセラピィは，あなたの期待する内容でしたか？
   - A．期待をはるかに上回るものだった　　B．期待したよりもよかった
   - C．期待した程度だった　　D．期待した程でもなかった
   - E．まったくの期待はずれだった

3. 今日のアートセラピィは，まとまっていましたか？
   - A．大変まとまりがあった　　B．それなりにまとまりがあった
   - C．まあまあまとまりがあった　　D．あまりまとまりがなかった
   - E．まったくまとまりがなかった

4. 今日のアートセラピィは，あなたの考え方を刺激する内容でしたか？
   - A．大変刺激した　　B．それなりに刺激となった　　C．まあまあ刺激となった
   - D．あまり刺激とならなかった　　E．まったく刺激とならなかった

5. 今後，アートセラピィ・グループの改善すべき点は，どの点にあると思いますか？（複数選択可能。具体的な改善点について，項目7の意見記述欄に説明してください。）
   - A．場所の居心地良さ　　B．日時　　C．会の実施時間
   - D．制作材料　　E．テーマ　　F．司会者の運営方法　　G．その他

6. 今日のアートセラピィ・グループを，あなたはどのように評価しますか？
   - A．とてもよかった　　B．それなりによかった　　C．まあままよかった
   - D．あまりよくなかった　　E．まったくよくなかった

7. その他，今日のアートセラピィ・グループについてのあなたのご意見（良かった点，改善点，新しい提案等）を聞かせください。

ご協力ありがとうございました。

付録B　芸術材料チェックリスト

> 本ページを拡大コピーし，グループをはじめる前の材料チェックや時間配分，可能な質問や技法の構想メモとしてご利用ください。

- ☐ BGM 音楽 CD
- ☐ 三つの大切なこと
- ☐ 題名・感想シート
- ☐ グループ評価表
- ☐ 作例
- ☐ 画板

- ☐ 画用紙
- ☐ クレヨン
- ☐ 色鉛筆
- ☐ マーカー
- ☐ のり
- ☐ はさみ
- ☐ パステル
- ☐ ねんど

- ☐ 絵の具
- ☐ 絵筆
- ☐ パレット
- ☐ バケツ
- ☐ コラージュ用切抜き
- ☐ おりがみ
- ☐ その他（　　　）

タイム・テーブル

開始 ────────────────────── 終了

セッションのなかで用いることが可能な質問・技法など。

付録C

院内プログラム趣意書

プログラム名	アートセラピィ・グループ
実施日時	毎週金曜日　pm.3:00～4:30
実施場所	ファミリー病棟2階　集団治療室
趣　旨	芸術材料を用いた表現活動を通じて，自己洞察を深めるとともに，抑圧された悩み，不安，否定的感情を解放させる。また，共同作業のなかでグループ交流を促進させる。
対象者	入院，通院患者
目　標	長期的　・心の葛藤，未解決の問題に対する洞察を深める。 　　　　・抑圧された悩みや不安などを表現する。 　　　　・創造的芸術活動による自己への評価の向上とグループ交流を促進させる。 短期的　・患者は，言葉以外の表現手段を用いて，自己表現する。 　　　　・患者は，芸術材料を使いながら，1分間以上，作業する。 　　　　・患者は，グループ内の話し合いに10分間以上参加する。
実施方法	はじめに，セラピストは会の説明と約束事をグループのメンバーに説明する。次に，セラピストは，そのセッションにおけるテーマを提案し，材料の使い方などについて説明する。メンバーは，わからない点などを，この際に，または制作するなかでセラピストに質問する。メンバーは環境音楽が流れるなかで制作作業を行なう。時間とともに，メンバー全員が制作をやめて，ひとりひとり，自分の作品について説明する。最後に，制作されたすべての作品をテーブルの上に集めて，作品の表現のなかで，共通している点，異なっている点，その他，グループ全体作品を見た際の感想について話し合う。
評価方法	・プログラム終了後，患者は評価に関する質問事項に回答する。 ・他の医療スタッフとともに，フィード・バックを行なう。 ・外部関係者によるプログラムの評価

文献・注釈
第1部　創造的アートセラピィの考え方・進め方
1　創造的アートセラピィの考え方
1-1　アートセラピィについて知る
1) Edwards, D. (2004) Art Therapy, Sage, London.
2) Naumburg, M. (1966)／中井久夫・内藤あかね訳（1995）力動指向的芸術療法，金剛出版。
3) The American Art Therapy Association, Inc. (No Data) What is art Therapy? [available] http://www.arttherapy.org/aboutarttherapy/faqs.htm [August 2005]，筆者訳す。
4) フィンガー・ペインティングやコラージュ療法など。以下の文献が参考となる。樋口和彦・岡田康伸編（2000）ファンタジーグループ入門，創元社。青木智子（2005）コラージュ療法の発展的活用，風間書房。
5) その内容は次の著書に詳しく紹介されている。Rubin, J. A. (1987)／徳田良仁監訳（2001）芸術療法の理論と技法，誠信書房。
6) Lowenfeld, V. (1957) [3rd ed.]／竹内清・堀ノ内敏・武井勝雄訳（1963）美術による人間形成，黎明書房。
7) 本書「はじめに」参照。
8) Edwards, D. (2004) 前掲書。
9) Edwards, D. (2004) 前掲書。
10) Edwards, D. (2004) 前掲書。
11) 次のウェブ・サイトを参考にしている。http://www.coastnews.com/sf/insearch-12/insearch-12.htm　http://www.music-artists.org/other/miles_davis.html
12) Szwed, J. (2002)／丸山京子訳（2004）マイルス・デイビスの生涯，シンコー・ミュージック。

1-2　グループで行なうアートセラピィ
1) Waller, D. (1993) Group Interactive Art Therapy. Routledge. London.
2) 日本では，集団芸術療法よりも集団絵画療法の呼び名の方が知られている。
3) 岩井寛（1982）集団療法としての絵画療法，徳田良仁，式場聡編：精神医療における芸術療法，牧野出版。
4) 岩井寛（1982）前掲書，P.43。
5) 関則雄（2000）集団絵画療法，こころの科学92，日本評論社。
6) 関則雄（2000）前掲書。
7) Yalom, I. D. (1983) Inpatient Group Psychotherapy, Basic Books, New York.
8) 安原青兒（2006）福祉のための芸術療法の考え方，大学教育出版。
9) Yalom, I. D. (1983) 前掲書。
10) 安原青兒（2006）前掲書，P.163。
11) Edwards, D. (2004) 前掲書。
12) Edwards, D. (2004) 前掲書。
13) Liebmann, M. (1986) Art therapy for groups: A handbook of themes, games and exercises, Brookline Books, Cambridge, MA.
14) Edwards, D. (2004) 前掲書。
15) Case, C. and Dalley, T. (1992)／岡昌之監訳（1997）芸術療法ハンドブック，誠信書房。
16) Waller, D. (1993) 前掲書。
17) Case, C. and Dalley, T. (1992)／岡昌之監訳（1997）前掲書。

18) Waller, D. (1993) 前掲書。
19) Edwards, D. (2004) 前掲書。

1-3 アートセラピィの創造的手法
 1) Dr. Joan Bloomgarden は，ホフストラ大学大学院（ニューヨーク州ロングアイランド）における Creative Arts Therapy の学科長。
 2) Carson, D. K. and Becker, K. W. (2003) Creativity in Psychotherapy. The Haworth Clinical Practice Press, Binghamton, NY. P. 3 筆者訳す。
 3) Rogers, N. (1993)／小野京子・坂野裕子訳（2000）表現アートセラピー，誠信書房。
 4) Carson, D. K. and Becker, K. W. (2003) 前掲書。
 5) 名島潤慈（2001）能動的心理療法における「工夫」の検討，山口大学教育学部附属教育実践総合センター研究紀要第12号。
 6) Maslow, A. H. (1962)／上田吉一訳（1964）完全なる人間，誠信書房。
 7) 恩田彰（1992）カウンセリングと創造性，氏原寛・東山紘久編：カウンセリング入門（別冊発達13），ミネルヴァ書房。
 8) 飯田真・笠原嘉・河合隼雄・佐治守夫・中井久夫編（1984）創造性（岩波文庫，精神の科学9），岩波書店，P.21。
 9) 恩田彰（1992）前掲書，P.124。
10) 成瀬悟策（1989）遊びと創造性，教育と医学，37(4)，慶應通信。
11) Winnicott, D. W. (1971)／橋本雅雄訳（1979）遊ぶことと現実，岩崎学術出版，P.75。
12) アートセラピストであるロビンズ（Robbins, A.）は，対象関係論の立場から，ウィニコットの創造性や遊びについての概念化は芸術の利用と治療上の技法を結びつけるのに有効であると述べる。Robbins, A. (1987)／関則雄訳（2001）対象関係論と芸術療法，J. A. Rubin編／徳田良仁監訳：芸術療法の理論と技法，誠信書房，P.89。
13) Carson, D. K. and Becker, K. W. (2003) 前掲書。
14) 樋口和彦（2000）ファンタジーグループとは，樋口和彦・岡田康伸編：ファンタジーグループ入門，創元社。
15) 樋口和彦（2000）前掲書，P.10。
16) Menninger Foundation (1986) Art Therapy: The healing Vision with R. Ault and Y. Lemper, Kansas.
17) Lindblad-Goldberg, M., Dore, M. M., and Stern, L. (1998) Creating competence from chaos. W. W. Norton & Company, New York.
18) 以下の文献を参考にしている。Zeiger, B. (1976) Life review in art therapy with the aged. American Journal of Art Therapy, 15. Wald, J. (1989) Art Therapy for patients with Alzheimer's disease and related disorders. In H. Wadeson, J. Dukin and D. Perach eds., Advances in art therapy, John Wiley & Sons, New York. Callanan, B. O. (1994) Art Therapy With The Frail Elderly. Journal of Long-Term Home Health Care, 13 (No. 2).
19) Weiss, J. C. (1984) Expressive therapy with elders and the disabled: touching the heart of life. Howorth, New York.
20) 以下の文献を参考にしている。Wald, J. (1989) 前掲書。Kahn-Denis, K. (1997) Art Therapy with Geriatric Dementia Clients. Art Therapy, 14 (3).
21) 以下の文献を参考にしている。Wald, J. (1989) 前掲書。Kahn-Denis, K. (1997) 前掲書。
22) 以下の文献を参考にしている。Crosson, C. (1976) Geriatric patients: Problems of spontaneity.

American Journal of Art Therapy, 15, 51-55. Harlan, J. (1991) The Use of Art Therapy for Older Adults with Developmental Disabilities. Activities, adaptation & aging, 15 (No. 1-2).

23) 以下の文献を参考にしている。Wald, J. (1989) 前掲書。Kahn-Denis, K. (1997) 前掲書。
24) 以下の文献を参考にしている。Wald, J. (1989) 前掲書。Kahn-Denis, K. (1997) 前掲書。
25) 以下の文献を参考にしている。Wald, J. (1989) 前掲書。Edelson, R. T. (1991) Art and Craft: Not "Arts and Craft" Alternative Vocational Day Activities for Adults Who Are Older And Mentally Retarded, Activities, adaptation & aging, 15 (No. 1-2).
26) Edelson, R. T. (1991) 前掲書。
27) 臨床の知恵（工夫）が生まれるとき，臨床心理学3 (5)，2003，金剛出版。
28) コラージュ療法における様々な工夫，現代のエスプリ，通号315，1999，至文堂。
29) Carson, D. K. and Becker, K. W. (2003) 前掲書。
30) Carson, D. K. and Becker, K. W. (2003) 前掲書。
31) 田嶌誠一 (2003) 臨床の知恵（工夫）が生まれるとき　総論と私の臨床実践，臨床心理学3 (5)，金剛出版。
32) Carson, D. K. and Becker, K. W. (2003) 前掲書。
33) Carson, D. K. and Becker, K. W. (2003) 前掲書。
34) Carson, D. K. and Becker, K. W. (2003) 前掲書。
35) 恩田彰・野村健二 (1964) 創造性の開発，講談社。
36) Kramer. E. (1987)／関則雄訳 (2001) 昇華と芸術療法，J. A. Rubin 編／徳田良仁監訳：芸術療法の理論と技法，誠信書房，P. 49。
37) 妙木浩之 (1992) 退行，氏原寛ら編：心理臨床大辞典，培風館，P. 988。
38) シェーファー (Schafer, R.) によって名づけられた。Kris, E. (1952)／馬場礼子訳 (1976) 芸術の精神分析的研究（現代精神分析双書20），岩崎学術出版。
39) ユングは次の言葉を残している。「私が自分の内的なイメージを追求していたころは，私の生涯において最もたいせつなときであった。つまり，その時にすべての本質的なことは決定されたのである。その後の細部はすべて，無意識から突然に現れ出て，私を圧倒してしまった素材の補足であり，説明なのである。」（岸良範，創造性と心理臨床，氏原寛ら編 (1992)：心理臨床大辞典，培風館，P. 1060)
40) ユング心理学では「元型的要素」と呼ばれる。
41) 「個別化」と呼ばれ，ユング心理療法の治療目標とされている。伊藤俊樹 (1992) 芸術療法，氏原寛ら編：心理臨床大辞典，培風館，P. 379-384。
42) Grai, J. E. (1987) A Humanistic Approach to Art Therapy. In Rubin, J. A. Approaches To Art Therapy. Brunner/Mazel, New York. （邦訳「芸術療法の理論と技法」徳田監訳版には含まれていない。）
43) May, R. (1875)／小野泰博訳 (1981) 創造への勇気，誠信書房。
44) Grai, J. E. (1987) 前掲書。
45) Grai, J. E. (1987) 前掲書。
46) Maslow, A. H. (1962)／上田吉一訳 (1964) 前掲書。
47) 恩田彰 (1992) カウンセリングと創造性，氏原寛・東山紘久編：カウンセリング入門（別冊発達13），ミネルヴァ書房。
48) ムスターカス (Moustakas, C. E.) は，創造性に対する，このようなマスローやロジャースの考え方を発展させ，人間は誰もが生まれつき，自分自身のユニークな個性を保ちながら，創造的でありつづけ，かつ他者との誠実な関わりをもつ能力があることを認めている。Grai, J. E. (1987) 前掲書。

49) Grai, J. E. (1987) 前掲書。
50) Grai, J. E. (1987) 前掲書。

2 創造的アートセラピィの進め方
2-1 セラピィをはじめる前の準備
1) Resnick, L. C. (1998) Hofstra University. Art Media in Art Therapy, Fall 1998. 授業テキスト，筆者訳す。
2) Resnick, L. C. (1998) 前掲書, 筆者訳す。
3) Liebmann, M. (1987) Art Therapy For Groups. Brookline Books, Cambridge MA.
4) Peterson, C. A. & Gunn, S. L. (1984) Therapeutic Recreation Program Design: Principles and Procedudures. Prentice-Hall, Enhlewood Cliffs, NY.
5) Benne, K. D. & Sheats, P. (1948) Functional Roles and Group Members: Journal of Social Issues, 4 (2).
6) Vinogradov, S. and Yalom, I. D. (1989)／川室優訳 (1991) グループ・サイコセラピー, 金剛出版。
7) Landgarten, H. のマガジン・フォト・コラージュ法の応用。Landgarten, H. B. (1993) Magazine Photo Collage, Brunner Mazel, New York.
8) Naumburg, M. のなぐり描き法 (Scribble technique) の応用。Naumburg, M. (1966)／中井久夫・内藤あかね訳 (1995) 力動指向的芸術療法, 金剛出版。

2-2 セッションの進め方
1) New York 州の Northport にある地域支援組織 "The People on the Block, Inc."
2) Peterson, C. A. & Gunn, S. L. (1984) 前掲書, P.73, 筆者訳す。
3) Vinogradov, S. and Yalom, I. D. (1989)／川室優訳 (1991) 前掲書。
4) 中井久夫氏の考案。治療者が画用紙に患者の前で枠をつけて用紙を渡すと枠が心理的な守りとして機能し，安心を与えるために表出が容易になるというもの。
5) Lowenfeld, V. (1957) [3rd ed.]／竹内清・堀ノ内敏・武井勝雄訳 (1963) 美術による人間形成, 黎明書房。

2-3 セッションの評価・記録
1) 画像検索・処理ソフト「ACDSee」(ACD システムズ株式会社) など。

2-4 アートワークのデザインとファイリング
1) 皆藤章 (1997) 風景構成法-その基礎と実践 (第4刷), 誠信書房。
2) 森谷寛之 (1995) 子どものアートセラピー, 金剛出版。

3 創造的アートセラピィの実践
3-1 医療分野での実践
1) 事例研究は，学会誌 "Art Therapy" Journal of the American Art Therapy Association や日本芸術療法学会誌などで紹介されている。
2) 以下の文献を参考にしている。宿谷幸治郎 (1988) 入院絵画療法, 徳田良仁・村井靖児編：アートセラピー, 日本文化科学社。岩井寛 (1982) 集団療法としての絵画療法, 徳田良仁・式場聡編：精神医療における芸術療法, 牧野出版。
3) Vinogradov, S. and Yalom, I. D. (1989)／川室優訳 (1991) グループ・サイコセラピー, 金剛出版。

文献・注釈

4) 奥宮祐正（1992）デイケア，氏原寛ら編：心理臨床大辞典，培風館，P.402-405。
5) 以下の文献を参考にしている。三根芳明（2002）絵画療法とデイケア活動，日本精神科病院協会雑誌，第21巻4号。嶺井毅・福嶺牧子（2004）精神科作業療法・デイケアにおける造形活動，高江州義英・入江茂編：コラージュ療法・造形療法，岩崎学術出版。
6) 窪田彰（2004）精神科デイケアの始め方・進め方，金剛出版。
7) 白川昌生氏による「オープン・サークル・プロジェクトⅠ，Ⅱ，Ⅲ」（2003年制作）。
8) 榎本稔（2005）榎本稔著作集3，日本評論社。
9) 以下の文献を参考にしている。小泉規実男（1986）アルコール依存症者の集団絵画療法，芸術療法：日本芸術療法学会誌，17。関尚夫・長谷川美紀子・徳田良仁（1997）アルコール依存症者へのアートセラピーの試み，日本芸術療法学会誌，28。
10) 松田隆夫・水野淳一郎（2000）アルコール依存症とデイケア，こころの科学，91。
11) 如澤学・増子友美（2002）アルコールデイケアを開始して，日本精神科看護学会誌，45(2)。
12) 以下の文献である。伊原幸枝・村岡英雄（1991）アルコール依存症者に対するプレ・ホスピタル・ケアとしてのデイケア，作業療法ジャーナル，25(11)。日本作業療法士協会学術部編（1997）アルコール依存症の作業療法：作業療法マニュアル13，日本作業療法士協会。長雄眞一朗・水野健（2003）アルコール依存症と作業療法，作業療法ジャーナル，37(4)。
13) 全国社会福祉協議会・老人福祉施設協議会編（1986）老人のデイケア，（社）全国社会福祉協議会。
14) 岩崎テル子（1997）老人領域におけるデイケア（ナイトケア）の援助構造，作業療法ジャーナル，31(6)，P.448。
15) 以下の文献を参考にしている。今井真理（2001）老人保健施設における芸術療法，名古屋短期大学研究紀要39。市来百合子・内藤あかね（2004）痴呆老人とのアートセラピー，飯森真喜雄・中村研之編：絵画療法Ⅰ，岩崎学術出版社。松岡恵子（2004）痴呆性高齢者のグループを対象にした芸術療法，老年精神医学雑誌，15(5)。松岡恵子（2005）高齢者ケアにおける芸術療法，保健の科学，47(3)。社会福祉法人・全国社会福祉協議会編集部（2001）芸術療法を核とした療養環境の整備と取り組み，月刊福祉，March 2001。
16) 永坂晃子（1998）生涯教育としての絵画表現活動，美と育，4。
17) 以下の文献を参考にしている。野村豊子（1998）回想法とライフレヴュー：その理論と技法，中央法規出版。遠藤英俊（2005）いつでもどこでも「回想法」：高齢者介護予防プログラム，ごま書房。坂本敦史・中野明徳（2002）痴呆性高齢者に対する回想法的アプローチ，福島大学教育実践研究紀要，42。平松喜美子（2000）痴呆性高齢者に対する集団回想療法の有効性の検討，吉備国際大学大学院社会学研究科論叢2号。
18) 矢部久美子（1998）回想法—思い出話が老化をふせぐ，河出書房新社。
19) 野村豊子（1998）前掲書。
20) 大森健一（1988）分裂病の絵画療法，徳田良仁・村井靖児：アートセラピー，日本文化科学社。
21) 市橋秀夫（1989）エソロジー・絵画分析・家族，石川元編：家族療法と絵画療法，現代のエスプリ，267。
22) 堀之内高久（1988）登校拒否と描画，家族画研究会編，臨床描画研究Ⅲ，金剛出版，P.48。
23) Ekman, P. and Friesen, W. V. (1975)／工藤力訳編（1987）表情分析入門：表情に隠された意味をさぐる，誠信書房。

3-2 福祉分野での実践

1) 楢崎幹雄・妹尾弘幸・本郷栄編著（1998）レクリエーション，にゅーろん社，P.2。
2) マルセル・デュシャン（1887-1968）は，ニューヨーク・ダダの旗手として20世紀美術に最も大きな

影響を与えた芸術家のひとりとして知られている。ひもを空中から落下させて出来上がった偶然の形状で定規をつくり，作品を制作している。
3) 次の書籍に詳しい。Magniant, R. C. P. Ed. (2004) Art Therapy With Older Adults: A Sourcebook. Charles C. Thomas Publishers, Ltd. Springfield, IL.
4) Gibson, G. L. (1994) Make art therapy a reality for the homebound. The Journal of Long-Term Home Health Care: Pride Institute, 13 (3).
5) Bell, S. (1998) Will the kitchen table do? Art therapy in the community. In M. Pratt and M. J. M. Wood (Eds.), Art therapy in palliative care: The creative response (pp. 88-101). Rutledge. New York.
6) 以下の文献を参考にしている。Siebert, C. A. (1997) A description of Feildwork in the Homecare setting. The American Journal of Occupational Therapy, 51 (6). Steinhauer, M. J. (1995) Home health practice: Consideration for the practitioner. In The American Occupational Therapy Association, Inc., Guidelines for occupational therapy practice in home health (pp. 9-14). Bethesda, MD: The American Occupational Therapy Association, Inc.
7) Lindblad-Goldberg, M., Dore, M. M., & Stern, L. (1998) Creating competence from chaos: A comprehensive guide to home-based services. W. W. Norton & Company, New York.
8) Sezaki, S. & Bloomgarden, J. (2000) Home-based art therapy for older adults. Art Therapy: Journal of the American Art Therapy Association, 17 (4).
9) Johnson, J. and McCown, W. (1997) Family therapy of neurobehavioral disorders: Integrating neuropsychology and family therapy. The Haworth Press, New York.
10) Liebmann, M. (1986) Art therapy for groups: A handbook of themes, games and exercises, Brookline Books, Cambridge, MA.
11) Winnicott, D. W. (1971) Therapeutic consultation in child psychiatry, Basic Books, New York.

3-3　教育分野での実践
1) 岩井寛（1977）人間形成における芸術の位置，教育と医学，慶應義塾大学出版会／教育と医学の会編，25(1)，P.11。
2) 長谷川哲哉（2004）芸術療法と芸術教育，和歌山大学教育学部紀要：教育科学55，P.94。
3) 日野陽子（2002）美術教育と芸術療法（Ⅰ），美術教育学23。
4) 田辺幸喜（1995）創造性教育と芸術療法，神奈川県立栄養短期大学紀要，通号27。

3-4　企業研修分野での実践
1) 青木智子（2005）コラージュ療法の発展的活用，風間書房，P.218。
2) 荻原孝子（2000）企業カウンセリングとして，樋口和彦・岡田康伸編：ファンタジーグループ入門，創元社。

第2部　創造的アートセラピィのアートワーク
・Landgarten, H. B. (1993) Magazine Photo Collage, Brunner Mazel, New York.
・Liebmann, M. (1986) Art therapy for groups: A handbook of themes, games and exercises, Brookline Books, Cambridge, MA.
・Naumburg, M. (1966)／中井久夫・内藤あかね訳（1995）力動指向的芸術療法，金剛出版。
・Winnicott, D. W. (1971) Therapeutic consultation in child psychiatry, Basic Books, New York.
・Yalom, I. D. (1983) Inpatient Group Psychotherapy, Basic Books, New York.

おわりに

　本書の出発点は，ユニークかつ新しい芸術療法の考え方や進め方を幅広い読者層にわかりやすく伝えたいと切望する気持ちでした。日本の多くの心理療法家とは異なり，私は決して心理療法一辺倒で現在に至ったわけではありません。米国の大学院でアートセラピィのトレーニングをはじめる前は，日本の美術大学に進み，アートに関連したさまざまな分野をわたり歩きました。学生時代の紆余曲折はアートセラピィに対する考え方や用いる手法にもあらわれていると感じています。

　私がアートセラピストとして大切に感じていることは，セラピストとクライアントの間に創造的な出会いをつくることです。この本で紹介される考え方・進め方が皆さんにとってクライアントとの新しい関係づくりを突き進むのに必要なアクセルとなれば大変嬉しいです。方向を決定するハンドルはいつもあなたとクライアントの手中にあることを忘れないでください。お互いが行き先（目標）を共にすることによって，創造的アートセラピィはスタートします。クライアントと一緒に何かをはじめようとする姿勢が常に大切です。

　この本では創造性が自己実現やメンタルヘルスの維持・向上に重要なはたらきをもつだけでなく，臨床場面でのアイディアや工夫によってセラピィをより効果的なものにすることについて紹介されています。創造性をテーマに調査するなかで，私は学生のころに読んだヴィクトール・E・フランクルの名著「夜と霧」を想い起こす機会がありました。彼がユダヤ人として経験したナチス強制収容所での極限状況を綴った手記ですが，心理療法家フランクルは自殺を考える二人の囚人仲間に対して彼らの生きる目的を再認識させることに成功したと書かれてあります。その目的とは，ひとりは愛する子どもが外国で待っていること，もうひとりは自分しか成し遂げられない研究を完成させることでした。フランクルは，愛，そして創造的な仕事とは私達ひとりひとりを特徴づけ，また個々の存在に意味を与えるものであり，自分が他人にとって代わることのできない存在であると気づく者は自分の生命に責任をもち，放棄することができなくなるとを述べています。創造性を高い知能や才能の所産と区別し，人間すべてに備わっている，自分らしく生きるための能力と理解すべきであることを本文のなかで説明しました。「人間は理性で創造するのではない，必然的なものに押されて創造するのだ」というロマン・ロランの言葉がありますが，創造性を使って自分らしく生きるとは，他者を愛することと同様に人間性の本質であり，心理学者のアブラハム・マスローはそれが人間の生命とも言えると語っています。アートセラピィのクライアントは，創造性を用いて，社会的価値や他者からの評価とは無関係である，個人的な意味に溢れた作品をつくることをセラピストから勇気づけられます。これは，創造性を用いて自分なりの人生をつくる作業にもつながっています。アート制作が芸術家だけの特別な仕事ではなくなり，だれもが参加す

る創作活動となるとき，アートのもつ真価が理解されるという考え方は美術教育のなかですでに知られています。美術教育家ビクトル・ダミコはかつて次のように語りました。

　美術の効力はその時代の最も切迫して必要とされているものに奉仕する方法によって計ることができ，そして，今日最も必要とされているものは人間の尊厳を再確認すること，人間が自尊心をもつ手助けをすること，すばらしい天賦の贈り物，つまり創造力を楽しむことであると私は信じる。
　　　　　（「ビクトル・ダミコ 人間性の美術展 カタログ」こどもの城ギャラリー 1995）

　私は教育と療法（セラピィ）の違いを考えたとき，美術教育の主眼が人間性の育成であればアートセラピィの主眼は人間性の恢復であると考えます。しかし，両者とも，情報の氾濫とコンピューター化がもたらした没個性，疎外感，疲労に苦しむ現代人の魂に対する美術の効力を考えている点で共通しています。アート制作には人間性・生命を輝かせる力がある，その理由はそれが自分らしさを追い求めた創造的活動であることを，今後は教育者とセラピストがたがいに手をむすび，人間奉仕の実践を通じて社会にアピールする必要があるように思います。

　最後に，この本がさまざまな人々の協力によって完成できたことを記したいと思います。臨床研究や資料の提供に際して，秋元病院院長の秋元豊先生より多大なる御支援をいただきました。また，病院やクリニックにおける創造的アートセラピィの実践に際して，渡辺登先生，阿部雅章先生をはじめとする職場の方々からの激励を受け取りました。教育分野に関する療法アートワークでは，お茶の水女子大学附属小学校の辰巳豊先生，郡司明子先生，楠田玲子先生にご協力いただき，大学時代の恩師である竹内博先生から再度のご厚情を賜りました。企業研修における実践に関しては，FS会の皆さんによるご親切がありました。企画を取り上げてくださった黎明書房の武馬久仁裕社長をはじめとするスタッフの方々に大変お世話になりました。そして，創造的アートセラピィを最も理解し，私と一緒に創造のキャッチ・ボールをしてくれたクライアントさん，病院やクリニックの患者さん，デイケアのメンバーさん……およそ3年間にわたる執筆活動を振り返りながら，この本は皆さんの善意と温かい心なくして，何ひとつ成り立たなかったことを痛感しています。心からの感謝を捧げます。

　　2007年6月

　　　　　　　　　　　　　　　　　　　　　　　　　　　　　　　　　　瀬崎真也

著者紹介
瀬崎真也

医療法人梨香会秋元病院アートセラピスト。1997年，多摩美術大学卒業。米国ホフストラ大学大学院修士課程（芸術療法）および老齢学資格プログラム（ニューヨーク州認定）修了。フィラデルフィア児童家族療法訓練所にて臨床トレーニングを受ける。

〔著書〕
Magniant, R. C. P. 編，Art Therapy with Older Adults: A Sourcebook 共著，チャールズ・トーマス出版

創造的アートセラピィ

2007年8月10日　初版発行

著　者	瀬崎真也	
発行者	武馬久仁裕	
印　刷	藤原印刷株式会社	
製　本	株式会社渋谷文泉閣	

発行所　株式会社 黎明書房

〒460-0002　名古屋市中区丸の内3-6-27EBSビル　☎052-962-3045
　　　　　　FAX052-951-9065　振替・00880-1-59001
〒101-0051　東京連絡所・千代田区神田神保町1-32-2
　　　　　　南部ビル302号　☎03-3268-3470

落丁本・乱丁本はお取替します。　ISBN978-4-654-04042-1
© S.Sezaki 2007, Printed in Japan

K.マコーバー著　深田尚彦訳 **人物画への性格投影** 描画心理学双書① 　　　　Ａ５判・172頁　3000円	人物画の解釈に基づく性格分析の体系化を初めて成し遂げ，今なお多くの心理学者を刺激してやまない，多くの研究成果をもたらした描画心理学研究の源泉的名著。新装版。
R.C.バアンズ・S.H.カウフマン著　加藤孝正他訳 **子どもの家族画診断** 描画心理学双書② 　　　　Ａ５判・320頁　5700円	子どもの描いた家族の絵により，複雑な家族状況の中に生活する子どもの屈折した感情と人間関係を，鮮やかに分析・診断する動的家族画法を，事例を交え詳述。新装版。
ローダ・ケロッグ著　深田尚彦訳 **児童画の発達過程** 描画心理学双書③ 　　　　Ａ５判・323頁　5700円	**なぐり描きからピクチュアへ／**なぐり描きから，いくつかの基本的な形を経てマンダラへと発展する，児童画の初期形成に関する世界的名著。新装版。
扇田博元著 **絵による児童診断ハンドブック** 描画心理学双書⑤ 　　Ａ５判・304頁（カラー口絵11頁）　5900円	幼児，小学生，中学生，障害児などの絵から個々の子どもの性格や創造性，能力の発達特性を診断・指導する方法を詳説。主な描画による診断法の概略と指導法も紹介。新装版。
W.ヴィオラ著　久保貞次郎・深田尚彦訳 **チィゼックの美術教育** 描画心理学双書⑥ 　　　　Ａ５判・301頁（口絵13頁）　5700円	子どもの自由な思いを抑え続けてきた児童美術教育の世界に徹底した自由主義を打ち立てた，教育的天才チィゼックの全体像を語る，唯一の書。新装版。
浅利篤監修　日本児童画研究会編著 **原色　子どもの絵診断事典** 描画心理学双書⑦ 　　　　Ｂ５判・183頁　8800円	色彩・構図・形態の３つの標識によって絵を言葉に置き換え，幼児から小学生，中学生までの絵を読み解く方法を，オールカラーで示す。新装版。
ジェラルド D.オスター・パトリシア・ゴウルド著　加藤孝正監訳 **描画による診断と治療** 描画心理学双書⑧ 　　　　Ｂ５判・186頁　5000円	個人療法，家族療法，グループ治療の中で，描画を様々なタイプのクライエントの診断と治療に役立てる方法を，多数の事例を交えて臨床的視点から詳述。
E.クレイマー著　徳田良仁・加藤孝正訳 **心身障害児の絵画療法** 精神医学選書⑤ 　　　　Ａ５判・258頁　5500円	子どもたちのさまざまな障害は，絵画にどのような形で現れるのか。治療としての芸術の可能性を，豊富な実例を通して科学と芸術の両面から解明した好著。
V.ローウェンフェルド著　竹内清・堀ノ内敏・武井勝雄訳 **美術による人間形成** 　　　　Ａ５判・654頁　11000円	創造的発達と精神的成長／芸術教育の権威ある名著 "reative and Mental Growth" の全訳。児童の発達段階に即した実践的，体系的な指導書。

表示価格は本体価格です。別途消費税がかかります。